Kay Sokolowsky

Michael Moore

Filmemacher – Volksheld – Staatsfeind

Kay Sokolowsky

Michael Moore

Filmemacher – Volksheld – Staatsfeind

KONKRET LITERATUR VERLAG

Umschlaggestaltung: Peter Albers, Hamburg
Satz: satzbau GmbH, Hamburg
Druck: Clausen & Bosse, Leck
ISBN 3-89458-238-3
www.konkret-literatur-verlag.de
Der Autor wird vertreten durch Aenne Glienke,
Agentur für Autoren und Verlage,
www.AenneGlienkeAgentur.de

Inhalt

Like Mike

Jeder hat zu ihm eine Meinung. Und manch einer sogar zwei. So wie Thomas Hüetlin im *Spiegel*: »[Michael] Moores Aufklärungsarbeit ödet das Publikum nicht mit armseliger Gewerkschaftsrhetorik an. Wie ein Fleisch gewordenes Erdbeben bringt der Mann die Welt der Mächtigen zum Wackeln, weil er sie lächerlich macht.« Und derselbe Hüetlin im selben Magazin nur ein Jahr später: »Ohne [George W.] Bush war Moore ein Dokumentarfilmer und Autor, dessen Schriften in linken Buchhandlungen verstaubten, dessen Dokumentarfilme in ein paar Programmkinos für ein paar Wochen Asyl fanden und dessen Fernsehshow ›The Awful Truth‹ abgesetzt wurde, weil die Werbekunden meuterten.«

Man hat also eine Meinung, und im Zweifel lügt man, um eine zu äußern, und unterstellt dem Mann, der mit *Roger & Me* schon 1989, zwölf Jahre vor Bush Jr.s Amtsübernahme, einen der erfolgreichsten Dokumentarfilme aller Zeiten gedreht hatte, dreist Erfolglosigkeit. Man hat aber vor allem deshalb eine Meinung, weil Michael Moore eine hat, und was für eine: »Ich will, daß am Ende des Films« – er spricht von *Fahrenheit 9/11* – »das Publikum aufspringt und die Fackeln anzündet. Ich will einen wütenden Mob.«

Er bekam ihn nicht, doch daß Moore es wagte, sich einen zu wünschen, ist eine Ungehörigkeit, die ihm mehr noch als die Rechte die bürgerliche Linke übelgenommen hat. Weil der Mob nicht durch die Straßen marodierte, das grobe politische Faustwerk weiterhin der Rechten überlassen blieb, freuten sich die scheinlinken Bourgeois über Moores Niederlage viel mehr, als sie sich über die Wiederwahl George W. Bushs ärgerten. Eine Schadenfreude, auf die keiner verzichtete, der Moore lange Zeit für einen frechen Politclown gehalten hatte, ehe der sich als Kerl mit all den Überzeugungen zu erkennen gab, die man selbst spätestens beim Abitur für immer verraten hatte. Verkommenheit, Opportunismus, Ohnmacht der

Linksliberalen in den USA und mehr noch in Europa haben sich an dem überheblichen, selbstgerechten, lärmenden, streitbaren, couragierten, respektlosen Mann aus Flint/Michigan in einer Offenheit gezeigt wie seit dem Kosovo-Krieg 1999 nicht.

Die Demontage der linken Galionsfigur Moore durch seine liberalen Ex-Kumpel setzte ein, als er dem Kriegstreiber im Weißen Haus seinerseits den Krieg erklärte, zunächst in dem Buch *Dude, Where's My Country?* (dt. *Volle Deckung, Mr. Bush*), dann in *Fahrenheit 9/11*. So schreibt ein Kürzel namens »eli« am 24. Mai 2004 in der *Süddeutschen Zeitung*: »Michael Moore nennt sich Autor und Regisseur, tatsächlich ist er eine Nervensäge und ein Populist, was selbst Leute eingestehen, die dem Mann politisch nahestehen.« Leute, deren Namen wir nicht erfahren, die »eli« sich schnell mal ausgedacht hat, denn es kann sie schon deshalb gar nicht geben, weil Michael Moore den Autor und Regisseur durchaus nicht bloß simuliert, sondern mit ungeheurem Erfolg das eine beziehungsweise andere ist. Und weil das Nervensägen und Populisieren Autoren und Regisseure ebenso für sich in Anspruch nehmen dürfen wie Feuilletonisten mit drei Buchstaben. Sie, die Autoren und Regisseure, dürfen damit aber auf keinen Fall irgendetwas zum Besseren ändern. Die Feuilletonisten schaffen das schließlich auch nicht; aber sie versuchen es ja nicht einmal.

Jeder hat zu Michael Moore eine Meinung, und seine Feinde auf der Rechten haben sogar noch mehr, nämlich einen ausgeprägten Haß auf ihn. Den Neocons, Waffennarren, Abtreibungsgegnern, Fundamentalchristen, Ultrapatrioten und Rednecks in den USA erscheint er wie der Leibhaftige, die Ausgeburt all dessen, was sie notfalls mit Revolvern bekämpfen. Ihnen, die schon bei einem pflaumenweichen Demokraten wie Bill Clinton vor lauter Geifer nur noch spucken konnten, wird bei Mr. Moore blutrot vor Augen. In Tausenden von rechten Websites, Internetforen, Fernseh-, Radio- und Zeitungskommentaren hat die spezialmoralische Mehrheit Amerikas gegen ihn gehetzt, ihn verflucht, verleumdet und von seinem vorzeitigen Ableben geträumt. Und nicht bloß geträumt: So wie sie Namen und Adressen von Abtreibungsärzten publiziert hatten, von denen einige kurz darauf erschossen wurden, versorgten im Juli 2004 christliche Sektierergruppen wie »Focus on the Family« ihre Klientel mit der Anschrift von Michael Moore.

Das war nicht nur Wut auf einen Linken, der den Mund sehr weit aufmacht. Sondern auch echte Angst davor, er könne durch seine Lautstärke und Penetranz und zumal dank seiner enormen Popularität am Ende einen Präsidenten beseitigen helfen, der vielleicht keine große Leuchte ist, aber in Wort und Tat ein Mann im Sinne der Neocons, Waffennarren, Abtreibungsgegner, Fundamentalchristen, Ultrapatrioten und Rednecks. Diese Angst führte während des US-Präsidentschaftswahlkampfs 2004 sogar dazu, daß ein fast 250 Seiten starkes Anti-Moore-Kompendium veröffentlicht wurde. In *Michael Moore Is A Big Fat Stupid White Man* nennen David T. Hardy und Jason Clarke ihren Titelhelden auf jeder Seite einen Lügner, gleich auf Seite 11 einen Wahnsinnigen, den eine »wahrhaft pathologische Kombination aus überwältigender Selbstsucht und Selbsthaß« umtreibe, und auf Seite 75 erscheint sein Werk ihnen schlicht als »evil«, böse. Was an Moore sachlich zu kritisieren ist, geht bei Hardy und Clarke wie bei all seinen rechten Feinden in einem Jargon unter, der aus Zorn, Ressentiment und Angst gemischt ist – und dabei bemühen sich die beiden Autoren sogar nach Kräften um Sachlichkeit.

Hätten sie und ihre Mithasser einmal nachgeschaut, wie eifrig die vermeintlichen Verbündeten Moores zeitgleich daran arbeiteten, ihn wieder zum Clown herunterzuschreiben, sie hätten gestaunt, wie die Linke ihnen die Arbeit abnimmt. Und hätten Moores liberale und linke Kritiker sich mal informiert, welche Springfluten aus Galle nicht nur die Ultras auf der anderen Seite über ihn ergießen, sie wären ihm trotzdem in den Rücken gefallen. So wie Thomas Hüetlin, der Mann mit den wechselnden Meinungen, der im *Spiegel* 48/2003 eine namenlose Frau zitiert: »›Toller Abend‹, sagt sie« – über einen Auftritt Moores in der Berliner Columbiahalle. »›Aber mit Antiamerikanismus hat das Ganze nichts zu tun.‹ Klar, so wenig wie [der Holocaust-Verharmloser und CDU-Politiker Martin] Hohmann mit Antise-

mitismus.« Das hätte Peter Boenisch in seinen besten Tagen nicht abgefeimter formulieren können.
Ein Mann, der so viel Schlechtes – Haß, Rankünе, Lug und Trug – aus seinen Kritikern herauslockt, muß mehr als ein aufgeblasener Clown sein. Einer, zu dessen Arbeit wirklich jedem was einfällt, ist sicherlich das Gegenteil von unwichtig. In der Tat hat es seit den Tagen von Angela Davis und Rudi Dutschke im Westen keine linke Identifikationsfigur gegeben, die so viele begeisterte Apostel und so viele Todfeinde findet, so viel Aufruhr verursacht, so viele Meinungen provoziert. Und allein das, die politische Wirkung der Filme, Bücher, Vortragsreisen von Michael Moore, wäre ein eigenes Buch wert.
Doch man kann diese immense Wirkung schwerlich erklären, ohne sich genau anzusehen, wie Moore dreht, schreibt und auftritt. Überhaupt stehen heute, ein Jahr nach dem gescheiterten Versuch des Filmemachers, Bush zu verjagen, die Chancen sehr gut, sich mit Moores Ästhetik, Polemik und Satire befassen zu können, ohne ihn hauptsächlich gegen seine eigenen Fehler in Schutz nehmen zu müssen.
Fehler hat er nämlich seit 2001, seit dem ersten Einzug George W. Bushs ins Weiße Haus, unzählige begangen, inhaltliche, taktische, stilistische. Sie werden in diesem Buch nicht nur kurz erwähnt werden. Daß diese Fehler untrennbar zu Moores Temperament gehören und dieses ausgeprägte Temperament fast ungefiltert in sein Selbstverständnis als Autor und Regisseur einfließt, macht es schließlich nötig, auch den Menschen näher zu betrachten. Wobei man einen Mann entdecken wird, der zwar voller Verve und meistens glaubwürdig als Kumpel der Entrechteten und Beleidigten unterwegs ist, mit dem man dennoch lieber nicht befreundet sein möchte. Dazu hat er einfach, im guten wie im schlechten, viel zuviel Charakter.
Jeder hat zu Michael Moore eine Meinung; ich natürlich auch. Sie für mich zu behalten, war lange Zeit mein fester Vorsatz. Dieses Buch sollte weder von Moores Anhängern noch von seinen Gegnern für sich reklamiert werden. Statt Urteile zu fällen, die auch von den Falschen nachgeplappert werden könnten, wollte ich alles erreichbare Material so aufbereiten, daß Leser

und Leserinnen zuletzt etwas mehr wissen über Moore, als ihre Zeitung ihnen verraten hat, und daraus ihren eigenen Schluß ziehen. Ich wollte ihn als Person der Zeitgeschichte behandeln, objektiv wie ein idealer Richter, aber ohne zu richten. Ich hätte besser auf meine Ahnung hören sollen: daß dies selbst dann nicht funktioniert hätte, wenn Moore schon hundert Jahre tot wäre.

Doch er ist quicklebendig, sein Pathos und sein Charakter springen einen in jeder Satire, jedem Pamphlet, jeder Szene geradezu an. Er will, daß man sich zu ihm verhält, eine Meinung zu ihm hat (und zwar am liebsten seine), nicht kalt bleibt bei seinen Bildern, seinen Worten, bei *ihm*. Und in dieser Beziehung kriegt er immer, was er will – auch von mir. Daß ich im Zweifelsfall mit Michael Moore sympathisiere und nicht mit seinen Gegnern, daß mir sein Egoismus, seine Geltungssucht und seine Holzhammerrhetorik nicht entgangen, jedoch weniger wichtig sind als seine Integrität, sein Mut und sein Humor, daß ich einen großen Teil seiner Film- und Fernseharbeiten schlicht für großartig halte –: gebe ich gern zu.

Nach dem beispiellosen Medienrummel, den Michael Moore im vergangenen Jahr genoß, ist es jetzt, fast ein Jahr nach der Neuwahl des Präsidenten Bush, ziemlich still um ihn geworden. Die Niederlage des Kandidaten John Kerry war eine persönliche Katastrophe für den Mann, der all seine politischen Aversionen gegen die Demokraten und ihren neoliberalen Spitzenmann unterdrückt und die Kampagne Kerrys mit allen Mitteln unterstützt hatte, nur um den Todfeind im Weißen Haus endlich loszuwerden. Was er machen würde, wenn Bush die Wahl gewänne, wurde Moore im *Focus* 29/2004 gefragt, und er antwortete: »Daran mag ich, kann ich, ehrlich gesagt, nicht denken. Das würde mich total lähmen. Das ist so eine Art Frage wie: ›Was würden Sie tun, wenn morgen Ihre Frau sterben würde?‹«

Er hat, offenbar, nur wenig übertrieben. Seit seinem kläglich gescheiterten Unternehmen, *Fahrenheit 9/11* auf die Oscar-Nominierungsliste nicht der Dokumentar-, sondern der Spielfilme zu bugsieren, hat Moore sich aus der Öffentlichkeit zurückgezogen. Keine Interviews, keine Pamphlete, ja nicht einmal mehr

Mike's Letter, der wöchentliche Gemeindebrief auf seiner Website. Bis Ende September 2005 erschien er ganze vier Mal – zuletzt am 16. April mit dieser kargen, seltsam zwischen Ratlosigkeit und Galgenhumor schillernden Botschaft: »Freunde – wie geht's? Bereit für den nächsten Schritt? Laßt mich wissen, was ihr getrieben, welche Ideen ihr für unseren nächsten Zug habt (schreibt mir an die unten angeführten Adressen). Derweil werde ich beim Konklave in dieser Woche Bonbontüten verteilen und als Papst kandidieren. Drückt mir die Daumen! Herzlich, Michael Moore.«

Als Papst sitzt jetzt ein Großinquisitor im Vatikan, im Irak sind bei Drucklegung dieses Buchs bereits 26.000 Zivilisten und 1.900 US-Soldaten an den Folgen des Bush-Kriegs gestorben, doch Moore bleibt stumm. Das kann nicht allein daran liegen, daß er tief in der Produktion seines neuen Films *Sicko* steckt. Und die Depression über Bushs Triumph sollte er auch längst überwunden haben. Ob Michael Moore klar geworden ist, im Sommer und Herbst 2004 sein Spiel sträflich überreizt zu haben? Oder macht er sich rar, weil die Öffentlichkeit seiner überdrüssig geworden ist? Hat er eingesehen, daß es keinen Sinn mehr hat, den Volkshelden zu markieren, wenn dieses Volk einfach nicht auf ihn hören mag? Hat er keine Lust mehr, als Staatsfeind aufzutreten, weil das bedeutet, nur mit einem Bodyguard an der Seite das Haus verlassen zu können? Hat er sich darauf besonnen, daß er zum Filmemacher doch erheblich mehr Talent besitzt als zum Tribun?

Er verrät es nicht. Doch je länger Michael Moore sich rar macht, desto sicherer wird seine Wiederkehr ins Rampenlicht sehr, sehr lautstark ausfallen. Ich hoffe, daß die Leser dieses Buchs nach der Lektüre ebenso gespannt darauf sein werden wie ich. Und daß ihre Meinung zu Moore, die Meinung, die sie eh längst hatten, wenn schon nicht enthusiastischer oder verächtlicher, immerhin fundierter sein wird.

Hamburg, im Oktober 2005

»Schämen Sie sich, Mr. President!«

Der Prophet und sein Erzfeind

»War das alles nur ein Traum?« Mit diesen Worten beginnt der meistgesehene, meistdiskutierte Dokumentarfilm, der je gedreht wurde, *Fahrenheit 9/11*. »War es ein Traum? Oder ist es wirklich passiert?« Gemeint sind die wenigen Stunden am Abend des 2. November 2000, als Al Gore der neue US-Präsident zu sein schien, weil er den entscheidenden Bundesstaat Florida für sich gewonnen hatte. Das Freudenfeuerwerk der Demokraten war schon lange verraucht, da wurde mitten in der Nacht aus Florida gemeldet, man habe dort nun doch, hoppla!, ein paar Stimmen mehr für George W. Bush gezählt.

War das alles nur ein Traum? Oder ist es wirklich passiert? Diese Fragen stellen sich auch angesichts der 19 Monate im Leben Michael Moores, die ihn zu einem der berühmtesten Männer der Welt und zur übelsten Plage von George W. Bush machten. Moore hatte ungehörige Dinge gesagt, nein, geschrien, als man ihn im März 2003 mit einem Oscar dekorierte, wurde dafür aber weniger angegriffen als verehrt. Er hatte gepöbelt, geschmäht, gehöhnt, und obwohl schlechtes Benehmen von den Bürgern eines Landes, in dem gute Manieren sehr viel gelten, gewöhnlich mit Mißbilligung bestraft wird, schienen viele Amerikaner Moore geradezu dankbar zu sein für jede neue Beleidigung, jede weitere Unverschämtheit, jede Verschärfung des Tons. Die USA führten Krieg, und dieser Querulant wagte es, die USA dafür zu verdammen? Obgleich man so was als guter Amerikaner nicht tut? Doch statt dem Defätisten den Mund zu verbieten, hörten seine Landsleute ihm weiterhin zu und nicht wenige hielten Michael Moore für einen größeren Patrioten als den Mann im Oval Office, der einen Krieg vom Zaun gebrochen hatte, für den die halbe Welt Amerika haßte.

War das alles nur ein Traum? Oder ist es wirklich passiert? Die langen Schlangen vor den Kinos, die *Fahrenheit 9/11* zeigten, die Zuschauer, die weinend vor Scham und Entsetzen den Saal verließen, die ziemlich hilflose Reaktion der Kritik auf diesen Film, der von Objektivität nichts wissen will und selbst ein Krieg ist, nämlich gegen George W. Bush – alles nur ein Traum? Die Demokraten, die sich vor Michael Moore fürchteten, aber seine Unterstützung brauchten, die Republikaner, die ihn durch Totschweigen kleinmachen wollten, doch so nur noch größer und gefährlicher wirken ließen, die Journalisten, die ihm mehr Macht zutrauten als sogar er sich selbst, diese Medienmeute, die gleichzeitig verzweifelt zu beweisen versuchte, daß Moore erheblich überschätzt wird – ist das wirklich passiert?

Das Debakel der Demokraten Anfang November 2004, die Loyalität der Amerikaner zu einem Präsidenten, der sie in einen fragwürdigen Krieg hinein- und noch lange nicht wieder herausgeführt hat, und die jähe Erkenntnis, daß John Kerry niemals eine echte Chance gegen Bush besaß: Dies alles läßt die Aufregung, auch die Hoffnung, die Michael Moore mehr als anderthalb Jahre lang auslöste, wie einen Traum erscheinen, aus dem man verwirrt und ziemlich beschämt erwacht. Aber es war kein Traum, es ist wirklich passiert.

Bis zum Wahlabend sah es danach aus, als könnte erstmals seit Erfindung des Kinos ein Film über den neuen US-Präsidenten entscheiden. So lange die Umfragen Kerry und Bush gleichauf sahen – und das war noch am 2. November so –, traute man *Fahrenheit 9/11* und seinem Schöpfer alles zu. Jeff Chu orakelte am 19. Juli 2004 in der Zeitschrift *Time*: »Es ist zwar noch zu früh zu sagen, ob *Fahrenheit 9/11* irgendeinen Wähler beeinflußt oder wenigstens die Basis der Demokratischen Partei mobilisiert. Doch die amerikanische Popkultur hat eine lange Traditiondarin, die Präsidentenfrage subtil und manchmal entscheidend zu beeinflussen.«

Beim New Yorker Parteitag der Republikaner zwei Monate vor der Wahl tobten 20.000 Delegierte vor Wut, als sie Moore auf der Pressetribüne entdeckten: »Seine bloße Anwesenheit«, staunte Andrian Kreye am 1. September 2004 in der *Süddeutschen Zeitung*, »reicht nun schon aus, um jenen Störeffekt zu erzielen, mit dem er seine Gegner zur Weißglut bringt.« Moore beschrieb den Vorfall in einer Kolumne für die Tageszeitung

USA Today vom 31. August: »Tausende Republikaner wandten sich zu mir um und skandierten: ›Noch vier Jahre!‹ Ich dachte: ›Eigenartig – Republikaner sind doch sonst gut in Mathe, aber jetzt verhauen sie sich glatt um ein paar Dutzend Monate. Bush bleiben doch gerade mal zwei.‹ Also hielt ich zwei Finger hoch, um ihre falsche Rechnung zu korrigieren. Aber da drehten sie erst richtig durch.« Kein Wunder: Moore spreizte die beiden Finger zum »L«, »dem internationalen Zeichen für ›Loser‹«. Die US-Ausgabe des Musikmagazins *Rolling Stone* vom 16. September 2004 würdigte die Superstar-Qualitäten Moores mit einem eigenen Cover und den Titelzeilen: »Mr. America – Michael Moore – Wie eine proletarische Nervensäge zum Alptraum des Weißen Hauses wurde.«

Es waren gerade das Ungehobelte und Brachiale, die Takt- und Respektlosigkeit, vor allem aber sein völlig ungespielter Haß auf Bush und dessen Männer, die Moore neben dem weichgespülten, glattgebügelten Kerry wie den eigentlichen Herausforderer des Amtsinhabers aussehen ließen. Er trat auf als »einer von uns«, so wie er es immer schon getan hatte seit *Roger & Me*, als Sprecher und Advokat der kleinen Leute, die für die Sauereien der Großen stets die Rechnung zu zahlen haben, denen es nun aber reicht. Doch diesmal war Moore nicht mehr nur der Held einer seiner Kinoproduktionen oder Fernsehsendungen. Hier spottete, eiferte, wütete jemand mit einer echten Mission. Im US-Wahlkampf 2004 war Michael Moore nicht nur die lautstärkste, sondern auch die einzige authentische Figur.

So wie George W. Bush sich nach den Anschlägen vom 11. September mit Haut und Haar dem »Krieg gegen den Terror« verschrieben hatte, warf Michael Moore alles, was er an Talent, Mut und Penetranz besitzt, in einen fulminanten Feldzug zur Abservierung des Präsidenten. Hatte Moore den jüngeren Bush anfangs bloß für einen Dummkopf und tumben Gehilfen des Großkapitals gehalten, prangerte er ihn nun unermüdlich als gefährlichen Lügner, Betrüger und Kriegstreiber an. »Ich brauche Schlaf«, seufzte er zwei Monate vor der Wahl im *Rolling Stone*. »Ich habe keine Auszeit mehr gehabt, seit im Februar 2002 *Stupid White Men* erschien. Doch wir leben in schwierigen

Zeiten. Haben die Angehörigen der französischen Résistance vielleicht gejammert: ›Nehmt's mir nicht krumm, ich brauch' jetzt Ferien in Südfrankreich‹?«

Das war nur ansatzweise ironisch gemeint. Tatsächlich sind *Stupid White Men* und *Dude, Where's My Country?* sowie *Fahrenheit 9/11* Zeugnisse einer wahren Passion, vielleicht auch Obsession. Moore wollte Bush aus dem Amt jagen, seit der es auf reichlich dubiose Art ergattert hatte, und Moore versuchte dies um so vehementer, seit Bush anfing, den Mittleren Osten mit Bomben zu pflastern.

Moores Sottisen über Bush waren von Anfang an so beißwütig und verächtlich, daß man früh erahnen konnte: Hier hat jemand, der sich gern mit Mächtigeren anlegt, den Feind seines Lebens gefunden. In *Stupid White Men*, zwei Jahre vor der Invasion des Irak, mehrere Monate vor den Al-Qaida-Attacken, schreibt Moore an den »lieben George« einen offenen Brief, der mit »Rufmord« noch zu freundlich umschrieben wäre. Er schließt mit den Worten: »Kurzum: Du bist ein Trinker gewesen, ein Dieb, eventuell ein Verbrecher, ein nicht verurteilter Deserteur und ein Muttersöhnchen. Du hältst diesen Satz für grausam? Ich halte ihn für die nötige brutale Ehrlichkeit unter Freunden. Bei allem, was anständig und heilig ist, Mann – tritt, um Gottes willen, sofort zurück und mach' Deinem achsowichtigen Familiennamen Ehre!«

Es dauerte nicht lange, da konnte Moore für die Charaktermaske im Weißen Haus nicht mal mehr satirisch Sympathie vorspiegeln. Denn aus der Witzfigur wurde nach den Anschlägen vom 11. September 2001 eine Bedrohung für die ganze Welt – jedenfalls erschien es Michael Moore so. (Aber nicht nur ihm.) Ein Trinker, Dieb, Muttersöhnchen und Deserteur, der die mächtigste Militärmaschine der Welt in Gang setzte, um alles einebnen zu lassen, was auch nur entfernt wie ein Versteck von Osama Bin Laden aussah? So lächerlich und simpel war dieser Präsidentendarsteller wohl doch nicht, und Mr. Moore erkannte das auch.

Beim Überfall auf Afghanistan im Oktober 2001, völkerrechtlich ungedeckt wie das folgende Abenteuer im Irak, hielt alle

Welt, hielt allerdings auch Moore lieber still: Denn hier am Hindukusch hauste angeblich Osama, der Drahtzieher der Terrorattacken, hier im Reich der Taliban war genau der ideologisch-religiöse Unflat zu Hause, dessen Gläubige fast dreitausend Menschen im September 2001 das Leben abgeschnitten hatten. Erst im Rückblick, das heißt in der Verschwörungstheorie, die *Fahrenheit 9/11* entwirft, erklärte Moore die Vertreibung der Taliban zum geostrategischen Gewaltakt, der nicht etwa Bin Laden dingfest machen, sondern den Bau einer Öl-Pipeline unter US-Aufsicht sicherstellen sollte.

Bush, der lächerliche Versager, wuchs in Moores Augen zum gefährlichsten Präsidenten der US-Geschichte heran – und galt ihm zugleich weiterhin als eitler Dummkopf und eine Schande für sein Amt. Vor solchen Widersprüchen ist Moore auch in früheren Fällen nicht zurückgeschreckt: Furor zeichnet ihn aus, Nachdenklichkeit nicht. Bush sei für ihn »ein Tritt in den Arsch. Eine Belästigung, ein Mißstand, der mich dazu gezwungen hat, mich mit ihm zu beschäftigen. Ich weiß bessere Themen« (zit. n. *News* 47/2003). Bessere vielleicht, doch keine, die ihn mehr reizten. In *Dude, Where's My Country?* verkleidet Autor Moore sich einmal sogar als Gott, um seinem monumentalen Abscheu vor Bush die angemessene Statur zu verleihen: »Nicht alle Meiner Schöpfungen sind vollkommen. Und dieser Mensch, den ihr als George W. Bush kennt, nun ja, das ist wirklich einer, der ist Mir gründlich mißlungen.« Und weil Gott nur sagt, was Michael Moore ihm diktiert hat, endet das Kapitel »Jesus W. Christ« mit der Erteilung eines Auftrags an die Menschheit: »[Zieht] aus und ringt den Teufel im großen Weißen Haus nieder. Das ist eure Mission. Wenn ihr Mich im Stich laßt, seid ihr Toast.« Und Katholik Moore glaubte und gehorchte dem Wort Gottes, denn es war ja sein eigenes.

Die Kampfansage

Mit dem Exorzismus begann er dann aber nicht im Weißen Haus, sondern auf viel heiligerem Grund, im Kodak Theatre, Los Angeles, wo am 24. März 2003 die Oscars des Jahres verliehen wurden. Während Hunderte Cruise-Missiles und Laser-

Luftminen mehr oder weniger wichtige Ziele in Bagdad zermalmten und Zehntausende amerikanischer und britischer Soldaten fast ungehindert in den Irak einmarschierten, saßen die berühmtesten Schauspieler und Filmemacher Hollywoods beisammen, um sich selber zu feiern. Doch die Stimmung im Saal war reichlich gedrückt.

Bereits zwölf Jahre zuvor hatte eine Oscar-Nacht stattgefunden, obwohl ein Präsident Bush gegen den Irak Krieg führte. Aber wie lange schien das jetzt her ...! In jenen Tagen hatte der Präsident nicht etwa den größeren Teil der Welt gegen sich aufgebracht, sondern an seiner Seite versammelt. Fast jeder Amerikaner war damals überzeugt, hier werde ein gerechter Kampf gegen ein Monstrum ausgetragen, und fast jeder Nichtamerikaner, dem Sympathie für einen Despoten, Antisemiten und Blutsäufer wie Saddam abging, war es auch. So wurde die Oscar-Gala 1991 zu einer einzigen Truppenbetreuungs-Show, einem Exzeß des Patriotismus, dem sich selbst die üblichen Querulanten nicht verweigerten. Es war eine gute Sache, Saddams Armee aus Kuwait zu vertreiben, und es war noch besser, daß amerikanische Soldaten die alliierten Verbände anführten.

2003 hingegen wurde ernsthaft erwogen, die Preisverleihung abzusagen oder auf einen Abend zu verlegen, an dem weder G.I.s noch irakische Zivilisten einen gewaltsamen Tod fanden. Im traditionell eher liberalen, den Republikanern abgeneigten Hollywood wurde erbittert gestritten, ob ein Krieg, den sogar die UN verdammten, einen passenden Hintergrund abgäbe für Dankesreden an Eltern, Geschwister, Agenten und Gott sowie für hysterische Tumulte am roten Teppich. Doch man hatte ein Jubiläum zu feiern, Gala Nr. 75, und darum entschied man sich, in etwas gedämpfter Atmosphäre Kino Kino und Krieg Krieg sein zu lassen. Richtig geklappt hat das nicht. Die offizielle Website der Academy of Motion Picture Arts and Sciences erinnert an den trüben Abend so: »Der rote Teppich wurde auf wenige Meter gekürzt, der Großteil der Weltpresse ausgeladen, Fans waren nirgendwo zu entdecken, und Hunderttausende von Fernsehzuschauern folgten weiter gebannt dem gespenstischen grünen Leuchten der Live-Übertragung von Golfkrieg

Zwei.« Doch dann kürzt der unbekannte Autor auch die Wahrheit um einige Meter, als er behauptet, die Show sei dafür »hochgelobt« worden, »den richtigen Ton getroffen zu haben«. Sie ist aber nur deshalb im Gedächtnis geblieben, weil sich einer ihrer Akteure vehement im Ton vergriff.

Es war kein Traum, es war Wirklichkeit, als bei der Ehrung des »besten Dokumentarfilms« *Bowling For Columbine* das Rennen machte, und die Juroren wollten damit nicht nur einen furiosen Film würdigen. Michael Moores Buch *Stupid White Men* stand seit vielen Monaten auf den ersten Plätzen der US-Bestsellerliste, sein Zorn auf die Bush-Administration war alles andere als geheim. Das mehrheitlich den Demokraten zugeneigte Hollywood-Establishment konnte den wiedergeborenen Christen George W. Bush und seine bigotten Neocon-Freunde nicht leiden, und dieser Krieg war ja selbst Republikanern nur unter Einsatz schwerster Propagandalügen akzeptabel zu machen. Überdies schlug dieser präsidiale Cowboy mit seinen Omnipotenzanfällen ihnen die schöne diamantene Feier kaputt. Michael Moore den Oscar zu überreichen bedeutete, ganz bewußt einen Skandal zu riskieren, für den man selbst den Mumm oder die Nerven nicht hatte. Moore enttäuschte seine klammheimlichen Bewunderer in der Jury nicht.

Kai Mihm beschrieb in *epd Film* 5/2003 die Stunden im Kodak Theatre vor Moores brachialem Auftritt so: »Fast schien es, als folgte man hier einer filmischen Dramaturgie. Es ging ganz sachte los beim Aufmarsch der Stars, mit diversen glänzenden ›Peace-Buttons‹, die zahlreichen Anwesenden als Ausdruck ihrer politischen Haltung genügten; eine kleine Steigerung waren eindeutige Gesten etwa von Susan Sarandon und Tim Robbins, die mit ernster Miene ihre Hände zum Friedensgruß in die Kameras hielten; die nächste Stufe waren dezente Andeutungen von Präsentatoren und Preisträgern – zum Beispiel Chris Coopers emotionales ›Ich wünsche uns allen Frieden!‹, das mit höflichem Applaus bedacht wurde.« Die Stimmung war, wie gesagt, ziemlich gedrückt: »Bei dieser 75. Oscar-Verleihung fühlte man sich wie in einem Auto, dessen Fahrer Gas gibt, während der Beifahrer auf die Bremse tritt«, schrieb Anke Westphal am

Tag danach in der *Berliner Zeitung*. Der Crash, den Michael Moore dann provozierte, wirkte um so nachhaltiger.
Die Schauspielerin Diane Lane verkündete Moore als besten Dokumentarfilmer des Jahres, und in den Zwischenschnitten aufs Publikum war zu erkennen, daß alle wußten, nun werde es krachen, endlich. Moore glänzte vor Freude und Aufregung, enterte das Podium, lächelte nervös, sagte einen höflichen Satz zu Beginn und hielt dann, mit erhobener Stimme, die Brandrede des Abends: »Im Namen unserer Produzenten Kathleen Glynn und Michael Donovan aus Kanada möchte ich der Academy danken. Ich habe alle nominierten Dokumentaristen zu uns auf die Bühne gebeten. Sie sind hier, solidarisch mit mir, weil wir das Authentische mögen. Wir mögen das Authentische, und wir leben in einer Zeit der Fälschungen. Wir leben in einer Zeit, in der wir fingierte Wahlergebnisse haben, mit denen ein fingierter Präsident gewählt wurde. Wir leben in einer Zeit, in der ein Mann uns aus fingierten Gründen in den Krieg schickt. Ob das die Lüggeschichte mit dem Klebeband ist [das eine, laut US-Regierung, ›Superwaffe‹ Saddams zusammenhielt; K. S.] oder die Lüggeschichte der Terrorwarnungen. Wir sind gegen diesen Krieg, Mr. Bush! Schämen Sie sich, Mr. Bush! Schande über Sie! Wenn Sie den Papst und die [Country-Band] Dixie Chicks gegen sich haben, dann ist Ihre Zeit abgelaufen.«
Im Lärm des jäh losschmetternden Orchesters ging Moores letzter, wiederum wohlerzogener Satz ziemlich unter: »Vielen Dank Ihnen allen!« Dann wurde der Regisseur von Saalordnern energisch hinter die Bühne geleitet. Der Komiker Steve Martin, Conférencier des Abends, versuchte den elektrisierend peinlichen Augenblick mit diesem Witz zu retten: »Oh, war das nett hinter der Bühne – die Jungs mit den Schlapphüten helfen Michael Moore gerade in den Kofferraum seines Wagens.« Die Lacher, die Martin dafür erntete, klangen eher grimmig als befreit.
Es war der größte Moment in Moores erstaunlicher Karriere, einen größeren wird er nie erleben, und niemand weiß das besser als er selbst. Man ehrte ihn mit dem begehrtesten Preis der Branche als Dokumentarfilmer (der er gar nicht ist), und man

gab ihm Gelegenheit, sich vor einer Milliarde Fernsehzuschauern in aller Welt als das Gewissen Amerikas zu produzieren. Verständlich, daß Moore sich vor lauter Aufregung verplapperte: Statt »fiction« sagte er zwei Mal das Wort »fictition«, das es im Englischen nicht gibt (und hier als »Lüggeschichte« in fingiertes Deutsch gebracht worden ist). Als er einige Tage später die Skandalrede auf seiner Website veröffentlichte, war das ominöse Wort übrigens zu »fiction« korrigiert.

Natürlich unterstellte man ihm sofort, den Skandal lange vorbereitet zu haben, zum Nutzen seines Geschäfts, aus allgemeiner Mißachtung der guten Manieren, um amerikanische Grundwerte zu verhöhnen und den Jungs an der Front in den Rücken zu fallen. In jeder dieser Unterstellungen steckt ein Korn Wahrheit. Immerhin gehören schlechtes Benehmen und peinliche Bemerkungen seit jeher zu Michael Moores Arbeitswerkzeugen, sein Respekt vor dem Präsidenten war schon zu Clintons Zeiten eine Quantité négligeable, und für einen großen Freund des US-Militärs konnte ihn spätestens seit *Bowling* niemand mehr halten.

Wissend, daß ein Milliardenpublikum seinen Bannfluch im Kodak Theatre sehen und hören würde, mußte es dem altgedienten Agent provocateur wie ein Ticket zur Unsterblichkeit oder wenigstens in die ewige Bestsellerliste erscheinen, auf der Oscar-Bühne den Rüpel zu spielen. Das jedenfalls behaupten David T. Hardy und Jason Clarke in *Michael Moore Is A Big Fat Stupid White Man*: »[Dieser Ausbruch war] nur eine Episode in einer langen Reihe sorgfältig inszenierter Spontaneitäten aus [Moores] Fabrik.« Wer genau hinsah und -hörte in jenem spektakulären Moment, dürfte allerdings bemerkt haben, wie nervös Moore war, wie angst und bange ihm vor der eigenen Courage wurde und wie ihn zugleich der Furor überwältigte.

Moore selbst hat mehrere Versionen darüber verbreitet, wie es zu seinem Auftritt kam. Die eine referiert Kai Nihm: »[Der Schauspieler Sean Penn sei] vor der Verleihung mit einer wesentlich radikaleren Idee zu ihm gekommen: Moore solle im Falle eines Sieges all jene Anwesenden auffordern aufzustehen, die den Krieg befürworten.« Eine nicht mal schlechte Idee, aber

eben keine von Michael Moore und darum nicht zu gebrauchen.
Die andere Version erzählte Moore drei Tage nach der Oscar-Verleihung in einer Kolumne für die *Los Angeles Times*. Sie hat es verdient, etwas weiträumiger zitiert zu werden, weil hier nicht nur die erstaunliche Fähigkeit Moores zur Selbstinszenierung recht gut betrachtet werden kann. Sondern auch die Rolle, die er am liebsten spielt: einfacher Kerl mit lauteren Absichten, der ja nur sagt, was er denkt. Und schließlich, doch nicht zuletzt, werden hier exemplarisch die Sprünge sichtbar, die sein maßloser Charakter immer wieder in die Maske reißt.
Am Morgen des 24. März, einem Sonntag, habe er mit seiner Schwester und seinem Vater in der Kirche zum Guten Hirten am Santa Monica Boulevard die Messe besucht, und erst der Gottesdienst habe ihn auf »all die verrückten Gedanken« gebracht: »Selbst der Papst ist ja aufgestanden und hat gesagt: Dieser Krieg im Irak ist kein gerechter Krieg, und also ist er eine Sünde.« Vielleicht war Michael wirklich mit der Familie in der Morgenmesse. Alles andere aber ist blanke Moore-Rhetorik, geschrieben, um den christlichen Fundamentalisten unter seinen Feinden eines ihrer wichtigsten Argumente zu nehmen: »Nur Atheisten kritisieren Amerika.«
Ziemlich glaubhaft klingt wiederum, was er über die Spontaneität seiner Brandrede behauptet: »Ich hatte es nicht auf dem Zettel, daß ich einen Oscar für *Bowling For Columbine* gewinnen könnte (kein Dokumentarfilm, der ein Kassenerfolg war, bekam seit *Woodstock* einen), und darum hatte ich keine Rede vorbereitet. Ich bereite mich auf Ansprachen sowieso nie besonders vor. Und außerdem hatte ich in den Tagen vor der Oscar-Show bereits Preise für den Film erhalten und in meinen Dankesreden immer dieselben Bemerkungen gemacht: Ich sprach von der Notwendigkeit authentischer Filme in solch verlogenen Zeiten. Wir haben einen fingierten Präsidenten, der mit gefälschten Wahlergebnissen an die Macht kam.«
Erst während der Show selbst, als er inmitten der Hollywood-Gemeinde saß, sei ihm bewußt geworden, daß diese Leute die Bush-Politik doch ebenso ablehnten wie, »laut Umfragen«, die

»Mehrheit der Amerikaner«. Und ihre Vertreter in der Oscar-Jury könnten für seinen Film gerade deshalb gestimmt haben, weil der »sich die Bush-Regierung dafür vornimmt, die Öffentlichkeit mit Angst zu manipulieren«. Die Dramaturgie, die der Journalist Kai Nihm beschrieb, kann einer alten Rampensau wie Michael Moore nicht entgangen sein: Hollywood wollte ein Zeichen gegen Bush setzen, und dafür würde man ihm die Fackel in die Hand drücken.
Doch dabei mochte er nicht allein sein: »Ich beugte mich 'rüber zu meinen gleichfalls nominierten Kollegen und erzählte ihnen, daß, sollte ich gewinnen, ich etwas über Präsident Bush und den Krieg sagen würde, und fragte, ob sie Lust hätten, mich auf die Bühne zu begleiten.« Doch nicht etwa, wie gehässige Menschen glauben könnten, um die Staffage für sein Solo zu bilden, sondern weil »ich mit meinem Film schon so viel Erfolg hatte und ich gern die Bühne mit ihnen teilen würde, damit auch sie ihren großen Moment hätten (sie hatten alle außergewöhnliche Filme gedreht und ich wollte, daß das Publikum diese Regisseure sieht und sich dann hoffentlich ihre Filme anschaut).« Das ist wohl nicht gelogen, doch klingt es im O-Ton noch großkotziger als in meiner Übersetzung. Ein Riesenego wie das von Michael Moore wird am sichtbarsten gerade dann, wenn es sich verstecken will. Es folgt ein dramatischer Absatz, ehe er gerührt fortfährt: »Sie waren alle einverstanden.«
Endlich war es soweit, »Diane Lane öffnete den Briefumschlag und verkündete den Sieger: *Bowling For Columbine*. Ich fühlte mich unermeßlich gerührt und demütig, als ich den anderen Nominierten ein Handzeichen gab, mit meiner Frau (der Produzentin des Films) und mir auf die Bühne zu gehen.« Man muß schon ein Egomonster wie Michael Moore sein, um nicht zu merken, wie peinlich es wirkt, die eigene Demut »immeasurably« zu nennen.
Moore beschreibt, wie er den Tumult im Auditorium wahrnahm: »Während ich mit meinen kritischen Bemerkungen fortfuhr, verwirrte mich besonders, daß ich diesen Lärm hörte, aber, meinen Blick ins Parkett gerichtet, nicht eine Menschenseele buhen sah. Doch dann begann die Mehrzahl der Zuschau-

er in den Rängen – die meine Kritik unterstützten –, die Buher auszubuhen. Es entstand eine gewaltige Kakophonie aus Gebrüll und Hochrufen und Spottgelächter. Und ich dachte bloß: ›He, dafür hab' ich einen Smoking angezogen?‹«

Moore sah sich unmittelbar nach seiner »Shame on you«-Rede nicht nur feindseliger, sondern auch triftiger Kritik ausgesetzt. In der Kolumne für die *Los Angeles Times* wischt er sie Punkt für Punkt beiseite. Er habe mit dem skandalösen Auftritt bloß seinen Film promoten wollen? Ach was, der war doch schon vorher ein Riesenerfolg! Es sei ihm gar nicht um Politik gegangen, sondern um Radau? Ja, wer hat denn angefangen 'rumzukrakeelen! Er habe eine Veranstaltung, in der es nur um die Würdigung von Filmkunst gehe, als Podium für seine politische Agitation mißbraucht? Sagen Sie das mal den Kollegen, die ich mit auf die Bühne genommen habe, damit auch sie als große Dokumentarfilmer geehrt werden! Und überhaupt, wer außer mir, Michael Moore, traut sich denn, so was zu sagen? Ich habe meine Rede gehalten für die »amerikanische Mehrheit, die ihre Söhne und Töchter in den Irak und möglicherweise in den Tod schicken soll, damit Bushs Kumpane an das Öl 'rankommen. Wer spricht für sie, wenn ich es nicht tue? Das ist, was ich mache, an jedem Tag meines Lebens, und der 23. März 2003 – obwohl es einer der wunderbarsten Tage meines Lebens war und eine Würdigung, die ich lange in Ehren halten werde – bildet da keine Ausnahme.« Man darf Moore diesen Satz, diese Überzeugung ohne jeden Abstrich glauben. Er hielt sich in den folgenden 19 Monaten ernsthaft für das Sprachrohr der schweigenden amerikanischen Mehrheit; ob er es auch wirklich sei, begann er sich erst danach zu fragen. Um dann zu verstummen.

Die Berufung

Das Ereignis, das eben nicht war wie jeder Tag im Leben Michael Moores, sondern der Höhepunkt seiner Karriere, machte ihn zu einer Weltberühmtheit. Es war der Tag, auf den er gehofft hatte, seit er in den Debattierclub seiner Highschool eingetreten war. Einmal der ganzen Welt die Meinung sagen, sich auf Augenhöhe mit dem größten aller denkbaren Feinde befinden und nicht wegschauen, die Jahrzehnte wackerer Aufklärung und Agitation mit solch einem Mega-Eklat krönen – der Arbeitersohn aus einem Kaff in Michigan war im Kodak Theatre am Ziel seiner Träume. Daß er sich danach verhob und meinte, über den neuen Präsidenten der USA entscheiden zu können, ist nach dem Buhei, der auf seine Oscar-Rede folgte, durchaus verständlich.

Was da passierte, was mit *ihm* passierte, warum er schrie, was er schrie, hat ihn selbst noch lange beschäftigt. Und er hätte es auch gar nicht vergessen können, denn von Interviewern, Fans und Feinden ist er immer wieder daran erinnert worden. So lieferte Moore in der Late-Night-Show des Komikers Bill Maher eine dritte Version ab, um sein Verhalten zu erklären: »He, wenn ich einen Film über Vögel oder Insekten gemacht hätte, hätte ich über Vögel oder Insekten geredet. Ich habe einen Film darüber gemacht, warum die Amerikaner in ihrem Land und im Ausland so gewalttätig sind, deswegen schienen mir meine Äußerungen durchaus angebracht.« Aber so leicht ließ man ihn nicht davonkommen. Er hatte vom Präsidenten der Vereinigten Staaten – vom *Präsidenten*! – verlangt, der solle sich schämen. Die Unschuldsmiene stand Moore gar nicht gut; und nach kurzer Zeit merkte er das selbst.

Am 7. April 2003, zwei Wochen nach dem Oscar-Tumult, waren die öffentliche Empörung gleichwie die Begeisterung über Moores Auftritt immer noch nicht abgeflaut. Also präsentierte er in *Mike's Letter* eine vierte Version seiner Geschichte, die zweifellos den geringsten Anspruch auf Glaubwürdigkeit genießt. Man muß allerdings berücksichtigen, daß die rechten Radio- und TV-Kommentatoren mittlerweile aus Moore einen Staatsfeind gebastelt hatten, wie es seit Unterzeichnung der Unabhängigkeitserklärung keiner mehr gewesen war. Sie forderten die »schweigende Mehrheit« auf, die Bücher und Filme dieses Saboteurs zu boykottieren und ihn selbst, diesen Schreihals, zum Schweigen zu bringen. Moore freilich, fest überzeugt, das Sprachrohr der Sprachlosen zu sein, blies seine Oscar-Rede und sich selbst ein ganzes Stück größer auf, als beide ohnehin waren. Nach der Verkündung des Academy Awards für *Bowling* »erhob das Publikum sich von den Plätzen. Es war ein großartiger Moment, einer, den ich immer in Ehren halten werde.« (Und nicht mehr nur »lange«, wie ein paar Tage zuvor im Artikel für die *Los Angeles Times* geschrieben.) »Sie standen und jubelten einem Film zu, der erzählt, daß wir Amerikaner ein einzigartig gewalttätiges Volk sind, unsere gigantischen Waffenlager benutzen, um uns gegenseitig umzubringen und um sie gegen viele Länder auf der Welt einzusetzen. Sie applaudierten einem Film, der zeigt, wie George W. Bush grundlose Ängste schürt, damit die Öffentlichkeit ihm gibt, was immer er will. Und sie ehrten einen Film, der folgendes feststellt: Der erste Golfkrieg war ein Unternehmen, das den Diktator von Kuwait wieder ins Amt bringen sollte; Saddam Hussein wurde mit Waffen aus den Vereinigten Staaten ausgerüstet; und die amerikanische Regierung ist mit Sanktionen und Bombardements verantwortlich für den Tod einer halben Million irakischer Kinder während des vergangenen Jahrzehnts. Das war der Film, dem sie zujubelten, das war der Film, für den sie gestimmt hatten, und darum beschloß ich, genau das in meiner Rede zu würdigen.«

Was für eine rasante Entwicklung! Hatte er einem Reporter, der ihn hinter der Bühne des Kodak Theatre nach dem Motiv für seine Philippika gefragt hatte, noch lapidar geantwortet, er sei »ein Amerikaner«; redete er sich bei Bill Maher auf Insekten und Vögel hinaus; tat er in seinem Beitrag für die *Los Angeles Times* so, als habe er schlicht wiederholt, was er schon bei früheren Ansprachen gesagt hatte –: So ging es ihm jetzt schon um viel mehr, nämlich um eine Generalanklage gegen den Neoimperialismus der USA im allgemeinen und die Bush-Dynastie im besonderen. *Mike's Letter* verwandelt die Oscar-Rede nachträglich in eine Ankündigung dessen, was *Dude, Where's My Country?* und *Fahrenheit 9/11* erst noch bringen sollten. Doch nicht vor der Rede, sondern erst danach, angesichts der euphorischen Zustimmung der Kriegsgegner in Amerika und Übersee, begann Moore seinen furiosen Auftritt mit dem Pathos eines Propheten aufzuladen.

Vielleicht mußte er einfach erst selber begreifen, welch ein Coup ihm da gelungen war. Er hatte unzensiert vor aberhundert Millionen Zuschauern behaupten können, Bush sei ein »fingierter Präsident«, der einen »fingierten Krieg« führe, und rief, noch ehe die überforderte Regie ihn von der Bühne schaffen konnte, zwei Mal Schande auf das Weiße Haus hinab. Einen vergleichbaren Skandal hatte es in 75 Jahren bei der Oscar-Gala nicht gegeben: Ein linker Dokumentarfilmer mit schlecht sitzendem Smoking, der sich nicht etwa brav für seinen Academy Award bedankte, sondern wie Moses beim Abstieg vom Berg Ararat Flüche donnerte. Selbst Marlon Brando, der 1973 seinen Oscar für *Der Pate* nicht persönlich abgeholt hatte, hatte weniger Wirbel verursacht. (Er ließ sich an jenem denkwürdigen Galaabend von seiner Freundin Sasheen Littlefeather vertreten, die in Wirklichkeit Maria Cruz hieß. Sie nahm in voller Stammestracht den Preis im Namen der Indianer Nordamerikas entgegen. Als sie die Bühne verließ, gab es keinen Beifall.) Moore machte in seinen sensationellen 55 Redesekunden Weltpolitik, und in den folgenden Monaten versuchte er mit aller Kraft, noch einmal einen Stock ins Speichenrad der Geschichte zu stecken, diesmal aber nicht bloß für eine knappe Minute, sondern für mindestens vier Jahre.

Dieser Versuch war *Fahrenheit 9/11*. Als der Film Ende Juni 2004 in die Kinos kam, servierte Moore weitere Varianten der Geschichte seines großen Auftritts. Und plötzlich war das Kodak Theatre in seiner Erinnerung nicht mehr von begeisterten Unterstützern, sondern von Feinden erfüllt: »Ich stand bei der Oscar-Verleihung mitten im Krieg auf der Bühne und sagte: ›Schämen Sie sich, Mr. Bush!‹ War das populär? Alle haben gesagt: Endlich, das ist das Ende von Moores Karriere. Von der Oscar-Bühne gebuht! Ich bin oftmals in meiner Karriere Risiken eingegangen, um meine Meinung zu sagen« (*News* 29/2004). Auch im *Rolling Stone* gab er sich als Rufer in der Wüste: »Die Leute wollten das nicht hören.« Doch der Fehler lag nicht bei ihm, sondern bei ihnen: »(Mir) war klar, daß sie irgendwann, sobald sie die Tatsachen kennen, umdenken werden. Und dann werden sie merken, daß man sie betrogen hat. Sie werden wütender auf Bush sein als ich. Denn ich hab' ja nie etwas anderes von ihm erwartet.« Michael Moore

hat ziemlich oft recht, doch richtig begnadet ist er im Rechthaben.
Das amerikanische Medienmagazin *Entertainment Weekly* widmete Michael Moore am 9. Juli 2004 ein sehr witziges Cover (auf dem er sich à la Superman das Hemd aufreißt und ein Sternenbanner-Shirt aufblitzen läßt) sowie ein mehrseitiges Interview. Es zählt dank Moores wohlvorbereitetem Gesprächspartner Daniel Fierman zu den interessantesten, die der Regisseur je gab. Fierman fragt ihn gleich zu Beginn, was nach der »berüchtigten Oscar-Rede« passierte. Moore, der einen Film zu verkaufen und einen Präsidenten zu stürzen hat, wirft sich nun ganz in die Rolle des Märtyrers: »Sobald ich von der Bühne ging, fühlte ich mich allein. Die Menschen wichen vor mir zurück, während ich durch die Türflügel stapfte. Die beiden einzigen Dinge, die man zu mir sagte, waren die Worte, die jeder Oscar-Gewinner hört, wenn er die Bühne gerade verlassen hat. Da stehen zwei Hostessen in Abendgarderobe am Ausgang, und die eine flötet: ›Champagner?‹ Und die andere: ›Pfefferminzpastille?‹.«
Aber das war nur die Ouvertüre zu einer sehr ungemütlichen Zeit: »In den nächsten Monaten konnte ich nicht mehr spazierengehen, ohne in irgendeiner Weise ernsthaft beleidigt zu werden. Androhungen körperlicher Gewalt, Leute, die sich mit mir prügeln wollten, mir ins Gesicht schrien: ›Fick dich! Du bist ein Verräter!‹ Leute, die mit ihren Autos auf die andere Straßenseite fuhren und dabei kreischten. Leute, die auf den Bürgersteig spuckten. Schließlich ging ich nicht mehr aus.«
Warum hatte er das ein Jahr lang für sich behalten? Weil Michael Moore, dem man einiges unterstellen kann, aber sicherlich keine Feigheit, nicht für einen Hasenfuß und Jammerlappen gehalten werden mochte? Die Pose des unerschrockenen Wahrheitskämpfers hat ihm seit *Roger & Me* stets viel besser gefallen als die der verfolgten Unschuld. Aber für *Fahrenheit 9/11* grub er die unerfreulichen Geschichten dann doch aus, um klarzustellen, wie riskant es nun erst recht für ihn werden würde. Man steigt nicht zum Volkshelden, aber auch nicht zum Staatsfeind auf, wenn man von Eigenvermarktung keinen Schimmer hat. Wie wichtig sein einsames Heldentum in der Oscar-Nacht für

gangenen zwei Wochen] meinen Kopf gefordert. Nun – hat dieser Krawall mir geschadet? Hatten sie Erfolg damit, mir ›das Maul zu stopfen‹? Na, gucken wir uns doch mal meinen Oscar-›Rückschlag‹ an.« Und dann führt er genüßlich an, daß nach dem Spektakel im Kodak Theatre die Zuschauerzahlen für *Bowling* sich fast verdoppelten, *Stupid White Men* auf die Pole-Position der *New York Times*-Bestsellerliste »zurückschoß«, seine Website zwischen zehn und zwanzig Millionen Mal pro Tag angeklickt wurde und bei Amazon in den ersten Tagen nach der Show mehr Vorbestellungen für das Video von *Bowling For Columbine* eingingen als für das von *Chicago*, dem Preisträger als »Bester Spielfilm«. Er hatte hoch gepokert, und er hatte gewonnen. Noch ein gutes Jahr später, im *Playboy*-Interview, weist er voller Genugtuung auf diesen Trium[...] »[Gerade] als es hieß, daß man Amerika in Krieg[...] kritisieren kann, ohne dafür beschimpft od[...] werden, explodierte der Absatz meiner B[...]

Der Höhenflug und die Bauch[...]

Konnte ein sendungsbewußte[...] ders, als sich nun, beflügelt v[...] d'éclat, für den auserkorenen An[...] halten? Für den Mann, der die einz[...] diese »fingierte« Regierung anführte[...] in *Fahrenheit 9/11*, Moores von jedem [...] Bush-Agitation bei Lesereisen durch die[...] offene Provokation seiner Erzfeinde bei [...] der Republikaner –: Das alles wäre bei eine[...] car und ohne Skandalrede eine Nummer bes[...] ganzes Stück selbstironischer ausgefallen. D[...] sich besinnen sollen bei dem überschäumenden [...] hänger in den Vortragssälen, dem beispiellosen [...] Bücher und bei einer Presse, die ihm je geneigte[...] mehr sich offenbarte, daß Bush die USA tatsächlich [...] in den Irakkrieg getrieben hatte? Das Cover von *Dude,* [...] *My Country?* spiegelt plakativ wider, wofür Michael [...] sich in jenen Tagen hielt und was die Öffentlichkeit von ih[...]

den neuen Film war, erkannte denn auch als erster ein Berufskollege. Auf Fiermans Frage, wann Moore beschlossen habe, Bush im Wahljahr fertigzumachen, antwortet er nach einer »langen Pause« gleichsam versonnen: »Sie überreichen mir [bei den Filmfestspielen 2004] die Goldene Palme auf der Bühne in Cannes, und [der Regisseur und Jury-Präsident] Quentin Tarantino kommt zu mir und sagt: ›Das ist, glaube ich, der erste Film, der gedreht worden ist, um eine Oscar-Rede zu rechtfertigen.‹« Worüber Moore dann selber lachen muß.

Er ist mit seinen Märtyrer-Anekdoten klugerweise nicht weiter hausieren gegangen. In einem fast zeitgleich erschienenen Interview mit *Playboy*-Redakteur David Sheff erwähnt er sie gar nicht erst, sondern sieht wieder überall nur Freunde: »Ich bekam ungeheuren Zuspruch [nach der Oscar-Rede]. Anrufe, E-Mails, Briefe von [den Regisseuren] Jonathan Demme, Martin Scorsese, [der Schauspielerin] Meryl Streep – ich könnte eine ganze Liste aufzählen, aber ich weiß nicht, ob ich diese Leute outen soll.« Merkwürdigerweise präsentiert Moore hier auch wieder die älteste Variante seiner vielen Geschichten über die Stunden vor der Preisverleihung. Von Sheff befragt, ob er mit dem Oscar gerechnet habe, erwidert Moore: »Ehrlich gesagt, nein. Als Diane Lane ans Mikrophon ging und meinen Namen aufrief, war ich platt. Ich hatte nichts vorbereitet.« Neu ist nur dieses Detail: »Ich lief den Gang hinab, und Meryl Streep und [die Schauspielerin] Julianne Moore berührten mich, als ich vorbeiging. Ich konnte es nicht fassen. Sie hatten einen Blick in den Augen, als wollten sie mir sagen: ›Gib's ihnen, Mike!‹« — Man könnte nun annehmen, daß der kleine Mike sich die Fakten immer so hinbiegt, wie sie dem großen Moore gerade passen, ohne daß er dabei im strengen Sinne lügt: Seine Filme und Bücher sind durchdrungen von diesem elastischen Wahrheitskonzept. Man könnte außerdem vermuten, er habe sich seit seiner Nominierung durchaus damit beschäftigt, was er im Fall des Falles auf dem Podium sagen würde, doch erst in der Begeisterung über den Oscar, nach einem Blick in die Gesichter von Streep und Moore, mit seinen nominierten Kollegen im Rü[...] den Mut (oder die Dreistigkeit) aufgebracht, den verha[...]

Kerl im Weißen Haus zu beschimpfen. Aber man liegt sicherlich völlig daneben, wenn man diese größte Minute im Leben Michael Moores für nichts als ein weiteres Beispiel seiner Masche hält. Die vielen Buhrufer im Kodak Theatre irritierten ihn durchaus, und seine seltsamen Versprecher zeigen deutlich, daß er weder sich selbst noch die Lage wirklich im Griff hatte. Und er wird sich gewiß in den Tagen danach gefragt haben, ob sein Rabaukentum bei der Preis-Zeremonie ihm nicht mehr schaden als nutzen würde. Alle Welt sprach über ihn, aber eher fassungslos als begeistert. Hatten am Ende solche Leute wie Hardy und Clarke recht? »Versteh uns richtig, Mike«, kumpeln sie ihn in ihrem Haßbuch an: »Das Publikum fand deine Ansichten gar nicht mal falsch. [...] Es ging nicht um Politik. Es ging darum, daß du ein pompöses Arschloch bist. Außerhalb des Kodak Theatre, überall im Rest des Landes wurde die donnernde Ablehnung deiner Tirade um ein Vielfaches verstärkt: in Büros, in Wohnzimmern und in Bars.«

Sie hatten natürlich nicht recht. Moore wurde keineswegs »entschlossen und schnell von der Bühne verscheucht«. Es gab erheblich mehr Jubler als Buhrufer im Kodak Theatre, und der laute Beifall für den Preisträger mit der großen Klappe wäre sicherlich noch lauter ausgefallen, hätte der Tumult auf den Rängen nicht sehr viele Anwesende sichtlich konsterniert. Doch mit eben dieser Lüge – Moore habe sogar seine politischen Sympathisanten gegen sich aufgebracht – setzte die Polemik der N

cons und Hurrapatrioten in den amerikanischen Me

Denn es ging um Politik. Und nachdem die recht

reits »French fries«, also Pommes frites, u

mit dem Bann belegt hatten, sollte d

nun auch alles meiden, was i

tun hatte. Es schien, als hä

Fenster gelehnt, so we

Mike's Letter w

Moore wa

tel:

wartete beziehungsweise befürchtete. Als Grundlage dieser Titelcollage diente das berühmte Photo vom Monumentalstandbild Saddam Husseins, das ein US-Panzer nach der Eroberung Bagdads mittels Eisenkette aus dem Fundament gerissen hatte. Der Titelgestalter klebte über den Kopf des Diktators den von George W. Bush, und statt des Panzers zieht jetzt ein breit lächelnder Moore an der schweren Kette.

Er befand sich im Krieg, und er wollte ihn gewinnen. Das »Mission accomplished«-Banner, vor dem George W. Bush im Juni 2003 ziemlich voreilig die Kampfhandlungen im Irak für beendet erklärt hatte – dieses Banner wollte Moore in der Wahlnacht zum 3. November 2004 selber aufpflanzen: Das wäre nach 19 Monaten erbitterter Schlachten gegen den »fingierten« Präsidenten seine Apotheose gewesen. Doch es kam nicht so, wie der Prophet vom Kodak Theatre gehofft, und John Kerry, für den er sich bis zur Selbstverleugnung engagiert hatte, verlor haushoch. Es war ein Alptraum, und es war die Wirklichkeit.

Gut möglich, daß Michael Moore und sein *Fahrenheit*-Film Kerry viel weniger genützt als geschadet haben. Die Bürger der USA, ohnehin zerrissen zwischen ihrer Angst vor Selbstmordattentätern und ihrem Mißtrauen gegen die Politik des Weißen Hauses, wurden von Moore nur noch mehr polarisiert. Kein Amerikaner konnte *Fahrenheit 9/11* sehen oder bloß davon hören und ungerührt bleiben. Man mußte Stellung beziehen zu diesem Pamphlet in bewegten Bildern. Es läßt kein distanziertes, ausgewogenes Urteil zu, es gibt hier kein »sowohl – als auch«, sondern nur ein »entweder – oder«. Und obwohl die äußerst grobe Schwarzweißmaltechnik von *Fahrenheit 9/11* das beliebteste Propagandainstrument der amerikanischen Rechten ist, obgleich Moore gehofft hatte, durch die Imitation republikanischer Wahlkampfrhetorik auch die typischen Wähler der Republikaner erreichen zu können, bewirkte er genau das Gegenteil: Noch unentschiedene Bush-Anhänger wurden nicht etwa bekehrt, sondern in der Loyalität zum Präsidenten bestärkt – der machte sich wenigstens nicht über Amerika lustig und hielt eisern zu den Helden der U.S. Army.

Im ersten Monat nach der Premiere von *Fahrenheit 9/11* untersuchte die Annenberg School for Communications, welchen Effekt Michael Moores Film auf das Wahlverhalten von eingefleischten Republikanern, aber auch auf das von bislang Unentschlossenen hatte. Das Ergebnis der Telephonumfrage unter 5051 Bürgern lautete: Es gab keinen Effekt. Um sicherzugehen, wurden die Angerufenen gleichzeitig nach ihrer Meinung zur täglichen, landesweit übertragenen Radioshow des reaktionären Schaum-vorm-Mund-Schreihalses Rush Limbaugh befragt. Die Forscher hatten nämlich ganz richtig erkannt, wie eng verwandt die Rhetorik von *Fahrenheit* mit der von Limbaugh ist. Studienleiterin Kathleen H. Jamieson zog diesen Schluß aus ihrer Statistik: »Limbaugh und Moore sind nur zum harten Kern der wirklich Überzeugten vorgedrungen. [...] Einseitige Propaganda zieht Gläubige an und bestärkt sie mehr in ihrem alten Glauben als darin, ihre Meinung zu ändern.« Menschen, die sowieso anderer Ansicht seien, aber sich angezogen fühlten von dieser Art Meinungsäußerung, neigten hinterher dazu, »an ihren alten Überzeugungen festzuhalten, indem sie Gegenargumente entwickeln«.

Man kann es sich auch einfacher machen als Frau Jamieson und ihre Kollegen. Und zum Beispiel die Erfolgszahlen des ultrafundamentalistischen Spielfilms *The Passion Of The Christ* mit denen von *Fahrenheit 9/11* vergleichen. 370 Millionen Dollar spielte Mel Gibsons sadomasochistische Bibelstunde 2004 in den USA ein, während Michael Moores Bush-Anklage es zeitgleich »nur« auf 120 Millionen brachte. (Man darf es übrigens als höhere Ironie betrachten, daß Mel Gibsons Produktionsfirma Icon bis kurz vor Drehbeginn die Rechte an *Fahrenheit* hielt. Leider gibt es keine verläßlichen Dokumente darüber, wie der wiedererweckte Christ Gibson seinen Abscheu vor dem Satansbraten Moore entdeckte. Ja, es gibt sogar Gerüchte, daß sowohl Gibson ein Fan von *Fahrenheit* als auch Moore einer von *Passion* sein soll. Katholiken sind nicht immer leicht zu durchschauen.) Jedenfalls waltet in den Umsätzen der beiden Filme ziemlich genau der arithmetische Unterschied zwischen linken und konservativen US-Bürgern. Und dank Michael Moores Einmischung dürften sich die Verhältnisse erst richtig verhärtet haben.

Der Kandidat der demokratischen Partei konnte mit den Stimmen der Moore-Fans allein nie Präsident werden. Die Strategen in seiner Wahlkampfzentrale wußten das, und sie wußten auch, daß sie sich diesen Moore besser vom Halse halten sollten, ehe seine Umarmung sie erdrückte. Zumal er bei jeder Gelegenheit betonte, nur aus der Not ein Bündnis mit den Demokraten geschlossen zu haben. So zum Beispiel in *Time* vom 19. Juli 2004: »Als Clinton Präsident war, saß ich ihm im Nacken. Und falls Kerry Präsident wird, werde ich schon am Tag nach der Wahl hinter ihm her sein.«

Zwar hatten mehrere prominente Demokraten die Washingtoner Premiere von *Fahrenheit 9/11* besucht und sich sehr angetan gezeigt: »Jeder, der diesen Film sieht, wird für John Kerry stimmen«, schwärmte zum Beispiel Terry McAuliffe, der Vorsitzende des Democratic National Committee. Kerry selbst jedoch gab nie einen Kommentar zum Film und seinem Regisseur ab. Einige Wochen später, beim Inaugurationsparteitag der Demokraten in Boston, war Moore nicht auf Einladung Kerrys, sondern des Ex-Präsidenten Jimmy Carter präsent. Und als geübter Medien-Guerillero betonte Michael Moore, er sei nicht da, um Kerry zu unterstützen, sondern weil *USA Today* ihn als Kolumnisten vorbeigeschickt habe. Aber natürlich wußte jeder, daß Moore flunkerte. »Er zeigte sich immer wieder gerne im ›Fleet Center‹«, berichtet die *Frankfurter Allgemeine Zeitung* am 30. Juli 2004, »gab Interviews, hielt Reden bei Protestveranstaltungen, doch eine offizielle Rolle wollten die Regisseure der ›Democratic National Convention‹ ihm nicht geben. Denn das hätte den Plan durchkreuzt, bei der ›Krönungsmesse‹ für den Präsidentschaftskandidaten John Kerry vor allem gut über diesen, aber nicht zu viel und zu schlecht über den politischen Gegner und zumal über Präsident George W. Bush zu reden.«

Vielleicht war das ein Fehler. Vielleicht hätten Kerry und seine Wahlkampftaktiker ebenso kaltschnäuzig und beißwütig vorgehen sollen wie Bushs Chefstratege Karl Rove. Moore selbst war fest überzeugt, daß nur echte Konfrontation der Clique im Weißen Haus zusetzen könnte: »Sie werden diese Wahl nicht gewinnen«, adressierte er in Richtung des demokratischen Kandidaten, »wenn Sie wacklig in den Knien sind und ein Schlappschwanz und Ihnen die Courage Ihrer Überzeugung fehlt« (zit. n. *Süddeutsche Zeitung*, 29. Juli 2004). Doch Kerry tat Moore nicht den Gefallen, den Versöhnungs- und Schmusekurs aufzugeben.

Was den wahren Herausforderer des Präsidenten aber nicht weiter verdroß. »[Bush] wird bei den Wahlen im November untergehen«, prophezeite er nach dem Parteitag der Schlappschwänze. »Wir werden die größte Wahlbeteiligung seit meiner Geburt erleben.« Und zwar wegen seines neuen Films: »[Wenn] ich nur zehn Prozent aller Kinobesucher, die vorher unentschlossen waren, dazu bringe, für Kerry zu stimmen, ist das ein Riesenzuwachs« (zit. n. *TZ München*, 5. August 2004). Diese unbeirrte Siegesgewißheit begeisterte Moores Anhänger so sehr, daß sie ihn aufforderten, doch am besten selbst gegen Bush zu kandidieren. Was der Tribun geschmeichelt, aber mit einiger Selbstironie konterte: »Ihr wollt doch wohl nicht, daß das hier im Weißen Haus 'rumschwabbelt?« (zit. n. *Süddeutsche Zeitung*, 22. Juli 2004).

Niemals, so groß die Medien ihn auch erscheinen ließen, verlor Moore gänzlich das Gespür dafür, was von ihm wirklich erwartet wurde: Subversion, Unverschämtheit, allseitig undiplomatisches Verhalten. Also verteilte er bei seinen Auftritten an amerikanischen Universitäten Geschenke an jeden, der versprach, die Demokraten zu wählen. »Im Angebot des Stimmenfängers Moore«, berichtet die *Süddeutsche* am 7. Oktober, »sind im Studentenleben zur Grundausstattung zählende Stücke wie frische Unterwäsche, knackige Kartoffelchips – Tostitos! – oder Allzwecknudeln.« (Die Republikaner forderten daraufhin empört, Moore wegen »Stimmenkaufs« in den Knast zu stecken. Aber das war der Staatsanwaltschaft von Michigan dann doch zu albern.) Die Figur Michael Moore mit ihren Anflügen von Megalomanie, Selbstgerechtigkeit und Paranoia wäre ohne solche surrealen Aktionen in den letzten Monaten vor der Wahl kaum zu ertragen gewesen; wahrscheinlich hätte er sich selbst nicht mehr ausstehen können. Gefragt, ob er sich für einen Messias halte, antwortete er: »Nein, das dann doch nicht. Das überlasse ich Mel Gibson« (zit. n. *Focus* 29/2004).

Die Wahlbeteiligung am 2. November war dann tatsächlich höher als seit langem (wenn auch nicht entfernt so hoch wie in den 50ern, als Moore geboren wurde). Doch der Betrieb in den Wahllokalen kam vor allem Bush zugute: 3,5 Millionen Stimmen beziehungsweise 286 gegen 252 Wahlmänner hatte er am Ende seinem Konkurrenten voraus. Der Soziologe Richard Sennett vermutete einige Tage später im *Spiegel* 26/2004, die »amerikanische Öffentlichkeit« habe versucht, »über ihre Identität abzustimmen, darüber, was sie als amerikanisch definiert haben will. [...] Es gibt eine neue Klassenstruktur. Und jene, die abgerutscht sind, sehen als Antwort darauf plötzlich Religion oder Patriotismus.« Wenn er recht hat, dürfte Moores massives Engagement gegen die Bush-Regierung tatsächlich eine der besten Wahlkampfhilfen gewesen sein, die der Präsident und seine Partei sich nur hatten wünschen können.

Aber Moore, dieser missionarische, kampfeslustige, eitle Mann, konnte gar nicht anders handeln. Er *mußte* seiner Oscar-Tirade Taten folgen lassen. Nach diesem Auftritt erlaubten weder sein Charakter, seine Wut auf den Amtsinhaber, seine Empörung über den Irak-Krieg noch der Zuspruch seiner Anhänger irgendein anderes Verhalten. Und möglicherweise hätte ohne *Fahrenheit 9/11* Kandidat Kerry noch viel dramatischer verloren. Die Demoskopen haben sich nach dem 2. November leider nicht weiter um den Fall gekümmert. Eines aber steht fest: Es gab im Spätsommer 2004 kaum einen aufmerksamen Beobachter, der völlig auszuschließen wagte, daß da eine *Chance* wäre für Moores Kampagne, und nicht wenigstens darüber nachdachte, ob ein Film die Weltpolitik mitbestimmen könnte. Hätte er ja auch, wenn alles nach dem Plan von Michael Moore gelaufen wäre. Aber es war nur ein Traum, es sollte nicht Wirklichkeit werden.

Zwei Tage brauchte der Tribun, um das Entsetzen über Kerrys Niederlage zu überwinden. Zwei Tage Schweigen, die man einem Mann, der so hoch gepokert und sich so schwer verzockt hat, nicht verdenken kann. Am 5. November meldete Michael

Moore sich auf seiner Website mit jener Frechheit zurück, die er den Fans, aber auch sich selbst schuldig war. »17 Gründe, sich nicht die Pulsadern aufzuschlitzen« überschrieb er, in Weiß auf schwarzem Trauergrund, sein Statement zur Wahlkatastrophe und bewies dann, daß er zwar seinen Krieg und vielleicht auch das Gesicht, aber nicht seinen galligen Witz verloren hatte. Unter Ziffer 8 schreibt er zum Beispiel: »88 % der Bush-Stimmen kamen von Weißen. In 50 Jahren wird Amerika ohne weiße Mehrheit sein. He, 50 Jahre sind echt keine lange Zeit! Wenn Sie heute zehn Jahre alt sind und dies lesen, werden Ihre besten Jahre wirklich die besten sein, und man wird auf Ihre alten Tage prima für Sie sorgen.« Und unter Ziffer 12: »Zugegeben – wir können Bushs Zwillingstöchter gut leiden, und wir wollen sie noch nicht loswerden.« Der erste Grund aber ist, wie es sich gehört, der einleuchtendste in der langen Aufzählung: »Es verstößt gegen das Gesetz, daß George W. Bush noch einmal kandidiert.«

Moore, noch einmal (und bis heute das letzte Mal) den närrischen Propheten spielend, ließ offen, ob er das Gesetz der Vereinigten Staaten meinte oder sein eigenes.

Ein seltsames Kind

Davison, Flint, Davison

Man wird nicht als Staatsfeind geboren. Als Volksheld auch nicht – jedenfalls nicht außerhalb von Tibet. Und zum Filmemacher wird mancher in seinem ganzen Leben nicht, selbst wenn er sein Leben darauf verwendet. Michael Moore mußte 33 Jahre alt werden, ehe er herausfand, was am besten zu ihm paßt. Doch bis heute läßt er sich nicht auf einen Beruf festlegen: Als Spätzünder und Bumfiedel wie aus dem Bilderbuch probiert er aus, was die Gelegenheit ihm bietet. Er ist ein Dilettant und Autodidakt in allem, was er tut, doch er ist es mit der Leidenschaft, die nur begabte Dilettanten und Autodidakten aufbringen.

Michael Francis Moore kam am 23. April 1954 in Flint zur Welt, einer Industriestadt im US-Bundesstaat Michigan. Flint war in jenen Tagen neben Detroit der wichtigste Standort für die Fabriken des Autokonzerns General Motors (GM), und die Arbeiter erlebten wahrhaft goldene Zeiten: Jeder hatte einen Job, die meisten besaßen ein Auto, und viele konnten sich sogar ein eigenes Häuschen leisten. Es war der erfüllte amerikanische Traum von einem gutsituierten Proletariat trotz Kapitalismus. Auch die Moore-Familie hatte ihren Anteil an den Boomjahren von Flint – als Michael fünf Jahre alt war, zog die Familie in den feinen Nachbarort Davison. Michaels Dad arbeitete wie schon dessen Vater für GM, seine Mom ebenfalls – die Männer am Fließband, sie als Sekretärin. Nur sein Großvater mütterlicherseits hielt etwas Abstand vom wichtigsten Gewerbe der Gegend: Er war Landarzt.

Daß die Angestellten des Konzerns es nicht der Menschenfreundlichkeit der Bosse verdankten, für ihre Schufterei ordentlich entlohnt zu werden, lernte Michael schon früh aus der eigenen Familiengeschichte. Sein Onkel Laverne hatte am berühmten »Sit-Down Strike« von 1936/37 teilgenommen. Damals legten die Arbeiter einer Karosseriefabrik in Flint kurz nach Weihnachten die Bänder still und hielten das Gebäude 44

Tage lang besetzt. Versuche der Polizei, die Streikenden zu vertreiben, brachten die Arbeiter mit gezielten Würfen von Karosserieteilen erfolgreich zum Scheitern. Die Nationalgarde marschierte in Flint auf, griff aber nicht ein. Bald wurden weitere Fabriken des Konzerns von Streikenden besetzt. Am 11. Februar 1937 lenkten die Herren von General Motors endlich ein. Sie, die vorher mit den Vertretern der Autogewerkschaft UAW (United Automobile Workers) nicht mal im selben Raum sitzen mochten, akzeptierten endlich, daß die Funktionäre im Namen sämtlicher GM-Arbeiter mit ihnen verhandeln wollten. Binnen kurzer Zeit gewann die vormals recht unbedeutende UAW 100.000 neue Mitglieder unter den GM-Angestellten und wurde zu einer der mächtigsten Gewerkschaften der USA. Michael Moore hat Onkel Laverne, der UAW und dem »Flint Sit-Down Strike« in seinem Debütfilm *Roger & Me* ein kleines Denkmal gesetzt.

Was aber konnte dem kleinen Mike in dieser Gegend, bei dieser Familientradition anderes blühen, als gleichfalls ein Rädchen in der großen General-Motors-Maschine zu werden? Und wie gelang es ihm, das zu verhindern? Gleich in den Eröffnungsszenen von *Roger & Me* gibt Moore eine Antwort darauf: »Irgendwie war ich ein seltsames Kind. Meine Eltern haben ziemlich früh gemerkt, daß irgendwas mit mir nicht stimmen konnte. Ich krabbelte rückwärts, bis ich zwei war, aber dafür konnte ich Kennedys Antrittsrede schon mit sechs auswendig.« Man sieht dazu Familienphotos und -filme von einem Knaben mit kurzrasierten roten Haaren und einem etwas schüchternen, etwas schiefen Lächeln, der nicht so wirkt, als habe er seinen Eltern große Probleme bereitet. Kaum anzunehmen, daß dieser Junge bereits wußte, was seine 30 Jahre ältere Ausgabe in *Roger & Me* behauptet: »[Am] Fließband zu stehen, war nichts für mich. Meine Helden waren die Leute, die dem Fabrikleben und Flint entflohen waren.«

Die Vorfahren Moores waren im 19. Jahrhundert aus Irland nach Amerika emigriert und hatten ihren Nachkommen außer roten Haaren vor allem eine unerschütterliche Treue zur Una Ecclesia und dem Papst vererbt. Mike besuchte bis zur zehnten

Klasse die St. John's Elementary School, eine private katholische Lehranstalt, »wo er ein guter, gehorsamer Schüler war«. Das jedenfalls behauptet die Journalistin Larissa MacFarquhar in *The New Yorker* 8/2004. Michael Moore sieht das ganz anders. In *Stupid White Men* widmet er mehrere Seiten des Kapitels »Nation der Idioten« seiner Schulzeit und stellt sich dabei keineswegs als braver Bub dar.

Mike, der schon mit vier Jahren lesen und schreiben gelernt hatte, sollte die erste Klasse – in der er sich »unsäglich langweilte« – überspringen, was seine Eltern aber nicht erlaubten. Zwölf Jahre lang, behauptet er, »saß ich im Klassenzimmer, machte meine Aufgaben und beschäftigte mich ständig mit Ausbruchsplänen. In der vierten Klasse gründete ich eine Untergrundschulzeitung. Sie wurde verboten. In der sechsten startete ich die Zeitung noch einmal. Wieder wurde sie verboten.« In der achten Klasse gründete Mike erneut eine Zeitung. Er schrieb ein Stück für die Weihnachtsfeier, in dem Ratten aus dem ganzen Land zu einer großen Versammlung im Gemeindehaus von St. John's zusammenströmen. Natürlich wurde das Stück nie aufgeführt und die Zeitung zum dritten Mal verboten. Doch man sollte Moores heroische Erinnerungen nicht allzu ernst nehmen. Seine Aufmüpfigkeiten dürften vor allem seiner Neigung zur Clownerie geschuldet gewesen sein. Wie viele Jungs, die wegen ihrer Intelligenz und ihrer Unsportlichkeit von den Schulrowdies aufs Korn genommen werden, flüchtete er sich ins Herumkaspern: In seinem Abschlußjahr an der High School ernannten seine Mitschüler ihn feierlich zum Klassenclown.

»Ich stamme aus einer Proletarierfamilie«, sagt Moore im *New Yorker* mit einigem Stolz. »Mein Dad arbeitete in einer Autofabrik, meine Mom als Angestellte. Bis ich 35 war, hab' ich nie mehr als 15.000 Dollar im Jahr verdient. Ich glaube immer noch an die Lektionen, die ich als Sprößling einer römisch-katholischen Familie lernte. Zum Beispiel, daß ein reicher Mann schwerer in den Himmel kommt als ein Kamel durchs Nadelöhr.« Was ihm heute, nach den enormen Erlösen seiner Bücher sowie von *Bowling For Columbine* und *Fahrenheit 9/11*, schlaflose Nächte bescheren dürfte.

Eine andere Lektion, die ihm in der Schule beigebracht wurde, sollte ihn gleichfalls lange Zeit beschäftigen. Die kabarettistische Version dieser Erinnerung zählte 1996 zum Standardrepertoire Michael Moores, als er durch die USA tourte, um für sein Buch *Downsize This!* zu werben. Im Film *The Big One* von 1997 ist ein besonders gelungener Auftritt Moores mit dieser Nummer zu besichtigen. Er steht vorm Publikum, die Hände erhoben wie ein katholischer Priester, singt »Kyrie eleison! Christe eleison!« und lacht erst einmal. Dann fängt die Geschichte an: »Schwester Hermine klärte uns in der fünften Klasse über unreine Gedanken auf. In der fünften Klasse! Sie tat zweierlei: Sie belehrte uns über unreine Gedanken, und die beiden Male am Tag, wenn wir Jungs pinkeln gehen durften, kam sie mit rein und paßte auf. [...] Und wenn man zuviel Spaß beim Pinkeln hatte, machte sie immer [Moore läßt den Zeigefinger wie eine Metronomnadel pendeln]: ›T, t, t!‹ Eines Tages fragte ich: ›Schwester, wann ist ein unreiner Gedanke eine läßliche Sünde und wann eine Todsünde?‹ – Sie wissen vielleicht: Für läßliche Sünden kommt man ins Fegefeuer, für Todsünden fährt man zur Hölle. – Und sie sagte: ›Eine läßliche Sünde ist es, wenn einem die Gedanken schnell durch den Kopf gehen, rein und wieder raus, wusch! Dauert's aber länger als fünf Sekunden, ist es eine Todsünde.‹ So verbrachte ich fast die ganze Pubertät damit, meine unreinen Gedanken mit der Uhr zu stoppen: ›Fünf, vier, drei, zwei, eins – in Ordnung, er ist wieder weg! Weg! Oh, da ist schon wieder einer ... Fünf, vier, drei, zwei, eins ... Luzifer, ich komme!‹«

In seiner Jugend war Mike für Witze über Luzifer und die Todsünde, über Schwester Hermine und die Lehren der katholischen Schule eher nicht zu haben. Selbst in der gut einstudierten Nummer, die *The Big One* zeigt, kann man sehen, daß Moore schier glänzt vor Aufregung über die Blasphemie. Leider hat er es nicht einrichten können, Schwester Hermine für diese Nummer in die Tournee-Entourage zu holen. Was zu seiner Sorte Bühnensketchen durchaus gepaßt hätte. Aber er mag einen guten Draht zu Verlegern und Filmverleihern haben – die katholische Kirche hält Distanz zu ihm. Dabei wäre er doch fast ihr Angestellter geworden. Wenn nicht Baseball und die Mädchen gewesen wären.

Mit 14 Jahren, als Neuntkläßler, schrieb Mike Moore sich nämlich in ein Seminar für angehende Priester ein. Er war empört über Ungerechtigkeit und soziale Mißstände und fest überzeugt, im Ornat am wirkungsvollsten dagegen einschreiten zu können. Seine Idole waren die Gebrüder Berrigan, die zu jener Zeit landesweit Aufsehen erregten.

Philip Berrigan, im Zweiten Weltkrieg Artillerist, wurde 1955 zum Priester des traditionell »linken« St.-Joseph-Ordens geweiht. Sein Bruder diente dem Wort Gottes seit 1952 als Jesuitenpater. Beide waren große Bewunderer der französischen Arbeiterpriester und höchst energische Pazifisten. Während des Vietnamkriegs begnügten sie sich nicht mit dem Verteilen von Flugblättern, sondern wurden in einer Weise aktiv, die den Teenager Michael Moore tief beeindrucken und prägen sollte. 1967 brachen Philip Berrigan und drei Verbündete in das Zollamt von Baltimore ein. Sie gossen Blutkonserven über die dort lagernden Listen mit den Namen kriegsdiensttauglicher Männer aus. Berrigan wurde wegen »zivilen Ungehorsams« zu sechs Jahren Zuchthaus verurteilt: Er war der erste katholische Priester, der in den USA ins Gefängnis gesperrt wurde. 1969, eben erst auf Bewährung entlassen, drangen Philip, sein Bruder Daniel und sieben weitere Aktivisten – die als »Catonsville 9« berühmt werden sollten – in das Einberufungsamt von Catonsville, Maryland, ein und verbrannten 378 Kriegsdienstbescheide. Philip wurde zu dreieinhalb Jahren Gefängnis verknackt. Daniel bekam drei Jahre Knast aufgebrummt, flüchtete in den Untergrund und war monatelang eine der meistgesuchten Personen auf der Fahndungsliste des FBI.

Die Begeisterung für diese beiden frommen Helden der Friedensbewegung reichte allerdings nicht aus, um Michael länger als zwei Jahre im Priesterseminar zu halten. Denn er hatte zwei weitere Leidenschaften: die ältere galt dem Baseball-Team der Detroit Tigers, die frisch erwachte den Mädchen. Starke Zweifel an seiner Berufung zum Mann Gottes kamen Mike, als ihm kurz nach seinem Eintritt ins Seminar verboten wurde, die

Meisterschaftsendspiele der Tigers im Fernsehen anzuschauen. Noch stärkere Bedenken entwickelte er bei den Proben des Schulorchesters (er spielte die Baßgitarre): Um die magere Besetzung aufzustocken, holte man Mädchen aus anderen Schulen in die Band. Michael, dem das Zölibat ebensowenig einleuchtete wie die Sündhaftigkeit von Baseball, wechselte nach Abschluß der neunten Klasse an die staatliche Davison High School.

Sein rhetorisches Talent brachte ihn in den Debattierklub der Schule; sein politisches Engagement trug ihm den Rang eines »Eagle Scout« ein, die höchste Auszeichnung, die die amerikanische Pfadfinderbewegung zu vergeben hat. Michael erhielt die Ehrung, auf die er bis heute stolz ist, für eine Diashow über die schlimmsten Luftverschmutzer der Region. Der rebellische Teenager schrieb ein Theaterstück über die Wiederkehr Christi – und dessen neuerliche Kreuzigung durch die Honoratioren von Flint. 1971 kam Stanley Kubricks Science-Fiction-Satire *Uhrwerk Orange* in die Kinos, und der siebzehnjährige Mike verfiel dem ebenso suggestiven wie provokativen Werk sofort: Bis heute, schreibt Larissa MacFarquhar, »ist das sein Lieblingsfilm und Stanley Kubrick sein Lieblingsregisseur«.

Der schon etwas dickliche, bei den Mädchen wenig erfolgreiche Mike scheint die High School mit ihren Pubertätsritualen und Lernzwängen gehaßt zu haben. Von Jahren »voller demütigender Bemerkungen« schreibt er pathetisch und ein wenig nebulös in *Stupid White Men*, »voller physischer Gewalt und der Überzeugung, der einzige zu sein, der keinen Sex hat«. Bald gab er sich auch äußerlich als Rebell zu erkennen und wurde zu einem der ersten Hippies in Davison. »Mir hingen die Haare fast bis zum Hintern 'runter«, erinnert er sich im *Rolling Stone* vom 16. September 2004.

Doch die Attitüde beschränkte sich auf Klamotten und Frisur; Grenzerfahrungen anderer Art mied er lieber. »Alle meine Freunde nahmen Drogen. Ich hatte davor immer Schiß. Ich meine – in dem Alter fühlte ich mich sowieso dauernd, als wär' ich auf einem anderen Planeten, und ich hatte kein Bedürfnis, dieses Gefühl noch zu vertiefen.« (Bis heute trinkt er kaum Alkohol, raucht nicht, hat bloß eine ungesunde Neigung zu Hamburgern und Schokolade.) Ein »guter und gehorsamer« Schüler war er jedenfalls nicht mehr. Doch »›[er] überragte alle in seiner Klasse, wenn es um soziale Angelegenheiten ging‹, sagt Jim Shepherd, ein Lehrer der Davison High, dessen Haus von Moore und ein paar Schulkameraden mal mit Klopapier dekoriert wurde« (*USA Today*, 20. Juni 2004).

In seinem Abschlußjahr wurde Michael nicht nur zum Klassenclown gewählt, sondern auch zum Mitglied der Schulkommission. Er war 18 Jahre alt – der jüngste Bürger, der in Michigan je ein öffentliches Amt bekleidet hatte. Das verdankte er dem 26. Zusatzartikel zur US-Verfassung, der das Alter zur Wahlberechtigung von 21 auf 18 Jahre gesenkt hatte. In *Stupid White Men* flunkert Moore, dieser Artikel sei noch druckfrisch gewesen, als er kandidiert habe. Tatsächlich war das Gesetz bereits ein Jahr zuvor in Kraft getreten. Aber eine gewisse Laxheit mit Zahlen und Zeiten pflegt er noch bei ganz anderen Geschichten. Mikes Wahlprogramm bestand aus einer einzigen Forderung: »Schmeißt den Direx und seinen Vize raus!« In *Stupid White Men* schildert Moore mit großem Genuß, was am Tag nach seinem großen Sieg geschah: »[Ich] schlenderte durch den Flur der Schule (ich mußte noch eine Woche als Schüler absitzen) und ging an dem Vize vorbei, mein T-Shirt hing stolz aus der Hose. ›Guten Morgen, Mr. Moore‹, sagte er knapp. Gestern noch hieß ich für ihn bloß ›He, du!‹ Jetzt war ich sein Vorgesetzter.« Neun Monate später legten sowohl der Leiter der Davison High School als auch sein Stellvertreter ihre Ämter tatsächlich nieder.

Mike gab sich auch sonst alle Mühe, den Laden aufzumischen. Jim Shepherd erinnert sich, daß er »Fragen stellte, die niemand sonst stellte. Er hatte keine Angst, sich die Finger zu verbrennen« (zit. n. *USA Today*). Seine Diskussionsbeiträge waren berüchtigt. Don Hammond, seinerzeit ebenfalls Kommissionsmitglied, will gesehen haben, wie Moore während einer Sitzung Schuhe und Socken auszog und gelangweilt an seinen Zehen pulte. Eine andere Sitzung habe er mit den Worten verlassen: »Ich möchte nicht mit euch Pennern hier herumhocken.« Man hat ihm dies an seiner Schule bis heute nicht verziehen: Viermal wurde Moore zur Aufnahme in die »Ruhmeshalle« der Davison High vorgeschlagen; jedesmal lehnte das Auswahlkomitee ihn ab, zuletzt Anfang 2005. Don Hammond, Mitglied dieses Komitees (und offenbar ein Freund von Ehrenämtern), stimmte gegen Moore und begründete seine Entscheidung so: »Würden Sie ihn als Vorbild hinstellen? Würden Sie wollen, daß Ihr Sohn oder Ihre Tochter so werden wie er? [...] Die Leute hier mögen es nicht, wenn man sich über sie lustig macht. Michael Moore hat mal gesagt [und zwar im *Rolling Stone*; K. S.], er käme gern nach Davison, weil er dann der dünnste Einwohner der Stadt sei. Wir sind aber gar nicht so fett« (zit. n. *Detroit Free Press*, 14. Januar 2005). Es wurde übrigens eine Unterschriftenaktion gegen den Beschluß des Komitees gestartet. Sie hatte keinen Erfolg.

Flint, San Francisco, Washington, Flint

Als Kind von Eltern, die einen gar nicht mal bescheidenen Wohlstand erarbeitet hatten, wußte Mike nicht so recht, wohin er gehörte: Der Arbeiterklasse fühlte schon Vater Frank sich nicht mehr zugehörig. Nach der Schicht bei AC Spark Plug, der Zündkerzenfabrik von General Motors, spielte Mr. Moore gern eine Partie Golf, im Urlaub konnte er es sich leisten, mit der Familie zu verreisen, und das Häuschen in Davison war ebenso abbezahlt wie die beiden Autos davor. Bereits mit 53 Jahren wurde er pensioniert.

Zu Recht hat man Michael Moore vorgeworfen, mit seiner Herkunft aus der »Arbeiterstadt« Flint zu renommieren, obwohl er in Davison aufwuchs, einem klassischen amerikanischen Suburb mit sauber umzäunten Eigenheimen, jeder Menge Rasenmähern und einer kernseifeweißen Einwohnerschaft. Michael war Zeuge und Profiteur einer archetypischen amerikanischen Erfolgsgeschichte der 50er und 60er Jahre, und wie viele Kinder seiner Zeit und seiner Sozialisation hatte er zwar keine Ahnung, was aus ihm werden sollte, aber eine sehr genaue Vorstellung davon, was nicht. Anders als seine beiden jüngeren Geschwister Veronica und Anne, die als Lehrerin beziehungsweise Anwältin solide bürgerliche Laufbahnen einschlugen, machte der begabteste Sproß der Familie vorerst überhaupt nichts aus sich.

Pro forma immatrikulierte er sich 1972 an der University of Michigan in Flint, um Publizistik zu studieren. Nach einem Jahr gab er das Studentenleben wieder auf, angeblich weil er eines Morgens keinen Parkplatz finden konnte. (Das dürfte mehr ein Bonmot Michael Moores als die Wahrheit sein; wahrscheinlich kam er dem College nie so nahe, daß er Grund gehabt hätte, dort zu parken.) Doch auch als Proletarier war er eine Fehlbesetzung: Einen Fließbandjob in derselben Fabrik, in der auch sein Vater arbeitete, schmiß er bereits am ersten Tag; Moore hatte verschlafen, meldete sich krank und ließ sich nie wieder blicken. Das war 1974, nicht einmal acht Jahre, nachdem die Lokalpostille ihn als »Zeitungsausträger der Woche« gefeiert hatte; auf dem Photo zur Kolumne trägt Mike die Haare übrigens nur wenig länger als Streichholzköpfe – aber da war er ja erst 12 gewesen.

Faul blieb er nicht lange. »Nachdem er das Studium geschmissen hatte«, notiert Larissa MacFarquhar, »wurde Moore in Flint zu einer berüchtigten Gestalt. [...] Er trug verschlissene Jeans und, als er älter wurde, riesige Zweistärkebrillen. Er hatte eine wöchentliche Rundfunksendung, ›Radio Freies Flint‹, die sonntagmorgens ausgestrahlt wurde. Er veranstaltete Filmvorführungen. Er tauchte regelmäßig in den Abendnachrichten auf, man sah ihn als Anführer einer Versammlung oder einer Anti-Atom-Demo oder wie er in die Kameras hinein die Polizei beschimpfte. Er eröffnete eine Krisenstelle für Teenager, und irgendwie wurde daraus eine kleine alternative Zeitung namens *Flint Voice*.« Michael Moore war 22 Jahre alt, und diesmal gab es keinen Schulleiter, der ihm wie einst an der St.-John's-Schule sein Blatt verbieten konnte.

Mit der »Stimme von Flint« bewies er zum ersten Mal, daß er ein enormes Talent besitzt, Geld aus vollen Taschen zu locken. So machte er das einzige vegetarische Restaurant sowie den Kifferladen der Stadt zu regelmäßigen Anzeigenkunden. Bei einem Auftritt des Popfolk-Sängers Harry Chapin schlich er sich an den Ordnern vorbei hinter die Bühne und bekniete ihn, Benefizkonzerte für die *Voice* zu geben. Moores langjähriger Freund und Mitstreiter Ben Hamper schwärmt: »Er beschwatzte Chapin zu Konzerten, die uns jahrelang über Wasser hielten. [Michael] ist einer von diesen Typen, die selbst Hitler überreden könnten, eine Bar-Mizwa auszurichten« (zit. n. *USA Today*, 20. Juni 2004).

Die Zeitung war ein typisches Alternativblättchen jener Tage: wüst layoutet, dubios recherchiert, mit einer verkauften Auflage, die in guten Zeiten 5.000 Exemplare nicht überstieg, und mit dem brennenden Ehrgeiz unterwegs, die waltenden Mächte bei Schweinereien zu ertappen. Was allerdings nicht besonders schwer war. Als die *Flint Voice* den amtierenden Bürgermeister bezichtigte, Arbeitslose als Wahlplakatkleber eingesetzt zu haben, ließ der die Druckplatten des Magazins von der Polizei beschlagnahmen. Moore klagte, gewann, und die *Voice* wurde überregional bekannt – zumindest bei den Redaktionen anderer alternativer Zeitungen des Landes. Und auch die Kollegen von der bürgerlichen Konkurrenz lernten Moore gründlich kennen: »›Ich erinnere mich, daß die Tageszeitung [von Flint] uns mal eine unserer Storys geklaut hatte‹, erzählt Doug Cunningham, ein Mitbegründer der *Flint Voice*. ›Wir tauchten in ihrer Redaktion mit einem Kuchen aus Scheiße auf. Hundescheiße, glaube ich. Obendrauf hatten wir ein Copyright-Zeichen aus Sahne gesprüht‹« (*Rolling Stone*, 16. September 2004).

In der autobiographischen Ouvertüre von *Roger & Me* läßt Moore einige Titelseiten der *Voice* kurz aufblitzen. Man liest folgende Schlagzeilen: »Die Polizei von Flint gehört zu einer geheimen Überwachungseinheit«, »Ja, er ist auch bei uns auf dem Cover!« (neben einem Bild von Michael Jackson) und »Das Übel von zwei Geringeren« – damit waren, im Oktober 1984, die Präsidentschaftsbewerber Ronald Reagan und Walter Mondale gemeint, und aus der *Flint* war mittlerweile die *Michigan Voice* geworden.

Mike verdiente wenig Geld, doch er fühlte sich glücklich mit seiner Nischenzeitung; es schien, als hätte er, der College-Versager, endlich seine Bestimmung gefunden. Einem Interviewer des Online-Magazins *Nuvo* schwärmte er 1995 vor: »Wir erschienen entweder alle zwei Wochen oder einmal im Monat, das hing davon ab, wieviel Geld wir hatten. Ich machte praktisch alles. Ich entwickelte damals ein Gespür dafür, wie man Guerilla-Journalismus mit sehr wenig Geld hinkriegt.« Er machte natürlich nicht alles allein. Doch er wollte sich von niemandem in sein hohes Amt hineinreden lassen. Doug Cunningham hat nicht nur gute Erinnerungen an den Chefredakteur. Im *Rolling Stone* wirft er Moore vor, der habe eine Enthüllungsstory über Polizeischikanen gekippt, weil der örtliche Radiosender damit drohte, die Anzeigengelder und Michaels Sonntags-Show zu streichen. »›Ich bin keiner, der lange einen Groll hegt, aber das machte mir zu schaffen‹, sagt Cunningham, der heute für eine Rundfunkstation in Wisconsin arbeitet. ›Bei der *Voice* arbeiteten wir auf der Grundlage eines alternativen, kooperativen Modells. Aber es wurde sehr deutlich, daß [Moore] davon besessen ist, alles zu kontrollieren.‹«

Schon die Redaktionssitzungen des Blatts sollen Partys gewesen sein, die hauptsächlich einer genoß: Mike. »Moore«, schreibt Larissa MacFarquhar, »hielt Konferenzen in den Wohnungen [seiner Freunde] ab, und er bestand darauf, daß ein bestimmter Autor des Blatts immer dabei war: Ben Hamper, Fließbandarbeiter bei General Motors. Hamper fand diese Sitzungen todöde. Es war verboten zu rauchen. Man trank lieber Wein als Bier oder Schnaps (Moore trinkt nur selten) und hörte miese Hippiemusik (Moore war ein Fan von Jackson Browne und Joan Baez). Die Konferenzen fanden meistens in einem Haus statt, das von lauter sorgfältig gemähten Rasenstücken umgeben war. Hamper war der Ansicht, daß der Hausherr, wenn er schon den Radikalen spielen wollte, am besten mit seinem Rasen angefangen hätte. ›Es war mächtig spießig‹, meint Hamper.«

Zehn Jahre lang mischten Moore und die *Voice* die Autostadt auf. Als der Hippie ohne Drogenerfahrungen 1986, mit 32 Jahren, das Magazin verkaufte und den Ort verließ, war das sogar ein Thema für die örtlichen TV-News. Im Eröffnungskapitel von *Roger & Me* schneidet Moore einen Video-Clip ein, in dem eine martialisch gefönte Lokalreporterin das Ende der *Michigan*

Voice besingt: »Die letzte Ausgabe wurde gerade gedruckt! Zehn Jahre, nachdem er die Zeitung gegründet hat, ist Michael Moore jetzt auf dem Weg nach San Francisco.«

Wohin er zunächst gar nicht wollte. Das populäre linke Magazin *Mother Jones* hatte ihm die Stelle des Chefredakteurs angeboten, und eigentlich war das für ihn, nach einem Jahrzehnt schlecht bezahlten Zeitungmachens, ein Ritterschlag. Er würde in einer der schönsten Städte der USA leben, seine Artikel könnten im ganzen Land gelesen werden, und er sollte endlich ein vernünftiges Monatsgehalt bekommen. Doch wie nach dem Abitur zauderte er auch an diesem entscheidenden Punkt in seinem Leben. Sein Freund Ben Hamper schreibt in dem 1991 erschienenen Buch *Rivethead* (zu deutsch: Nietkopf): »Flint oder Frisco? Die meisten Einheimischen wären mit Purzelbaum nackt durch ein Lagerfeuer gerollt für solch eine Wahl. Nicht so Moore. Er hatte diese Affenliebe zu Flint.«

Kathleen René Glynn, seit 1982 Moores Lebensgefährtin, seit 1991 seine Ehefrau, bestätigt diese seltsame Seßhaftigkeit: »Wir hatten keine großen Pläne. [...] Wir redeten nicht über irgendwelche großen Träume. Allenfalls so was wie: ›Wär's nicht toll, ein eigenes Kino zu haben? Jaa, tolle Idee.‹ Die Dinge passierten halt einfach« (zit. n. *The New Yorker*). Kathleen hatte Michael im Redaktionsbüro der *Flint Voice* kennengelernt. Sie mochten sich sofort. Kathleen arbeitete als Graphik-Designerin und führte eine kleine Galerie in Flint. Sie hatte irische Vorfahren, war katholisch, und auch die Männer ihrer Familie schufteten bereits in zweiter Generation für General Motors. Beide waren große Fans von Bruce Springsteen und pilgerten zu dessen Konzerten, selbst wenn sie sich die Karten nicht leisten konnten. Kathleen ist vier Jahre jünger als Michael, war aber anders als er bereits einmal verheiratet gewesen. Aus der wenig glücklichen Ehe hatte sie eine einjährige Tochter, Natalie.

Vielleicht gab die Aussicht, seiner Kleinfamilie ein vernünftiges Auskommen bieten zu können, den Ausschlag für Moore, die Stelle in San Francisco schließlich anzunehmen. In der Nacht vor dem Umzug bat er Ben Hamper, ihn zur Schicht in die Fabrik mitzunehmen. Obwohl sie sich seit einem Jahrzehnt kannten, hatte Moore den Freund noch nie an dessen Arbeitsplatz besucht. »Mein Chefredakteur hörte gar nicht auf zu grinsen«, erinnert sich Hamper in *Rivethead*. »Er blickte das Fließband hinauf und hinunter, als ereignete sich gerade ein atemberaubender Augenblick der Weltgeschichte.« Moore ließ sich von Hamper zeigen, wie man Nieten einschlägt, und grinste noch mehr, als er's dann selber tun durfte. Es schien, als habe er vor sich und vielleicht auch vor seinen Ahnen wiedergutmachen wollen, daß er zwölf Jahre zuvor lieber im Bett geblieben war, als den Job bei General Motors anzutreten.

Im Frühjahr 1986 brach Michael Moore auf, Kathleen und Natalie folgten mit dem kompletten Hausstand ein paar Monate später. In *Roger & Me* liefert Moore eine etwas frisierte Version des Abschieds von Flint. Zu fröhlichen Bildern eines Cable-Cars, der Golden Gate Bridge und anderer Sehenswürdigkeiten von Frisco spricht er aus dem Off, mit einem leichten Gickern in der Stimme: »Ich hab' nicht lange gebraucht, um mich zu entscheiden. Was hätten Sie getan? Ich meine – es ging um San Francisco! Aber San Francisco lag, von Flint aus gesehen, am anderen Ende der Welt. Hier hatte jeder einen Job, aber niemand schien zu arbeiten.« Jetzt werden Szenen von Müßiggängern in schicken Lokalen gezeigt: »Um drei Uhr nachmittags waren die Cafés voll mit Gästen. Man hat mir erzählt, in San Francisco komme auf 44 Einwohner ein Restaurant. Aber die meisten davon boten nur Desserts an. Eine einfache Tasse Kaffee zu bekommen, wurde für mich zum Alptraum.« Und dann schneidet der Film um auf eine hübsche blonde Kellnerin, die alle dreizehn italienischen Kaffeespezialitäten des Lokals herunterleiert. Kurz: Das konnte ja nicht gut gehen – ein bodenständiges Arbeiterkind aus einem Kaff im Mittleren Westen in der mondänsten Metropole der Westküste ...!

Und es ging auch nicht gut, doch aus anderen Gründen. Bereits nach fünf Monaten verlor Moore seinen Job bei *Mother Jones* – am selben Tag übrigens, als Natalie eingeschult wurde. Warum er rausgeschmissen wurde, ist in verschiedenen Versionen überliefert; und der Gefeuerte trug nach Kräften zur Verwirrung in dieser Affäre bei.

So behauptete er gleich nach dem Rauswurf, er sei dafür bestraft worden, einen Artikel des Schriftstellers Paul Berman über das sandinistische Regime in Nicaragua abgelehnt zu haben. Moore, der Nicaragua 1983 besucht hatte, unterstellte Berman, Lügen über Menschenrechtsverletzungen der Sandinisten zu verbreiten. »[Moore] hielt eine Pressekonferenz vor dem Rathaus von San Francisco ab und las Passagen aus Bermans Manuskript vor, um zu beweisen, wie erschreckend es sei. In einem Radiointerview beschuldigte er Berman, kaum spanisch zu sprechen, nicht zu wissen, welcher Sandinist ein Marxist-Leninist war und welcher nicht, und überhaupt ein Verräter an der linken Idee zu sein, der [dem damaligen Präsidenten] Reagan in die Hände spiele« (*The New Yorker*). Harte Anklagen, die unter US-Linken für viel Unmut sorgten. Denn die Unterstützung der Sandinisten galt als Pflicht und schick.
Die Verantwortlichen von *Mother Jones* bestritten Moores Geschichte vehement. Adam Hochschild, Chef der Stiftung, die das Blatt finanzierte, behauptete, er habe Moore wegen schlechter Arbeit entlassen. In der *Washington Times* vom 14. Februar 1990 kolportiert Rick Marin Beschwerden von Moores Ex-Kollegen: »Es war unmöglich, mit ihm zu arbeiten. Er war tyrannisch, er war mißtrauisch, er war unzuverlässig, er hielt Termine nicht ein.« Ein Internet-FAQ über Moore berichtet – leider ohne Angabe von Quellen –, der neue Chefredakteur habe sich bei den Kollegen mit den freundlichen Worten eingeführt, kein einziger Artikel der letzten drei Ausgaben wäre erschienen, wenn er schon das Sagen gehabt hätte.
In *Roger & Me* präsentiert Michael Moore eine weniger politische als sarkastische Fassung seines Rauswurfs: »Ich ging zur Arbeit und kündigte an, daß ich einen Autoarbeiter aus Flint für eine monatliche Kolumne verpflichten würde. Der Eigentümer wollte von mir aber lieber eine Enthüllungsgeschichte über Kräutertees. Ich sagte, daß ich eine bessere Idee hätte: ›Zeigen wir den Arbeiter doch auf der Titelseite.‹ Der Eigentümer war nicht gerade begeistert und erklärte, Kalifornien und ich würden nicht zusammenpassen. Dann spendierte er mir einen kostenlosen Umzug zurück nach Michigan.« Der Arbeiter war

Moores alter Freund Ben Hamper, er bekam eine Kolumne in *Mother Jones* und erschien tatsächlich auf dem Cover: *Roger & Me* zeigt kurz das Titelbild. Film und Off-Kommentar passen nicht recht zusammen, aber dies wird auf den ersten Blick – die Passage dauert kaum 20 Sekunden – nicht klar.

Und das sind noch nicht alle Widersprüche in dieser verwickelten Angelegenheit. Ben Hamper erzählte Larissa MacFarquhar, Moore habe ihn nach dem Rausschmiß angerufen und gejammert, er sei wegen Bens Kolumne gefeuert worden. »Er und Hamper seien zu proletarisch für die reichen Liberalen bei *Mother Jones*, sagte Moore. Die könnten mit so was nicht umgehen. Hamper teilte Moores Empörung, war aber völlig perplex, als ihm einige Tage später der geschäftsführende Redakteur von *Mother Jones* schrieb, man hoffe, daß Moores Entlassung Hamper nicht davon abhalte, weiter für das Magazin als Kolumnist zu arbeiten. Aus Loyalität lehnte Hamper das Angebot ab, und er ist Moore bis heute dafür dankbar, sein Leben geändert zu haben – er erzählt jedem, daß er ohne Moore niemals ein erfolgreicher Schriftsteller geworden wäre. Aber nach vielen Jahren Zusammenarbeit hegt er gewisse Vorbehalte. ›Er hat Leute schlecht behandelt‹, sagt Hamper schlicht« (*The New Yorker*).

Dieser Vorwurf, geäußert von einem der ältesten und besten Freunde Michael Moores, wog schwer. Andrew Anthony, Mitarbeiter der britischen Tageszeitung *The Observer*, fragte ihn kurz nach der Veröffentlichung von MacFarquhars Artikel, warum Hamper so etwas verbreite. »›Tja‹, erwidert Moore auf die Anschuldigung, ›hinterher schickte er mir einen Brief, in dem er schrieb, er habe das gesagt, als er betrunken war. Er hat ein schreckliches Alkoholproblem und darüber möchte ich wirklich nicht reden‹, sagt er und redet darüber, ›denn er ist ein Freund und ich fühl' mich nicht gut dabei. [...] Er hat seit zwölf Jahren kein Buch mehr schreiben können. Er hatte eine Schreibblockade, gegen die weder Medikamente noch Alkohol halfen. Ich sorge mich wirklich um ihn. Und für jemand wie Ben, mit dem ich dieses Blättchen in Flint herausbrachte, ist es schon hart mitanzusehen, daß ich weitergekommen bin, meine

Bücher geschrieben, meine Filme gedreht habe und dieses Leben führe, während er sich immer noch abstrampelt. Meine Frau und ich haben versucht, ihm zu helfen. Aber an einem bestimmten Punkt muß man damit aufhören. Er muß selber die Kurve kriegen‹« (*The Observer*, 23. Mai 2004). Das klingt schroffer, auch hochmütiger, als Moore sich tatsächlich gegen den alten Freund benommen hat: Bis heute ist ein Seitenstück von Moores Website ausschließlich für Ben Hamper reserviert (www.michaelmoore.com/hamper/index.html).

Dennoch bleibt unklar, weshalb Michael Moore zwei so grundverschiedene Versionen über seinen Rauswurf bei *Mother Jones* in die Welt gesetzt hat, deren eine sogar der Mann bestreitet, der in ihr als Entlassungsgrund genannt wird. Weshalb gab Moore die Berman-Nicaragua-Variante schon nach kurzer Zeit nicht mehr zum besten? Weil die Sandinisten tatsächlich, wie man auch schon 1986 wissen konnte, Menschenrechte verletzten? Oder weil es Moore wichtiger war, als Opfer der Klassenverhältnisse dazustehen? Damit seine Unbeliebtheit in der Redaktion – die er nie bestritten hat – einen heroischeren Zug erhielte? Oder weil das Arbeitsgericht sich herzlich wenig für politische Überzeugungen, sehr wohl jedoch für die mutwillige Verletzung von Arbeitsverträgen interessierte? Denn Moore, der zwar eine Menge Solidaritätsbekundungen erntete, aber vorerst ohne Job dasaß, beschloß, *Mother Jones* auf eine Abfindung zu verklagen – in gesunder amerikanischer Höhe von zwei Millionen Dollar.

Der Wirbel, den Moore um seine Entlassung gemacht hatte, war jedenfalls weit über San Francisco hinaus bemerkt worden, auch von einem Mann, der seit vielen Jahren so etwas wie der Nationalheilige der amerikanischen Linken war: Ralph Nader. Der Rechtsanwalt war 1965 mit dem Buch *Unsafe At Any Speed* berühmt geworden. Darin wies er nach, daß Autos aus US-Produktionen, vor allem die von General Motors, eklatante Sicherheitsmängel aufwiesen, die vor allem der Profitgier der Hersteller geschuldet waren. Selbst die fast allmächtige amerikanische Automobilindustrie konnte nicht verhindern, daß der Kongreß sich mit Naders Anklagen befaßte und ziemlich eilig mehrere neue Bundesgesetze zur Erhöhung der Sicherheitsstandards erließ. Nader, der sich so erfolgreich mit den Konzernen angelegt hatte, wurde wie ein Held gefeiert. 1971 gründete er Public Citizen, eine Organisation zur Durchsetzung von Verbraucherrechten, die bis heute aktiv ist – eine Art Stiftung Warentest, doch ohne öffentliche Subventionen. Natürlich kannte und bewunderte auch Michael Moore den unerschrockenen Anwalt. Seit der High School hatte er immer wieder als Freiwilliger für Public Citizen in Flint oder Detroit gearbeitet, und einmal hatte er sogar einen Vortrag von Nader besucht.

Ralph Nader also hörte von dem *Mother Jones*-Querulanten und bot ihm an, für Public Citizen einen regelmäßigen medienkritischen Rundbrief zu schreiben. Moore mietete erfreut einen Umzugswagen und reiste mit der Familie nach Washington, D. C., um in der Zentrale der Organisation seine Arbeit aufzunehmen. In *Roger & Me* wird diese Episode kurzerhand übersprungen, wahrscheinlich aus dramaturgischen Gründen. Man ginge zu weit, daraus und aus den bereits erwähnten Laxheiten den Schluß zu ziehen, Moore sei ein notorischer Lügner. Er ist jedoch dank einem gewaltigen Ego, einem ausgeprägten populistischen Instinkt und einer gar nicht ausgeprägten Selbstkritik sehr gut darin, die Wahrheit auf jene Teile zurechtzuschneiden, die ihm in den Kram passen. Und dann mit aller Kraft selbst daran zu glauben.

Obwohl die Familie in Cleveland Park wohnte, einem der nobelsten Viertel der Hauptstadt, nicht weit vom Zoo und nur drei U-Bahn-Stationen vom Weißen Haus entfernt, hielt Michael Moore es nicht sehr lange dort aus. Ein Verlag, der ebenfalls durch den *Mother Jones*-Skandal von Moore gehört hatte, bot ihm 50.000 Dollar Vorschuß für ein Buch über Flint und General Motors an. Aus dem Buch (und dem Vorschuß) wurde zwar nie etwas, doch Moore erkannte wohl einen Wink des Schicksals und kehrte mit Kathleen und Natalie zurück nach Flint. Sie waren keine acht Monate fortgewesen, und ihre Zukunft schien ungewisser denn je. Der Abfindungsprozeß war noch lange nicht entschieden, und Public Citizen wollte Moore in Washington haben, nicht in Flint. Aber es sollte sich zwei Jahre später als die klügste Entscheidung im Leben Moores herausstellen, aus der Metropole in die dreckige alte Heimat zu »flüchten«, wie Larissa MacFarquhar es nennt.

Michael war einer der wenigen Menschen gewesen, die es geschafft hatten, Flint zu entkommen. Nun sollte er auch noch das Kunststück fertigbringen, die schmähliche Heimkehr in einen Triumph zu verwandeln. Dieses Kunststück hieß *Roger & Me*.

Roger & He

Alles auf eine Karte

Es ist ungewöhnlich genug, wenn einer, der außer vielen Kinobesuchen keinerlei Vorkenntnisse mitbringt, mit 32 Jahren beschließt, Filmregisseur zu werden. Es ist noch ungewöhnlicher, wenn dieser Mann unter anderem Bingo-Abende veranstaltet, um das Geld für die Produktion zusammenzukratzen. Doch zu einem echt amerikanischen Märchen entwickelt sich die Geschichte, wenn der Film nicht nur fertig, sondern gleich ein Riesenerfolg wird. War die Oscar-Verleihung das größte Ereignis in Michael Moores Leben, dann darf man *Roger & Me* getrost das fabelhafteste nennen.

Nicht daß Moore im Herbst 1986 Grund gehabt hätte, sich wie im Märchen zu fühlen. Der Rausschmiß als Chefredakteur von *Mother Jones* war eine Demütigung gewesen. Nach seinem skandalösen Abgang durfte er jede Hoffnung auf eine Redakteurskarriere, egal wo, fahren lassen. Wahrscheinlich wußte er selbst, daß seine politischen Überzeugungen, sein Hang zur Agitation und sein enormes Ego ihm bei jeder abhängigen Beschäftigung Probleme bereiten würden. Und weder sein Ehrgeiz noch seine Bank konnten auf Dauer damit zufriedengestellt werden, erneut eine bessere Studentenzeitung wie die *Michigan Voice* herauszugeben.

In diesen sehr trüben Stunden erlebte Moore nach eigenen Worten so etwas wie eine Erleuchtung. »Es war eine verheerende Erfahrung, gefeuert zu werden«, zitiert ihn die Tageszeitung *Newsday* vom 17. Dezember 1989: »Da sitze ich also in San Francisco, völlig im Eimer. Einen Monat lang mag ich das Bett nicht verlassen. Ich bin niedergeschlagen, und dann fange ich an, einen Haufen Filme anzuschauen, um meine Depression irgendwie zu lindern. Ich bin fast jeden Tag im Kino gewesen. Ich hab' praktisch alles gesehen, [Sylvester] Stallone, Arnold [Schwarzenegger], alles außer Ninja- und Neil-Simon-Filmen. Und ich dachte: ›Na ja, warum sollte man nicht auch mal versu-

chen, einen Film zu drehen?‹ Das schien gar nicht so schwer. Die meisten sind ja einfach lausig.«
Nach einem Thema mußte er nicht lange suchen. Das Thema fand ihn. Kaum war Mike zurück in der alten Heimat, verkündete der General-Motors-Vorstandsvorsitzende Roger Bonham Smith die Schließung von elf Fabriken, die meisten davon in Flint. Seit Beginn der 80er Jahre hatte der Konzern Zehntausende Arbeitsplätze in den USA abgebaut, doch was da am 6. November 1986 angekündigt wurde, war nichts weniger als eine Katastrophe: 30.000 GM-Angestellte sollten ihre Jobs verlieren, und die meisten von ihnen lebten in Flint. Das war wie ein Todesurteil für die kleine Stadt, und Moore beschloß sofort, dieses Sterben zu dokumentieren. Doch von Anfang an wollte er es nicht dabei belassen, den Niedergang des Orts, die Verzweiflung der Betroffenen und die kapitalistische Logik hinter den Fabrikschließungen zu zeigen. Er wollte die Schurken in den Chefetagen vorführen, sie mit den Folgen ihrer Entscheidungen konfrontieren und den Klassenkampf, der im Reagan-Amerika bloß noch von oben stattfand und nicht mehr, wie in den glorreichen Zeiten des »Sit-Down Strike«, von beiden Seiten geführt wurde, wenigstens auf der Leinwand neu beleben: »Ich hatte die Idee, [...] Roger Smith nach Flint einzuladen – für einen Tag. Und ich würde ihn dann mit einem Ford Econoline durch die Gegend kutschieren; ich wollte nicht, daß die Sache wie ein Werbefilm für GM aussieht« (zit. n. *Newsday*). Und in der *New York Times* vom 28. September 1989 betonte er: »Ich habe diesen Film aus persönlichen und politischen Gründen gemacht. [...] Die Obdachlosen fielen doch nicht vom Himmel, und wir wollten herausfinden, wer verantwortlich war. Wir wollten Namen nennen.«
Moore trommelte seine alten Kampf- und Radaugefährten aus dem *Voice*-Umfeld zusammen, und der große Überredungskünstler schaffte es wieder einmal, Menschen für seine Pläne zu begeistern, ohne sie bezahlen zu können. Sie halfen ihm dabei, in Archiven zu wühlen, Termine zu organisieren und Filmcrew zu spielen. Leider verstanden sie alle vom Filmemachen ebensowenig wie Mike, und das sorgte in den ersten Monaten für eini-

ge peinliche Zwischenfälle. »Einmal drehten sie ein Interview mit [dem demokratischen Politiker] Jesse Jackson, einem von Dutzenden Prominenten, die das dahinsiechende Flint besuchten. Jackson wies sie darauf hin, daß der Aufnahmeknopf am Rekorder nicht gedrückt war, ›und er hatte absolut recht‹, so Moore: ›Wenn Jesse Jackson dir Unterricht im Filmemachen erteilt, dann weißt du, daß du echt schlecht in Form bist‹« (*New York Times*).

Die Stümperei hatte aber auch positive Seiten: Viele Gesprächspartner, bemerkte Moore, hätten sich »sehr entspannt, sobald ihnen klar wurde, daß wir nicht gerade aussahen wie Leute, die wissen, was sie tun« (ebd.). Dennoch konnte auf diese Weise niemals genug brauchbares Material für einen Film zusammenkommen. Mike benötigte professionelle Unterstützung. Und zum Glück kannte er jemanden, der nicht nur ein Profi, sondern ihm auch noch einen Gefallen schuldig war: den Regisseur Kevin Rafferty.

Rafferty war 1982 mit seinem Dokumentarfilm *The Atomic Café* bekannt geworden. Er hatte darin kommentarlos, aber mit großem Gespür für Timing und Groteske ein Porträt der USA und des Kalten Kriegs in den 50er Jahren gezeichnet. Rafferty schnitt Wochenschaubilder über Atomtests, Unterrichtsfilme zum Heimatschutz und bizarre Amateuraufnahmen von Do-it-yourself-Bunkern und -Bleianzügen so geschickt zusammen, daß die Friedensbewegung der frühen 80er Jahre *The Atomic Café* zu einem echten Programmkino-Hit werden ließ. Zwar ermüdet der Film bald durch seine Redundanz: Spätestens nach einer Viertelstunde hat auch der größte Ignorant begriffen, wie leichtgläubig die Amerikaner damals gewesen sein müssen. Auch der Verzicht Raffertys auf irgendeine historische Einordnung läßt seinen Film am Ende mehr erschreckend als erhellend wirken. Doch die brillante Montage wies ihn als echten Könner aus, und so einer fehlte Michael Moore ganz erheblich.

Er hatte Kevin Rafferty Mitte der Achtziger kennengelernt. Der Regisseur begann damals mit der Arbeit an *Blood In The Face*, einem Dokumentarfilm über amerikanische Neonazis. Um mit seinem Filmteam bei einem Ku-Klux-Klan-Treffen drehen zu können, bat Rafferty Michael Moore um Hilfe. Der hatte sich in seiner wöchentlichen Radiosendung öfters mit Rechtsradikalen angelegt und war auch gleich bereit, eine Drehgenehmigung und ein Interview mit dem Klan-Chef zu organisieren. Als Raffertys Team dann vor Ort war, mochte niemand vor der Kamera mit den Rassisten reden – man befürchtete Racheaktionen des Klans. »Also sagte ich: ›Ich mach's. Ich hab' keine Angst davor, gefilmt zu werden‹«, erinnerte Moore sich 18 Jahre später im *Rolling Stone*. Sein famoser Auftritt in *Blood In The Face* – er spricht eine Klan-Frau mit den Worten an: »Sie sehen ja gar nicht aus wie ein richtiger Nazi« – beweist, daß er in der Tat kein Angsthase ist.

Rafferty kam mit seiner Co-Regisseurin Anne Bohlen für eine Woche nach Flint, und sie brachten Moore und dessen Laiencrew die Grundbegriffe des Filmemachens bei. »Wir hatten keine Lust, drei Jahre lang die Filmhochschule zu besuchen«, sagt Moore, »also waren *sie* unsere Filmhochschule« (zit. n. *New York Times*). Rafferty half außerdem bei mehreren Sequenzen als Kameramann aus. Sein Einfluß ist *Roger & Me* deutlich anzusehen, vor allem in den ersten sechs Minuten des Films: Darin montiert Moore alte General-Motors-Werbefilme, Wochenschauszenen und Bilder aus seinem Familienalbum ähnlich rasant und sarkastisch, wie Rafferty es in *The Atomic Café* vorgemacht hatte.

Je weiter die Produktion fortschritt, desto deutlicher wurden die Defizite der Amateurfilmer. Moore engagierte deshalb den (wenig erfolgreichen) Dokumentarfilmer Christopher Beaver und den (wenig erfolgreichen) Regisseur John Prusak als weitere Kameraleute sowie die (wenig erfolgreiche) Dokumentarfilmerin Judy Irving für den Tonschnitt. Und wenngleich Rafferty für kaum mehr als die Spesen und auch die anderen Profis für echte Freundschaftspreise arbeiteten, wuchsen die Kosten des Films seinem Regisseur schnell über den Kopf. Statt aber vorsichtshalber hinzuschmeißen, riskierte er alles.

Die Startinvestition lieferte ihm *Mother Jones*. Als Moores Abfindungsklage gegen das Magazin endlich vor Gericht kam, erhielt er zwar nicht die verlangten zwei Millionen Dollar, doch immerhin, in einem Vergleich, 58.000. Mehrere tausend Dollar stifteten Freunde, unter ihnen auch Ralph Nader. Weitere 50.000 Dollar kamen von 1986 bis ’89 über Bingo-Abende zusammen, die Moore und seine Mitstreiter jeden Dienstagabend in der Carman Plaza Hall in Flint veranstalteten. »Es ist keine allzu ausgefallene Idee, auf diese Art an Spendengelder kommen zu wollen, wenn man als Katholik aufgewachsen ist und einige Zeit in einem Priesterseminar verbracht hat«, erklärte Moore der *New York Times* seine originelle Finanzierungsmethode. 27.000 Dollar brachte der Verkauf seines Hauses in Flint, 5000 die Versteigerung zweier Grundstücke, die der Familie gehörten. Sogar sein Bett soll Moore verramscht haben. Als *Roger & Me* endlich ins Kopierwerk ging, hatte er 260.000 Dollar ausgegeben – sehr wenig Geld für einen abendfüllenden Kinofilm, und doch war der Macher nicht bloß völlig pleite, sondern überdies mit 100.000 Dollar verschuldet. Es ist wirklich kein Wunder, daß Moore seinen heutigen Reichtum genießt: Im Sommer 1989 wußte er nicht einmal, wie er sich, Kathleen und Natalie durch den nächsten Tag bringen sollte.

Aber er muß um das Potential seines Films gewußt haben, als er jeden Cent riskierte, den er besaß. Natürlich war er nicht der erste Filmemacher, der sich mit den Folgen der Reaganomics für die USA beschäftigt hatte, mit dem rasanten Niedergang jener Industriezweige, die das Land einst reich gemacht hatten, mit der weitgehenden Abschaffung der sozialen Sicherungssysteme, mit einer Steuerpolitik, die allein jenen nützte, die’s nicht nötig hatten, alle anderen aber ärmer werden ließ, und mit dem Aufstieg des »Shareholder value« zur obersten Maxime des amerikanischen Kapitalismus.

Michael Moore war allerdings der erste Filmemacher, dem es nicht genügte, den Skandal abzuphotographieren und dabei resigniert den Kopf zu schütteln. Er nannte Namen, und er rächte sich an denen, die das Elend aus blanker Profitgeilheit heraufbeschworen hatten, mit blankem Hohn. »Ich wollte nicht schon wieder einen dieser Filme über eine sterbende Industriestadt drehen, wie sie in [dem staatlichen Fernsehsender] PBS laufen. Ich kann PBS nicht leiden! Es ist Ihnen vielleicht aufgefallen, daß es in meinem Film zwar um Arbeitslosigkeit geht, aber keine Schlangen vorm Arbeitsamt zu sehen sind, auch keine Obdachlosen. Ich möchte keine Obdachlosenfilme mehr sehen. Ich glaube, daß Humor den Leuten hilft, sich ein bißchen zu entspannen, statt sich mies zu fühlen. Wenn sie deprimiert sind, verlassen sie das Kino« (zit. n. *International Herald Tribune*, 17. Januar 1990).

Moore, dieser blutige Dilettant, der sich von Jesse Jackson erklären lassen mußte, wie eine Videokamera funktioniert, der aus eigener Tasche eine Filmproduktion finanzierte, obwohl in dieser Tasche sehr wenig steckte, hat mit *Roger & Me* eine völlig neue Form von Dokumentarfilm erfunden, eine Melange aus Satire, Pamphlet, Journalismus und Slapstick, die das authentische Moment der Bilder nicht für sich selbst, sondern vor allem für die Empörung des Regisseurs sprechen lassen will. Moore tritt nicht vornehm zurück, wie sich das für einen Dokumentarfilmer gehört, er drängt sich vielmehr hinein in die Wirklichkeit, die sein Film abbildet, und diese hemmungslose Subjektivität gibt er bis zur letzten Einstellung nicht auf. Der Titel ist Programm: Es geht um Roger und Michael, um den kapitalistischen Feind und seinen Herausforderer, um die Rache eines Underdogs an einem allmächtigen Schurken, und was wir zu sehen kriegen vom Elend Flints und seiner Bürger, soll letztlich nur erklären, weshalb Michael Moore sich berufen fühlt, es dem Mistkerl heimzuzahlen, der für dieses Elend die Verantwortung trägt.

Moore selbst hat sehr deutlich und sehr früh gesagt, wer der Schutzheilige von *Roger & Me* ist: Charlie Chaplin. »Wie würden Sie [seine Filme] beschreiben?«, fragte er den Interviewer von *Newsday*. »Ein großartiger Komiker, nicht wahr? Ja, klar. Aber nein. Seine Filme sind durchweg Tragödien. Er wird vom Staat mies behandelt, wird gefeuert, verliert das Mädchen, das er liebt, wandert völlig mittellos in den Sonnenuntergang. Trotzdem erinnern wir uns nicht auf diese Art an ihn. Wir erinnern uns an die Komik. Ihm war klar, daß man die Leute zum Lachen bringen muß, wenn man will, daß sie über ernste Themen nachdenken.«

Jackpot
Die Stadt Flint wurde 1819 von dem Pelzhändler Jacob Smith gegründet. Sie liegt an einem kleinen Fluß, der ebenfalls Flint heißt, und war erst 1855 bedeutend genug, um ins Gemeinderegister des Genesee County, Michigan, eingetragen zu werden. Die Einwohner lebten in jenen Tagen vor allem von der Jagd sowie vom Handel mit Tierfellen und Holz. 1903 kam die zweite industrielle Revolution nach Flint, mit einer Autofabrik, die David Dunbar Buick errichten ließ. Binnen weniger Jahre stieg Flint von einem verschlafenen Kaff zur Boomtown auf und wurde noch vor Detroit zur bedeutendsten Produktionsstätte für Automobile von General Motors.
Als Michael Moore mit den Dreharbeiten zu *Roger & Me* begann, lebten in Flint etwa 150.000 Menschen. Im Jahr 2004 waren es nur mehr 125.000. Vor den Massenentlassungen in den 80er Jahren war Flint eine wohlhabende, prosperierende Gemeinde. Jetzt lebt jeder vierte Bürger dort unterhalb der Armutsgrenze. Moores Film hat diesen Verfall einer reichen Industriestadt, der vor einem Vierteljahrhundert begann und bis heute kein Ende findet, in 86 Minuten Film komprimiert und mit traumwandlerischer Sicherheit die richtigen Bilder und die richtige Erzählweise gefunden, um aus dem langsamen Untergang Flints ein Musterbeispiel für den Niedergang vieler anderer Industriestädte zu machen – von Manchester bis Duisburg, von Rennes bis Turin. Bei Moore verwandelt sich die Tragödie Flints in eine persönliche Angelegenheit, und darum erscheint die wenig ansehnliche kleine Stadt jedem Zuschauer sehr schnell wie eine alte Bekannte.
Der Film beginnt mit Moores Kindheitserinnerungen, und er verknüpft sie genial mit einem Rückblick auf die goldenen Tage von Flint. Man sieht Mike an seinem ersten Geburtstag, sieht ihn verkleidet als Popeye und als Cowboy, und meistens sieht er mit einem etwas verwunderten, sehr neugierigen Blick zurück. »Als ich ein Kind war«, erzählt Moore aus dem Off, »dachte ich, daß nur drei Leute für General Motors arbeiten: [der Sänger] Pat Boone, [die Sängerin] Dinah Shore – und mein Dad«. Bilder von Boone, Shore und Mr. Moore werden paßge-

nau auf den Kommentar geschnitten, und dann wird vorgeführt, was General Motors einst für Flint bedeutete: ein Versprechen von ewigem Wohlstand und heiterer Sorglosigkeit. Wir sehen Menschen, die sich für eine große Parade als Zündkerzen verkleidet haben oder als Zorro, und wenn sie zurückschauen, lächeln sie uns ohne Argwohn an und kein bißchen verwundert über ihre Albernheit: »Aah, das war Flint, wie ich es im Gedächtnis habe, wo jeder Tag einfach großartig war!«

Die Ouvertüre von *Roger & Me* gibt den Ton vor für alles, was folgt: Der rasende Taktschlag der Montage, der ironische Einsatz von alter Film- und Popmusik, der sarkastische Off-Kommentar, die Verschmelzung von Moores privater Geschichte mit der Chronik Flints sind bereits nach drei Minuten etabliert. Mit der Hand eines Meisters setzt Michael Moore in der Ouvertüre die Themen seines Films. Alles in diesem nostalgischen Rückblick auf die »großartigen Tage« kehrt im Drama, das folgt, wieder: die Parade, Pat Boone, die Verkleidungen, die Arbeiter, die Fabriken, sogar der »Sit-Down Strike«, aber es hat sich alles grotesk und bestürzend verändert.

Nur einer ändert sich nicht: der Junge mit dem zugleich erstaunten und wißbegierigen Blick; Mike ist die einzige Konstante in diesem Film. Wie ein riesiger Teddybär stapft er durch die weite Welt außerhalb von Flint und muß leider überall erfahren, daß die Herren von General Motors und ihre Lakaien überhaupt nicht so nett und leutselig sind, wie er sich das einst vorgestellt hat. *Roger & Me* ist neben allem anderen auch ein Film über den Verlust von Unschuld, und man kann nur schwer ausmachen, ob Moore die eigene Unschuld meint oder die Amerikas (an die er freilich seit seinem 14. Lebensjahr ernsthaft nicht mehr geglaubt haben dürfte). Während der Ouvertüre erklingt ein alter Corporate-Identity-Song von GM: »Teamwork, teamwork, the nation's secret is teamwork«, doch Moore ist Künstler genug, um uns selbst darauf kommen zu lassen, daß diese Zeile nie etwas anderes als eine Lüge gewesen ist. Er läuft und redet stattdessen herum wie ein vom Mond Gefallener, der die Verantwortlichen mit allem Respekt daran erinnern möchte, was doch, bitte schön, mal das Geheimnis einer großen Nation war.

Roger & Me hat drei Leitmotive, und sie werden mit einem bewundernswerten Gespür für Dramaturgie und Struktur durch den Film gewoben. Eines dieser Motive trägt der Polizist Fred Ross. Er schmeißt säumige, arbeitslose Mieter aus ihren Häusern und tröstet sich über seinen widerlichen Job damit, daß einer es ja tun muß und sein früherer Broterwerb am Fließband einer GM-Fabrik noch unerträglicher war. Man sieht und hört Deputy Ross während jeder der fünf Räumungsaktionen, zu denen das Filmteam ihn begleitet, an, daß er sich selber nicht glaubt.

Das zweite Leitmotiv bilden die Stars und Schaumschläger, die für gesalzene Honorare nach Flint kommen, um den Arbeitslosen zu erzählen, es sei alles halb so wild. Ein Fernsehprediger namens Robert Schuller läßt sich 20.000 Dollar für einen Auftritt bezahlen, bei dem er Weisheiten wie diese verbreitet: »Ihr könnt euren Schmerz in einen Heiligenschein verwandeln.« Kaye Rafko, die Miss America von 1988, drückt allen Gefeuerten ganz fest die Daumen. Ronald Reagan lädt auf Wahlkampftournee Jobsuchende zum Pizzaessen ein. Die Schlagersängerin Anita Bryant findet zwischen ihren Hetzkampagnen gegen Homosexuelle kurz Zeit, das Star Theatre von Flint heimzusuchen, »Put your hands in your hand« anzustimmen und den Entlassenen zu empfehlen: »Wenn auch sonst nichts klappt – dankt Gott für den Sonnenschein!« Pat Boone, »Mr. Chevrolet himself«, ein Idol aus Mikes Kindheit, schwärmt in die Kamera hinein, Roger Smith sei »ein Machertyp«, auf jeden Fall »kein Hinschmeißer«, und die Arbeitslosen sollten doch einsehen, daß ihnen »gar nichts Besseres passieren könnte«, um ihre eigenen Fähigkeiten zu entdecken. Der Quizmaster Bob Eubanks, einer der wenigen Eingeborenen Flints, die der Stadt erfolgreich entkommen konnten, führt in der alten Heimat eine Open-air-Version seiner ebenso schlüpfrigen wie degoutanten Erfolgs-Show *The Newlywed Game* (dt. »Das Frischvermählten-Spiel«) auf. Danach erzählt er Michael Moore eine Zote, die es in zwei Sätzen fertigbringt, Homosexuelle, Juden und Aids-Kranke zu diskriminieren. (Diese Filmszene kostete Eubanks später ein Engagement beim Fernsehsender CBS.)

Das wichtigste Leitmotiv aber besteht in Moores vergeblichem Versuch, Roger Smith zu einem Besuch in Flint zu überreden, ja, überhaupt mit ihm zu reden. Beim ersten Mal besucht er die GM-Zentrale in Detroit, steigt in den Privatfahrstuhl des großen Bosses und wundert sich, daß der Knopf in die 14., die Chefetage, ihm nicht gehorcht. Dann wird er auch schon vom Wachpersonal zurück in die Lobby eskortiert und von einem PR-Mann um seine Visitenkarte gebeten. Moore hat keine und versucht, natürlich vergeblich, mit einer Kundenkarte der Fastfood-Kette Chuck E. Cheese sein Glück. Der nächste Anlauf scheitert im Jachtklub von Grosse Point an einer ebenso liebenswürdigen wie lederzähen Empfangsdame. Die dritte Guerilla-Attacke auf Smith – im Detroit Athletic Club – geht ebenfalls daneben; aber sie bietet immerhin Gelegenheit, einen der zombiehaftesten Klubmanager der Vereinigten Staaten vorzuführen. Der vierte Vorstoß, um Roger B. Smith zu überrumpeln, im New Yorker Waldorf-Astoria-Hotel, platzt, weil eins von seinen Crew-Mitgliedern als Kompagnon des GM-Erzfeindes Ralph Nader entlarvt und in die nächste Polizeiwache abtransportiert wird. Sofort (in der Chronologie des Films) macht Moore sich wieder auf den Weg nach Detroit, wo ihm weder das Sakko hilft, das er ausnahmsweise angezogen hat, noch der Hinweis, daß er bereits seit einem Jahr schriftlich und telephonisch um ein Gespräch mit dem großen Vorsitzenden bitte.
Das sechste Kommandounternehmen führt Moore zur jährlichen Aktionärsversammlung von GM. Doch ehe er eine Frage an Roger Smith stellen kann, läßt der ihm das Mikrophon abdrehen. Erst im Finale des Films kommt es zu einer Art Gespräch zwischen Roger und ihm. Nach der großen Weihnachtsfeier von GM 1988 – Smith hat soeben eine Ansprache beendet, in der er die Warmherzigkeit des Christfests im allgemeinen und Charles Dickens im besonderen beschworen hat – fragt Moore seinen Widersacher über die Köpfe eines TV-Teams hinweg, ob der ihn nicht nach Flint begleiten wolle. Dort würde Deputy Ross ihm gern zeigen, wie eine Hausräumung am Heiligen Abend durchgeführt wird. (Diese Räumung wird in einer der brillantesten Parallelmontagen seit Coppolas *Der Pate* zwi-

schen Smith' bigotte Rede geschnitten.) Der Manager lehnt mit den Worten ab, nicht General Motors sei dafür verantwortlich, sondern der Vermieter. Ebenezer Scrooge hätte es gemütskälter nicht sagen können.

Distanziert betrachtet, erscheint Michael Moore in *Roger & Me* ebenso als Verlierer wie die Menschen, für die er sich stark macht. Roger Smith ignoriert ihn, weist ihn zurück, dreht ihm den Saft ab und benimmt sich überhaupt so, wie man sich einen üblen Kapitalisten vorstellt. Aber etwas anderes wollte Moore ja auch gar nicht erreichen. Er beschuldigt Smith, aus purer Gewinngeilheit 30.000 Menschen auf die Straße geworfen zu haben, und weil Smith so dumm und arrogant ist, ihm nicht Rede und Antwort stehen zu wollen, wird Moores Vermutung zur Gewißheit. Der Film rächt die Entrechteten von Flint, indem er sie wenigstens moralisch ins Recht setzt. Das ist ein Sieg, von dem man sich nichts kaufen kann, der aber wenigstens für die Dauer des Kinobesuchs für Genugtuung sorgt. Moore nannte seinen Film einmal ironisch »den Gute-Laune-Kassenknüller der [...] Saison« (*Newsday*).

Roger & Me ist jedoch bei aller Komik und Satire kein fröhlicher Film. Die Verzweiflung der Familien, die von Deputy Ross aus ihren Häusern geworfen werden, die vernagelten Geschäftsfenster in der Hauptstraße von Flint, die verrottenden Fabrikgebäude, der GM-Arbeiter, der nach seiner fünften Entlassung binnen fünf Jahren in die örtliche Psychiatrie eingeliefert werden muß (es handelt sich um Moores alten Freund Ben Hamper) –: All diese Szenen verleihen dem Film einen ebenso dunklen wie traurigen Grundton.

Moore redet, was sich schon Ende der 80er nicht mehr gehörte, von Klassengegensätzen. Er zeigt eine »Great Gatsby«-Party der High-Society von Flint, bei der Arbeitslose als lebende Statuen ein paar Dollar verdienen. In einer anderen Szene gucken wir reichen alten Ladies beim Golfspielen zu, die in ihrem Leben nie eine größere Sorge als einen dringenden Friseurtermin gehabt haben dürften, und wir hören eine von ihnen sagen, die Sozialhilfe sei so üppig, daß die Arbeitslosen »einfach nicht arbeiten wollen«. Während immer mehr ehemalige GM-Ange-

stellte aus blanker Not kriminell werden, feiern die Reichen der Gemeinde im neuen Stadtgefängnis einen bunten Abend, bei dem sie mit Schlagstöcken spielen, sich als Knackis verkleiden und gegen Gebühr eine Nacht in der Zelle verbringen können. Zwischendurch erfahren wir, die Anzahl der Ratten übersteige die der Menschen in Flint um 50.000, weil immer mehr Häuser leerstünden und die Müllabfuhr nur noch zweimal im Monat die Runde mache.
Moores Film dokumentiert nicht, sondern klagt an, und weil es dem Regisseur um viel mehr geht als nur um die Misere von Flint, nämlich um den Bankrott der amerikanischen Gesellschaft, überhöhen sein Schnitt und Kommentar authentische Bilder in Allegorien und banale Beobachtungen in Ikonen. Die eindrucksvollste Allegorie in *Roger & Me* wird um die Sozialhilfeempfängerin Rhonda Britton gesponnen, die nachmals so genannte »Bunny Woman«. Sie züchtet Kaninchen und verkauft sie, je nach Wunsch, als »pets or meat«, Haustiere oder Fleisch. Beim zweiten Besuch von Moore und seinem Filmteam schlachtet und häutet sie vor der Kamera eines der Tierchen. Die große Sachlichkeit, mit der Rhonda Britton das tut, soll natürlich an Roger Smith erinnern, der nicht nur einem Karnickel, sondern gleich einer ganzen Stadt das Fell über die Ohren gezogen hat. Moore überlegte ernsthaft, seinen Film »Pets Or Meat« zu nennen, weil »diese Worte sehr stark an die Haltung von GM gegenüber seinen Arbeitern erinnern« (*Rolling Stone*, 25. Januar 1990). Zwei Jahre später drehte er dann wirklich einen Kurzfilm unter diesem Titel.
Als *Roger & Me* im Sommer 1989 fertiggestellt war, hatte Moore keinen Verleih für sein Werk. Er beschloß, mit Kathleen durchs Land zu reisen und den Film in Universitäten und bei Gewerkschaftsveranstaltungen zu zeigen. Zunächst jedoch flogen sie zum Filmfestival in Telluride, Colorado, der bedeutendsten Veranstaltung für Independent-Filme in den USA. Moore und Glynn waren so abgebrannt, daß sie sich nicht mal ein Rückflug-Ticket leisten konnten. Aber Michael zeigte sich fest entschlossen, seine Chance zu nutzen: In Telluride lauerte er Roger Ebert auf, einem der einflußreichsten und meistgelesenen

Filmkritiker der USA. Der war zwar auf dem Weg zu einer Gala für den britischen Regisseur Peter Greenaway. Doch Moore, der begnadete Überzeugungsarbeiter, schaffte es, Ebert mit in das Kino »Mason's Hall« zu schleppen, wo *Roger & Me* seine US-Premiere feierte. Er habe »etwas Besonderes in Moores Augen bemerkt«, soll der Kritiker später gesagt haben.

Moore hatte seinen eigenen Film noch nie auf einer Leinwand gesehen. »Das war einer dieser Momente, die ich nie vergessen werde. Die Leute fingen schon bei den Titeln zu lachen an, und da wußten wir, daß wir's geschafft hatten«, erzählte er ein paar Jahre später Geoff Hanson, einem Mitarbeiter der Telluride-Festivalzeitung. Ebert lobte *Roger & Me* in höchsten Tönen, und auch andere Kollegen priesen den Film als *die* Entdeckung des Festivals. Die Nachfrage des Publikums in Telluride war so stark, daß hastig sieben weitere Vorstellungen angesetzt werden mußten. Die Spione der großen Filmverleiher vor Ort buhlten sogleich bei Michael Moore um die Rechte an *Roger & Me*. Selbst General Motors war hellhörig geworden und entsandte eine Angestellte der PR-Abteilung nach Telluride, die sich das mal anschauen sollte. Sie habe allerdings – behauptet Moore – der Zentrale berichtet, es sei nichts zu befürchten, denn außer ein paar Cineasten und Studenten interessiere sich niemand für Dokumentarfilme, und diese Leute führen sowieso alle Hondas.

Der Triumph von Telluride wiederholte sich einige Wochen später beim Internationalen Filmfestival von Toronto: Die Schlange vor dem Kino, das *Roger & Me* aufführte, ging um den ganzen Block, und als Moore der Publikumspreis des Festivals verliehen wurde, durfte er zum ersten Mal in seinem Berufsleben eine Dankesrede halten. »›Ich wünschte, daß alle, die zu Hause bleiben mußten, hier sein könnten, um sich über so viel Zuspruch zu freuen‹, sagte der 35jährige Regisseur ins Mikrophon, mit Tränen in den Augen. Aber Mr. Moore – wie sein Film – läßt niemals eine Träne fließen, ohne einen Lacher beizumischen: ›Ich hab' nie zuvor einen Film gedreht ... Ich glaube, daß ich damit weitermachen werde‹« (*New York Times*, 28. September 1989). Inzwischen stand das Höchstgebot für die Verleihrechte bei einer Million Dollar.

Als *Roger & Me* am 27. September '89 beim New Yorker Filmfestival aufgeführt wurde, spendete das Publikum dem Regisseur sieben Minuten lang stehend Applaus. Der Film war jetzt eine echte Bombe, und Roger Smith sah sich gezwungen, den Schaden zu begrenzen. Durch seinen Pressesprecher ließ er folgende Erklärung verbreiten: »Ich habe den Film nicht gesehen, aber nach dem, was ich gelesen habe, leistet er der Gemeinde Flint und Tausenden von GM-Angestellten, die dort viel Gutes für die Stadt und General Motors tun, einen wahren Bärendienst. Wie ich persönlich darüber denke, ist unwichtig.« Michael Moore muß stundenlang über dieses Statement gefeixt haben.

So gut wie jede große Filmfirma wollte nun mit ihm ins Geschäft kommen. Moore jedoch hatte seine große Stunde schlagen hören und ließ sich, obschon heillos verschuldet, viel Zeit mit einer Entscheidung. Er stellte an die Bieter sehr »ungewöhnliche Forderungen: Er verlangte 25.000 Freikarten für arbeitslose Autoarbeiter; er beanspruchte 25.000 Dollar als Spende an die fünf Familien, deren Zwangsräumung der Film zeigt [hier hat Larissa MacFarquhar ungenau recherchiert: tatsächlich zeigt der Film nur *vier* Familien sowie einen Junggesellen]; er bestand darauf, daß der Film nicht in Ländern gezeigt werden dürfe, die seiner Meinung nach Rassentrennung betrieben, so wie Südafrika oder Israel; er forderte, daß in jeder Vorstellung ein Platz für Roger Smith freigehalten werden sollte. Aber die Studios boten weiter, und der Preis kletterte immer höher« (*The New Yorker*, 16. Februar 2004).

Schließlich erhielt Warner Bros. den Zuschlag – für sagenhafte drei Millionen Dollar, die höchste Summe, die bis dahin je für die Rechte an einem Dokumentarfilm gezahlt worden war, sowie 30 Prozent der Bruttoeinnahmen. »Es ist eine der bezaubernden Ironien unseres Systems, daß die größte Medienfirma der Welt solch einen konzernfeindlichen Film verleiht«, zitiert am 17. Januar 1990 die *International Herald Tribune* Michael Moore. Über Nacht war er, der Klassenclown, Dropout und Profischnorrer, ein gemachter Mann.

Kiebitze und Spielverderber

Erfolg kann einem Mann auch das Genick brechen. Zumal wenn dieser Erfolg mit erheblichen Geldsummen verbunden ist und das Publikum, das einen verehrt, die Glaubwürdigkeit des Idols nicht an dessen Taten und Worten, sondern an seinem Kontostand mißt. (Seltsamerweise haben sündhaft reiche »linke« Popmusiker wie Bruce Springsteen, Sting oder Bob Dylan mit derlei bescheuerten Vorurteilen nie zu kämpfen gehabt; der Purismus beschränkt sich allein auf Schriftsteller, Schauspieler und Filmemacher. Vielleicht weil niemand Popmusiker wirklich ernst nimmt?)

Moore wußte sehr wohl, wie schädlich sein Neureichtum sich bei der Vermarktung von *Roger & Me* und allen weiteren Projekten auswirken könnte. Es interessierte von nun an keinen Menschen mehr, daß Moore sich finanziell ruiniert hatte, um den Film fertigstellen zu können. Um seine Glaubwürdigkeit zu bewahren, mußte Moore jetzt ein paar Opfer bringen; aber man darf annehmen, daß ihm das nicht allzu schwer fiel. Es waren ja Opfer in *seinem* Sinne.

In einem Interview mit der *Weltwoche* vom 26. April 1990 begründet er zunächst, warum er sich an die größte Firma Hollywoods verkauft hatte: »Wir befürchteten, daß GM den Film stoppen könnte, wenn er durch einen Independent-Verleih vertrieben würde.« Dann präzisiert er die Bedingungen seines Deals: »[Warner hat] eingewilligt, den vier Familien, deren Rausschmiß im Film gezeigt wird, für die nächsten zwei Jahre die Miete in einem neuen Haus zu bezahlen. Der ›Bunny Woman‹ finanzieren sie die Ausbildung zur Tierpflegerin. Wir selbst werden unserer unabhängigen Förderungsstelle Center for Alternative Media etwas über eine Million überschreiben, die Anfängern im Filmbusiness den Einstieg ermöglichen soll.«

Geoff Hanson weiß zwei Jahre später Genaueres über Moores Stiftung: »Mit einer Hälfte des Profits von *Roger & Me* gründete Moore sein ›Zentrum für alternative Medien‹. In den vergangenen 18 Monaten hat Moore unabhängige Filmemacher mit Fördergeldern in Höhe von insgesamt 250.000 Dollar unterstützt. Moore verteilt außerdem Gelder der Stiftung an Bürgerinitiativen. Über die Stiftung ließ Moore seinem Freund Kevin Rafferty und James Ridgeway 15.000 Dollar zukommen, damit sie den Film *Feed* drehen können [...].« All das klingt nicht nach einem Mann, der plötzlich vergessen hat, daß Eigentum verpflichtet.

Aber natürlich ist Michael Moore kein Heiliger. Seit er aus dem Priesterseminar desertierte, hat er *diesen* Ehrgeiz auch nicht mehr besessen. Es ist deshalb gar kein Wunder, daß der Branchendienst *Newsmakers* in seiner Ausgabe 3/1990 einige nicht so schmeichelhafte Details aus dem Vertrag zwischen Moore und Warner Bros. kolportieren konnte: »[Ein] Teil des Geldes sollte der Gründung seiner eigenen Filmfirma, Dog Eat Dog, dienen; und Moore selbst sollte 35.000 Dollar pro Jahr erhalten. [...] Einem Bericht des *Spy Magazine* zufolge forderte Moore [...], daß *Roger & Me* nicht in Israel gezeigt werden dürfe.« Die antiisraelische Haltung, die Moore hier an den Tag legte, kehrt auch in späteren Jahren wieder, sie ist eines der finstersten Elemente seiner Ideologie. Seit er 1988 der PLO und der Intifada einen Solidaritätsbesuch abgestattet hatte, ist aus seinem Kopf nicht hinauszubringen, die Palästinenser würden von Israel rassistisch unterdrückt. Das schwingt auch in einer Verteidigung seiner Boykott-Forderung mit, die Dominic Griffin vom Kinomagazin *Film Threat* im Dezember 1995 mitschrieb: »›Damals‹, erklärt Moore, ›war das gegen Südafrika gerichtet, aber dann wies irgendjemand mich darauf hin, daß es auch in Kinos auf der West Bank Rassentrennung gebe. Also sagte ich: Gut, wenn der Film dort gezeigt werden soll, dann ohne mich. Denn ich möchte nicht, daß man den Streifen irgendwo aufführt, wo ihn Menschen wegen ihrer Rasse oder Religion nicht sehen dürfen.‹« Einige Kritiker haben versucht, Moores propalästinensische Verblendung als Antisemitismus zu denunzieren, doch das führt zu weit. Es gibt in seinen Filmen, Büchern und Interviews nicht den geringsten Hinweis auf genuinen Judenhaß. Die Belege für Moores Ignoranz, verfehltes Pathos und Selbstgerechtigkeit, sobald es um Israel geht, sind allerdings mit vollen Händen zu greifen – was jedoch an einer anderen Stelle dieses Buchs geschehen soll.

Da man ziemlich sicher sein kann, daß seine Sympathie für die PLO von fast jedem Linken in der westlichen Welt geteilt wird, schadete der Boykott-Artikel in seinem Filmvertrag Moore nicht weiter. Argwohn erntete vielmehr seine, des antikapitalistischen Guerilleros, Mesalliance mit einem Monsterkonzern wie Warner. Noch ein Jahrzehnt später hielt Moore es für nötig, seinen Deal mit dem Satan zu verteidigen: »Ich werde nie den Tag vergessen, an dem ich beim Mittagessen einen der Warner-Bros.-Chefs fragte, warum um Himmels willen sie meinen Film verleihen wollten. Der Mann lehnte sich zu mir 'rüber und sagte: ›Ich war einer der ersten Studenten im S.D.S. [Students for a Democratic Society]‹« (*Mike's Letter*, 12. Januar 2000). Der S.D.S. gilt als eine der wichtigsten linksradikalen Studentenorganisationen im Amerika der späten 60er Jahre. Doch statt sich zu fragen, wie einer mal ein Kommunist gewesen sein konnte, um dann zu einem ganz gewöhnlichen Haifisch zu verkommen, schwärmt Michael Moore: »Da und dort in der Medienwelt gibt's welche, die ihr Gewissen nicht am Studioeingang abgegeben haben, Baby-Boomer aus den 60ern, die kurze Haare und Anzüge tragen mögen, aber ihre Seele nicht an den Teufel verkauft haben.« Das *klingt* nicht nur wie eine Apologie auf die eigene Karriere.
Die Erfolge bei drei großen Filmfestivals sowie Warners gutgeölter Werbeapparat machten aus *Roger & Me* einen sensationellen Kassenerfolg. Und Moore ließ sich bereitwillig von den PR-Strategen des Verleihs für die Vermarktung einspannen: »Von dem Augenblick an, als wir in Telluride ankamen«, erinnert er sich im Gespräch mit Geoff Hanson, »waren wir elf Monate lang kaum einen Tag zu Hause. Erst die Verhandlungen mit Warner Brothers. Dann veranstalteten wir eine riesige Promotion-Tournee durch 110 Städte. Danach starteten die Leute aus Flint, die am Film mitgearbeitet hatten, ihre eigene Rundreise durch Orte, in denen die Arbeitslosigkeit wütete, und führten den Film in Gewerkschaftshäusern und Gemeindezentren vor. Sie besuchten gut 30 Städte. Dann kam die Videoveröffentlichung, dann der Kinostart in Europa [...].« Der Kraftakt zahlte sich aus: Nach einem Jahr war *Roger & Me* in 1.300 amerikani-

schen Kinos gezeigt worden und hatte weltweit 25 Millionen Dollar eingespielt – mehr als jeder andere politische Dokumentarfilm zuvor.

Doch kein Aschenputtel ohne böse Stiefmutter: Während Feuilleton und Publikum Moore als einen der »angesagtesten Regisseure des Landes« feierten (*Newsweek*, 9. Oktober 1989), holte die wichtigste und meistzitierte Filmkritikerin der USA zu einem Schlag aus, der Moore heute noch weh tut. Pauline Kael nannte *Roger & Me* im *New Yorker* vom 8. Januar 1990 »seicht und albern, ein Stück exzentrischer Demagogie, dessen Witze einen schalen Nachgeschmack bei mir hinterließen. [...] Der Film wirkt wie die Arbeit eines aalglatten Werbeheinis. Er tut etwas, das menschlich höchst beleidigend ist. *Roger & Me* führt seinen Linksradikalismus wie eine überlegene Haltung vor.« Moore mache sich auf Kosten der gezeigten Menschen lustig, er übertreibe bei der Zahl der Gefeuerten, er fälsche die Chronologie.

Kaels Kritik zählt bis heute zur schwersten Munition, die Michael Moores amerikanische Gegner auf ihn abfeuern. Denn bis zu ihrem Tod im Jahr 2001 war Pauline Kael eine der wichtigsten »linken« Stimmen des amerikanischen Feuilletons. Sie hatte in den 70ern die Protagonisten des »New Hollywood« – junge rebellische Regisseure wie Martin Scorsese oder Robert Altman – nach Kräften gefördert; und sie war völlig unverdächtig, Sympathien für die Reaganomics und Leute wie Roger B. Smith zu hegen. Kael prangerte vor allem den laxen Umgang Moores mit Fakten an. Es war jedoch nicht ihr Verdienst, das zuerst bemerkt zu haben.

Der erste Journalist, der Michael Moore mit Fragen nach der Authentizität von *Roger & Me* konfrontierte, war Harlan Jacobson in einem Interview für die Zweimonatszeitschrift *Film Comment* vom November 1989: »Der Film hinterläßt den Eindruck, [...] 30.000 Menschen hätten auf einen Streich ihre Arbeit verloren, mit unmittelbaren und massiven Folgen, auf die die Stadtverwaltung mit Phantasieprojekten [wie dem Bau eines Luxushotels und des Vergnügungsparks ›AutoWorld‹] reagierte. Es wird nicht klar, daß diese Projekte, sei es seit 1970, sei es seit 1978, auf dem grünen Tisch bereits existierten, und vor allem findet die Tatsache keine Erwähnung, daß sie [bereits vor Drehbeginn] [...] wieder geschlossen worden waren.« – »Stimmt«, antwortete Moore. Es blieb ihm auch gar nichts anderes übrig.

Roger & Me drängt die Ereignisse von zehn Jahren in eine erzählte Zeit von nicht einmal drei zusammen, und der Regisseur leistet sich dabei weit mehr als bloß dichterische Freiheit. »AutoWorld« beispielsweise wurde im Juli 1984 eröffnet und Anfang 1985 wieder geschlossen. Moore erwähnt diese Daten nicht nur nicht, er schneidet eine kurze Aufnahme von sich selbst, die ihn in derselben Aufmachung zeigt wie in anderen Szenen und die nicht vor 1988 entstanden sein kann, zwischen Archivmaterial des ruinierten Vergnügungsparks. Ausdrücklich datiert Moore in *Roger & Me* den Beginn des Untergangs von Flint auf den November 1986 – um dann ungeniert Begebenheiten aus früheren Jahren in die zeitliche Kontinuität des Films hineinzuschummeln. Ronald Reagan gibt Arbeitslosen eine Pizza aus? Das war schon 1980. Reverend Schuller lullt die Arbeitslosen der Stadt mit Gewäsch ein? 1982. »Ich habe nie so getan, als stamme das aus der Zeit nach 1986«, behauptete Moore im Gespräch mit *Film Comment* über die Schuller-Episode, doch das war eine glatte Lüge. Denn im Film wird Schullers Predigt so anmoderiert: »Ich war nicht sehr erfolgreich damit, Roger nach Flint zu bringen«, spricht Moores Stimme aus dem Off, während er von einem der zombiehaftesten Klubmanager der Vereinigten Staaten aus dem »Detroit Athletic Club« hinausgeleitet wird. Es folgt ein Schnitt auf die Leuchtschriftwerbung für Pfarrer Schullers großen Auftritt, und Moore spricht weiter: »Der Bürgermeister hatte mehr Gück bei einer weit höheren Autorität.« Kein Zuschauer, sofern er es nicht besser weiß, käme auf die Idee, die nun gezeigten Ausschnitte aus Schullers Geseire könnten *vor* 1986 entstanden sein.

»Okay, es stimmt, daß die Chronologie ein wenig springt«, gestand Moore gegenüber Harlan Jacobson ein, um sich dann zu rechtfertigen: »Deshalb gebe ich in dem Film keine Daten an. Ich wollte mich einfach nicht mit dem Problem herumschlagen, wie ich acht Jahre in die zweieinhalb Jahre zwänge, während denen wir gedreht haben.« Er hätte es besser tun sollen. Denn so nachvollziehbar die dramaturgischen Gründe für seine Leichtfertigkeit, so unentschuldbar sind solche Ausreden: »Alle Kunst und jede journalistische Arbeit manipuliert.« – Moore, schrieb Pauline Kael, die das Interview kannte, improvisiere »seine eigene Version der Geschichte. [...] [Er] mißbraucht das Vertrauen des Publikums.«

Das Geniale in der Methode von *Roger & Me* erweist sich auch als das größte Problem des Films: In seiner hemmungslosen Subjektivität und seiner Versessenheit auf schlagende Pointen kommt Moore bisweilen die historische Wahrheit in die Quere, und er opfert lieber sie als einen guten Witz. Was er selbst am besten weiß: »Der Film ist einseitig, bösartig, völlig nach meinem Standpunkt geschnitten. Ist er alles, und ich bin stolz darauf« (*Weltwoche*, 26. April 1990). Doch weil *Roger & Me* als Dokumentarfilm vermarktet und zum Renner wurde, mußte Moore mit allerlei Verrenkungen die Authentizität seines Werks verteidigen.

Was gar nicht nötig gewesen wäre. Die beanstandeten Manipulationen nehmen so wenig Platz im Film ein, daß die wenigsten Zuschauer sich nach dem Abspann an sie erinnern können. Roger Smith' bigotte Weihnachtsansprache, Deputy Ross bei den Hausräumungen, die Jubelparade durchs verfallende Flint, GM-Lobbyist Tom Kay und seine eiskalten Apologien der Konzernpolitik sowie, natürlich, die »Bunny Woman« –: *Das* sind die eindrucksvollsten Dokumente von *Roger & Me*, sie reflektieren den Verrat, den GM an seinen Lohnsklaven beging, am deutlichsten, und nichts an diesen Dokumenten ist manipuliert oder inszeniert worden. »Wenn Sie die Geschichte Flints erzählen wollen«, wehrte Moore die Vorwürfe Jacobsons ab, »hier haben Sie die Geschichte Flints.« Und er hat recht. Doch ihm wären viele anstrengende Verteidigungsreden erspart geblieben, hätte er sich bei der Datierung einiger Szenen ebensoviel Mühe gegeben wie bei Montage und Kommentar.

Der Verriß Pauline Kaels verfolgt Michael Moore bis heute. Und dafür sorgte General Motors: Nachdem *Roger & Me* ein sehr beliebtes Thema in Talkshows und Politmagazinen geworden war, drohte der Konzern, bei jeder Fernsehsendung, in der Moore zu Gast war, Werbespots zu stornieren. Als die Drohung nicht verfing und Moore weiterhin eingeladen wurde – unter anderem von Jay Leno und Larry King –, verschickte die GM-Presseabteilung Kopien der Kael-Kritik und des Artikels in *Film Comment* an alle wichtigen Redaktionen und Journalisten des Landes. Danach gab es kein Interview mehr, in dem Moore sich nicht für seine Großzügigkeit im Umgang mit Jahreszahlen entschuldigen mußte. Einige Sätze aus Kaels Artikel verselbständigten sich über die Jahre, und mittlerweile werden sie auf den Internet-Seiten der Moore-Feinde fast wie ein Mantra heruntergebetet. Von Leuten, wohlgemerkt, die für eine Linksliberale wie Kael sonst allenfalls eine Kugel übrig haben.

Wie tief getroffen Michael Moore von den harschen Worten der großen alten Dame war, zeigt sein Gemeinderundschreiben *Mike's Letter* vom 12. Januar 2000. Zehn Jahre nachdem ihre Kritik im *New Yorker* erschienen war, präsentiert Moore sich so beleidigt, beleidigend und rachsüchtig wie nur je einer, der von einer Angebeteten statt Liebe einen Fußtritt bekommen hat. Er nennt Pauline Kael eine »berüchtigte Filmkritikerin«. Er behauptet, bis 1990 nie den *New Yorker* gelesen und allenfalls flüchtig von Frau Kael gehört zu haben – was nur dann keine Flunkerei ist, wenn der bekennende Cinéast Moore bis 1990 ein praktizierender Analphabet war: Kaels Kritiken sind in Amerika Pflichtlektüre für jeden gewesen, der sich ernsthaft fürs Kino interessierte. Sie, die ihn beim Mogeln erwischt hatte, wird jetzt von ihm bezichtigt, »komplette Lügen« über *Roger & Me* verbreitet zu haben. Ihre »Fälschung der Fakten« sei so »bizarr, so daneben, so offensichtlich konstruiert« gewesen, daß »mein erster Gedanke war, ihr Artikel müsse eine Satire sein«. Sagt der Mann, der wie kaum ein anderer die Tatsachen in seinem Sinne hinbiegt.

Bizarr ist jedenfalls die Windigkeit, mit der Moore die Kael zur Lügnerin stempeln will. Statt zuzugeben, daß *Roger & Me* aus Gründen der Dramaturgie die Jahre munter durcheinanderwirft, schreibt er: »*Alle* Ereignisse im Film passierten nach einer

Serie von GM-Massenentlassungen in den 80ern. Von ›Auto-World‹ bis zum Besuch Reagans – sie *alle* fanden statt, sobald GM einen weiteren Haufen Arbeiter auf die Straße geworfen hatte.« Das ist wahr, doch nicht die Wahrheit, die sein Film vermittelt.

Moore spekuliert in diesem unrühmlichen Brief über Pauline Kaels wahren Beweggrund, sein Meisterwerk in Grund und Boden zu schreiben. Er hatte sich nämlich geweigert, ihr für die Besprechung ein Videoband zusenden zu lassen. Sie solle gefälligst wie alle anderen Kritiker auch seinen Film in einem Kino begutachten, »nicht auf einem 55-Zentimeter-Bildschirm«. Er habe ja nicht gewußt, daß sie schon 71 Jahre alt war und sich über 150 Meilen nach New York quälen mußte, um ganz allein in einem Vorführsaal von Warner Bros. *Roger & Me* anzusehen. Erst heute wisse er, welch einen idiotischen Anfängerfehler er damit begangen habe. So jedoch zahlte sie es dem eingebildeten Grünschnabel heim – ausgestattet mit Recherchematerial, das, wie Moore behauptet, ihr von General Motors zugesteckt worden war.

Er gibt zwar zu, Kael sei in den 70ern »hauptverantwortlich gewesen für die angemessene Würdigung der großen Spielfilme jener Zeit«. Aber er kann es sich im selben Absatz nicht verkneifen, den Kritiker Richard Schickel zu erwähnen, der seiner Kollegin eine gewisse Niedertracht nachgesagt haben soll. »Wäre sie mit dem Respekt behandelt worden, den sie verdiente, und hätte sie *Roger & Me* früher zu sehen bekommen«, sie hätte »hundertprozentig hinter [dem Film] gestanden«, mutmaßt Moore. Doch weil sie ihm verwehrte, was sie zum Beispiel seinem Idol Martin Scorsese gewährt hatte, kotzt er an der degoutantesten Stelle des Rundbriefs einen Vergleich aus, für den er sich füglich sein Lebtag schämen sollte, wenn er so was denn könnte: »Ihr Kommentar wurde überall zitiert, und Filmprofessoren verteilen immer noch ihre Kritik, wenn sie über *Roger & Me* dozieren (was, um ein extremes Beispiel zu wählen, so ist, als würde man nach einer Vorführung von *Roots* oder *Schindlers Liste* zu den Studenten sagen: ›Nun, Leute, wie ihr wißt, hat jede Geschichte *zwei* Seiten, also lest bitte diesen Aufsatz von Rudolf Hess!‹).«

Die Unfähigkeit Moores, mit Kritik umzugehen, seine leicht entflammbare Cholerik, die Ausdauer, mit der er verletzten Stolz hegt, und die partielle Gemeinheit seiner polemischen Ausbrüche sind schwerlich zu entschuldigen. Aber etwas verständlicher, wenn man bedenkt, es hier mit einem Autodidakten zu tun zu haben, der wie alle Autodidakten ausgeprägte Minderwertigkeitsgefühle gegen ordentlich Studierte empfindet, einem höchst ehrgeizigen Langzeitversager, der erst mit 35 die Anerkennung genießen durfte, die er sich seit seiner Jugend gewünscht hatte, einem Mann überdies mit so vielen Feinden, daß er jede kritische Bemerkung unwillkürlich als feindseligen Akt mißverstehen muß.

Allerdings hat Pauline Kael sich bei ihrem Verriß von *Roger & Me* mächtig verhauen; ein größerer Fehler war ihr nur bei Stanley Kubricks *2001 – Odyssee im Weltraum* unterlaufen, den sie 1968 als »größten Amateurfilm aller Zeiten« beschimpft hatte. (Vielleicht ein Grund dafür, warum Kubrick von *Roger & Me* sehr angetan gewesen sein soll.) Es gibt bis heute keinen Film, der witziger, lehrreicher und enragierter die verheerenden Folgen des entfesselten Marktes beschreibt. Die visuelle Ästhetik von Moores Erstling, geprägt durch eine hektisch herumsausende Handkamera und Stakkatomontagen, ist wie MTV ohne MTV – suggestiv, ohne einlullend, schamlos, ohne voyeuristisch, unterhaltsam, ohne stumpfsinnig zu sein. *Roger & Me* dampft vor Kraft, sprüht vor Esprit, vibriert vor Frechheit, und es ist auch beim wiederholten Ansehen dieses Films unmöglich, sich seiner Dynamik und dem Charisma seines Erzählers zu entziehen.

Wie allein Pauline Kael mit ihrer schlechten Meinung stand, zeigen andere Kritiken aus dieser Zeit. Roger Ebert, Moores erster und bedeutendster Mentor, schrieb im Dezember 1989: »Das Genie von *Roger & Me* besteht darin, daß er die bildermanipulierende Maschinerie der Konzern-PR versteht und mit dem gleichen Zynismus und der gleichen Gerissenheit zurückschlägt.« Hal Hinson erklärte in der *Washington Post* vom 12. Januar 1990, dies sei die »am eindrucksvollsten artikulierte Antwort auf die Reagan-Ära, die [er] je gesehen habe«: »[Moore] hat bewiesen, was ein Mann mit einem Kamerateam und einer Vision ausrichten kann.« Und Henry Allen schwärmte in der *International Herald Tribune* vom 17. Januar 1990: »Der Film ist weniger eine Dokumentation als ein Gesellschaftskommentar, ein schlagfertiges Stück akrobatischer Ironie.«

Nein, Michael Moore konnte sich alles in allem kaum beklagen über fehlendes Lob – außer über das Pauline Kaels. Mangelndes Interesse des Publikums hatte er erst recht nicht zu bejammern: »In den ersten drei Wochen«, staunte er, »sahen mehr Leute meinen Film, als alle meine Artikel für die *Michigan Voice* und *Mother Jones* zusammen Leser hatten« (*Newsday*, 25. Januar 1990). Für einen altgedienten Aktivisten und Agitator wie ihn ging in jenen märchenhaften Tagen mehr als nur ein Traum in Erfüllung, und einige Zeit lang war er überzeugt, mit *Roger & Me* die Dinge, die so schlimm liefen, wieder richten zu können. Erst Jahre später sah er ein, daß Idealismus allein herzlich wenig gegen multinationale Konzerne ausrichtet: »Ich hatte es nicht darauf abgesehen, Karriere zu machen«, zitiert ihn der *Rolling Stone* vom 16. September 2004. »Ich dachte, wenn man auf Flint aufmerksam wird, würden die Dinge sich ändern. Doch was die Rettung meiner Heimatstadt betrifft, habe ich versagt.«

Fernsehsatiren und Flops

Unfall wg. Vision

32 Jahre lang wußte Michael Moore nicht so recht, was er aus seinem Leben machen sollte. Nun, mit 35, war er der meistgefeierte Newcomer des US-Kinos: Zeitungen, Radio- und Fernsehstationen rissen sich um Interviews mit ihm, eine begeisterte Fangemeinde ließ ihn bei jedem Auftritt hochleben, und natürlich wollte Hollywood jetzt mehr von diesem Wunderknaben sehen, dessen Debüt einen Profit von satten 10.000 Prozent erwirtschaftet hatte. Moore, schlicht überwältigt von seiner Prominenz und den vielen roten Teppichen, die man ihm ausrollte, hatte zunächst genug damit zu tun, *Roger & Me* zu vermarkten. Im Herbst 1990 jedoch war das große Jubeljahr vorbei, und es zeigte sich, daß Moore auch in seinem neuen Leben als Star nicht so genau wußte, was er damit anstellen sollte. »Schauen Sie«, versicherte er dem Journalisten Dominic Griffin, »ich war dazu bestimmt, Buicks am Fließband zusammenzubauen. Ich bin kein Karrierist. [...] Also, die paar Male in meinem Leben, wo ich hinter etwas her war oder mich richtig intensiv um etwas bemühte, weil ich es unbedingt wollte, passierte gar nichts. Wenn man sich aber zurücklehnt und es ruhig angehen läßt, dann kommen die Dinge tatsächlich ins Rollen« (*Film Threat*, Dezember 1995).

Weil aber jeder wissen wollte, womit er denn demnächst für Aufruhr sorgen wolle, legte Moore sich zwei Standardantworten zurecht, die Henry Allen für die *International Herald Tribune* vom 17. Januar 1990 notiert hat: »›Ich wurde katholisch erzogen. Nun ist die heilige Jungfrau Maria in letzter Zeit ziemlich oft auf der ganzen Welt erschienen: in einem texanischen Weizenfeld, an einer U-Bahnstation. Ich möchte mich gern aufmachen und versuchen, sie zu treffen – dann würde ich Diagramme meiner Reisen auf die Leinwand werfen wie [der Football-Kommentator] John Madden. Ich werde den Film *Virgin Tour '89* nennen.‹ Großes Gelächter im Saal, doch später gibt er

zu, das sei gar nicht wahr, sondern ein vorbereitetes Bonmot. Was aber will er wirklich machen? Vielleicht einen Film über die Palästinenser: ›Ich hab' dran gedacht, ihn wie einen Western zu inszenieren, eine Westernkomödie. Titel: *West Bank Story*. Jede Menge Schießereien. Große Helden und große Schurken natürlich. Amerikaner stehen auf gute Western.‹«
Doch aus einem schlechten Witz wird kein abendfüllender Film (obwohl viele Filme wie schlechte Witze wirken), und so saß Moore ziemlich ratlos herum und wartete ab. Zwei Jahre sollten vergehen, bevor er wieder Regie führte, und es kam dabei bloß ein 23 Minuten kurzes Stück heraus, das seinen Ruhm nicht eben vermehrt hat: *Pets Or Meat – The Return To Flint*, ein ziemlich überflüssiger, reichlich eitler Nachklapp zu *Roger & Me*. Moore besucht einige Protagonisten seines ersten Films, um herauszufinden, was in den vergangenen drei Jahren aus ihnen geworden ist. Und natürlich hat sich in Flint nichts zum Besseren gewendet.
Rhonda Britton zum Beispiel, die »Bunny Woman«, verkauft statt Kaninchen jetzt lebende Mäuse an Schlangenzüchter. Weil sie keinen Job als Tierpflegerin gefunden hat, schlägt sie sich mit einem Mini-Job im Supermarkt und Lebensmittelmarken durch, und sie weiß nicht, wie sie sich und ihre neugeborene Tochter durch den Winter bringen soll. Deputy Fred Ross kümmert sich außer um Hausräumungen nun auch um geklaute Autos. Tom Kay, der vormalige GM-Lobbyist in Flint, hat verständlicherweise keine Lust mehr, mit Moore zu reden. Der redet dafür viel über sich selbst: Wir sehen ihn bei Talkshow-Auftritten und bei Dankesreden nach Aufführungen von *Roger & Me*, und er versäumt leider nicht zu erwähnen, daß die vier zwangsgeräumten Familien seinetwegen zwei Jahre lang mietfrei wohnen durften. Und da er gerade so großherzig ist, bietet er Roger B. Smith gleichfalls Hilfe an: Dem großen Boß ist nämlich kurz nach der Versetzung in den Ruhestand die Jahrespension um 100.000 Dollar auf eine schlappe Million gekürzt worden.
Er habe, sagte Moore, diesen Kurzfilm gedreht, damit bei den Präsidentschaftswahlen 1992 nicht nur über die Techtelmechtel

von Bill Clinton, sondern über die Depression geredet werde, die das ganze Land im Würgegriff halte. Das klingt heroisch, wird von *Pets Or Meat* aber nicht annähernd eingelöst. Tatsächlich dokumentiert dieser Dokumentarfilm nur eines überzeugend: Michael Moore war einfach nichts Besseres eingefallen. Und sein Geschwätz von gestern beziehungsweise von vor drei Jahren scherte ihn längst nicht mehr: *Pets Or Meat* hatte am 28. September '92 Premiere bei PBS – also eben jenem öffentlich-rechtlichen Fernsehsender, den Moore einst »nicht leiden« konnte. Völlig vergessen war gleichfalls, was er zwei Jahre zuvor in der Late-Night-Show von Jay Leno deklamiert hatte: »Eine Fortsetzung von *Roger & Me* mache ich nur, wenn sie mit der Fortsetzung von *Batman* kombiniert wird. [...] Batman kommt nach Flint, rettet die Stadt und läßt Roger Smith vom Turm baumeln. Und wir alle bauen fortan Bat-Mobile« (zit. n. *Chicago Sun Times*, 29. September 1992). Man wünschte *Pets Or Meat* nur halb so viel Esprit wie in dieser Idee steckt. Den besten Moment hat der mehr hastig als unterhaltsam heruntergekurbelte Videofilm denn auch gleich zu Beginn mit dieser Warnung: »Die folgende Sendung enthält Szenen, die eindeutiges Konzernverhalten zeigen und auf Kinder, Vegetarier und General-Motors-Aktionäre beleidigend wirken könnten.«

Ratlos oder schlecht beraten war Moore aber noch weit mehr bei einem Projekt, an dem er seit 1991 herumschraubte. *Canadian Bacon* (dt. *Unsere feindlichen Nachbarn*) sollte beweisen, daß auch einer wie er – ohne Erfahrung im Umgang mit Schauspielern, ohne Ahnung von Dramaturgie und Charakterisierung und ohne nennenswerte technische Vorkenntnisse – einen Spielfilm drehen könnte, der es mindestens mit *Dr. Strangelove* (dt. *Dr. Seltsam*), dem Geniestreich seines Idols Stanley Kubrick, aufzunehmen vermochte. (Zu Beginn der Dreharbeiten führte Moore der Crew *Dr. Seltsam* sogar vor, um sie wissen zu lassen, worauf es ihm ankam.) Entstanden ist die größte Katastrophe im Berufsleben von Michael Moore, und nur ein Egomonster wie er konnte die Nerven haben, diese ungeheure Gurke anschließend anderen in die Schuhe zu schieben. Sein Hang zur Selbstüberschätzung hatte ihn schon einige Male in Fettnäpfe treten lassen, ob als Mitglied der Schulkommission oder während des Gastspiels bei *Mother Jones*. Sein Triumphzug mit *Roger & Me* durch die USA und Europa scheint ihn jedoch für einige Zeit etwas größenwahnsinnig gemacht zu haben.

Wie sonst ließe sich erklären, daß er mit der Beharrlichkeit einer Klette in Hollywood antichambrierte, um sein Drehbuch zu verkaufen? »Michael hatte *Canadian Bacon* im Sommer 1991 geschrieben, aber Warner Bros. verzichtete darauf«, berichten Moore und Kathleen Glynn in ihrem Buch *Adventures In A TV Nation* (dt. *Hurra Amerika!*). »Das Drehbuch war eine satirische Abrechnung mit dem Golfkrieg. Die meisten Produzenten, die es lasen, hielten es für ›zu politisch‹. Michael reiste immer wieder nach Los Angeles und pries den Film in einer erfolglosen Sitzung nach der anderen an.« Aber der begnadete Überredungskünstler hatte – nach fast fünfzig Absagen – endlich Erfolg: Das unabhängige Filmstudio Propaganda erbarmte sich 1993 seines Skripts, stellte ihm eine Menge Geld und einen Haufen Stars zur Verfügung, und Michael Moore durfte endlich tun, was er spätestens nach der dritten Abfuhr für immer in die Schublade hätte einschließen sollen.

»Die Idee zu der Geschichte hatte ich kurz nach dem Golfkrieg«, zitiert ihn die *New York Times* vom 12. September 1995. »Ich war erschüttert, daß Bush während des Kriegs von 90 Prozent der Amerikaner unterstützt wurde. Die Menschen befürworteten den Krieg, obwohl die meisten von ihnen nicht mal wußten, wo der Irak liegt. [...] Also beschloß ich, einen Film für jene zehn Prozent zu machen, die den Krieg ablehnten, und vielleicht auch einige von Bushs Leuten zu überzeugen, daß wir nachdenken sollten, ehe wir einen Krieg anfangen.« Hehre Absichten, die man *Canadian Bacon* allerdings in keiner Szene ansieht – und vielleicht ist das noch das Beste, was man über diesen Murks sagen kann.

Und darum geht es: Der US-Präsident – von Alan Alda als ziemlich trottelige Kreuzung aus dem alten Bush und Bill Clinton gespielt – ächzt unter den schlechtesten Umfrageergebnissen seit seiner Amtseinführung. Die USA haben zwar den Kalten Krieg gewonnen, aber eine schwere Wirtschaftskrise schüttelt das Land, und die Lobbyisten der Waffenindustrie haben es auf seinen Kopf abgesehen, seit er den Rüstungsetat radikal beschnitten hat. Stuart Smiley, der schmierige Sicherheitsberater des Präsidenten, überzeugt ihn, nur ein neuer Kalter Krieg könne das Vertrauen der Wähler wieder erneuern. Der russische Premierminister wird höflich gebeten, alles Friedensgeturtel zu vergessen und wieder den Bösewicht zu spielen, lehnt aber dankend ab, da er sich um Spülklosetts für jede Datscha statt um neue Raketen zu kümmern habe. Smiley weiß Ersatz: Neuer Erzfeind Amerikas soll Kanada werden. Noch am selben Abend beginnen die – offenbar gleichgeschalteten – Massenmedien der Nation mit einer infamen Hetze gegen das Nachbarland.

An der Grenze zu Kanada, im Örtchen Niagara Falls, lebt Sheriff Bud B. Boomer. Früher arbeitete er in der Waffenschmiede des finsteren Großindustriellen R. J. Hacker, heute fischt er mit seiner martialischen Kollegin Honey Männer aus dem Fluß, die nach ihrer Entlassung aus der Hacker-Fabrik keine Zukunft mehr sehen. Die Fernseh-Features über ruchlose Kanadier, die sich jeden Augenblick »wie Ahornsirup über die USA ergießen« könnten, wecken Buds patriotischen Ingrimm. Gemeinsam mit Honey und zwei ebenso unzurechnungsfähigen Freunden startet er ein privates Kommandounternehmen im Nachbarland. Gleichzeitig inszeniert die CIA einen Scheinangriff kanadischer Truppen auf das Wasserkraftwerk an den Niagarafällen, und R. J. Hacker holt eine wahre Weltuntergangsmaschine aus seinem Arsenal, um es dem liberalen Weichei-Präsidenten und dessen feigen Landsleuten gründlich heimzuzahlen. Die Situation eskaliert, doch ausgerechnet Honey, der weibliche Rambo, rettet den Tag.

Die Satire, die Moore beabsichtigt hatte, scheitert nicht an der Story – *Wag The Dog* von Barry Levinson erzählte 1997 etwas recht ähnliches, funktioniert als Satire und als Film aber durchaus. In *Canadian Bacon* funktioniert gar nichts. Das beginnt bei den infantilen »sprechenden« Namen der Figuren, geht weiter mit sagenhaft schlampigen Dekorationen (vor allem bei den Szenen, die vorgeben, im Weißen Haus zu spielen), setzt sich fort mit einem ungebremsten Chargieren und Grimassenschneiden der Darsteller und hört bei der kompletten Unfähigkeit des Regisseurs, die beiden Handlungsstränge zu verbinden statt bloß aneinanderzukleben, noch lange nicht auf. In der langen »Geschichte von Filmen über US-Präsidenten und ihre Politik haben nur die wenigsten die schiere Gräßlichkeit von *Canadian Bacon* erreicht«, notierte der Kritiker William F. Powers mit schierer Fassungslosigkeit in der *Washington Post* vom 22. September 1995: »Im ganzen Film gibt es nicht einen Lacher.« Der Mann hat mit jedem Wort recht. Und seine Kollegin Barbara Shulgasser, Moores Zweitwerk ein wenig mehr gewogen, kann sich im *San Francisco Examiner* vom 11. November 1995 auch bloß wundern: »*Canadian Bacon* ist exzellent besetzt, hat eine angenehm verrückte Handlung und alles Potential der Welt. Die Menschen, die Filmprojekte finanzieren, glauben offenbar, diese Zutaten reichten aus, um einen sehenswerten Spielfilm zu drehen. Großer Fehler.«

Der Fehler liegt wie so oft im Detail, und bei *Canadian Bacon* heißt das: in jedem Detail. Gewiß ist es eine hübsche Idee, den Kanadierhasser Bud Boomer von einem Kanadier, nämlich dem Komiker John Candy spielen zu lassen. Aber ihn gleich in der ersten Szene als den nettesten Polizisten nördlich von Virginia einzuführen, nimmt der Figur alle Schärfe; tatsächlich wandelt Candy durch seine Szenen wie ein Wiedergänger des großen freundlichen Teddybärs, der einige Jahre früher nach Roger Smith gesucht hatte. Gewiß könnte es einen guten Witz abgeben, den US-Präsidenten als dauerbekifften Althippie zu zeigen, der gern Bob Dylan zitiert. Doch Alan Alda hat sich dafür entschieden, wie ein Vollidiot zu agieren, und Moore läßt ihn ehrfürchtig gewähren. Gewiß sind die Dialoge nicht komplett humorfrei – auf dem Papier. Weil der Film jedoch das Timing für buchstäblich jede Pointe vermasselt, gehen sie allesamt unter wie die Selbstmörder in den Niagarafällen. *Canadian Bacon* hätte eine fabelhafte Satire werden können, wenn Moore auf die Regie verzichtet und einen Profi mit der Überarbeitung des Drehbuchs betraut hätte.

Aber genau das kam ihm nicht in den Sinn. In der *New York Times* schwärmte er, die Inszenierung eines Spielfilms sei »keine größere Herausforderung als das Drehen einer Dokumentation. ›Das Spielfilmformat ist sogar einfacher‹, meint er, ›weil man vorher alles genau aufschreiben, den Schauspielern ihre Sätze sagen und den Film nach dem Drehbuch schneiden kann. Bei einer Doku weißt du nicht, was dabei herauskommt, bis du anfängst zu filmen, und du kannst wirklich erst anfangen zu schreiben und zu formen, wenn du im Schneideraum sitzt.‹« Er äußerte diese erstaunlich arroganten Ansichten, *bevor* die amerikanischen Kritiker seinen Streifen in der Luft zerrissen.

Die Dreharbeiten zu *Canadian Bacon* begannen im Juli 1993 und waren bereits 38 Tage später abgeschlossen. Moore hatte sein Budget von acht Millionen Dollar brav eingehalten, nicht nur weil die Darsteller, wie bei Independent-Filmen üblich, ein weit geringeres Honorar akzeptierten als sonst bei Hollywood-Großproduktionen, sondern auch, weil der Regisseur bei der Ausstattung stets mit der billigsten Lösung zufrieden war und für keine Szene mehr als die unbedingt notwendigen Takes photographieren ließ: Man sieht dies dem Film mit geschlossenen Augen an. Die Verantwortlichen im Propaganda-Studio waren entsprechend entsetzt. Sie forderten Moore auf, den Film umzuschneiden und John Candy mehr lustige Auftritte auf den Leib zu schreiben, aber der Do-it-yourself-Meister weigerte sich zunächst standhaft. Als er im März 1994 schließlich doch zu Nachdrehs mit Candy bereit war, verstarb der erst 44 Jahre alte Komiker bei Filmaufnahmen in Mexiko an einer Herzattacke.

Für Michael Moore begann eine Zeit der Probleme. Candy – den die Klamotte *Uncle Buck* (dt. *Allein mit Onkel Buck*) als einen der populärsten Filmkomiker der frühen 90er etabliert hatte – war der große Trumpf seines Spielfilms und mächtig genug, um die Chefs von Propaganda Films zu zwingen, *Canadian Bacon* unverändert in die Kinos zu bringen. Moore behauptet, Candy sei davon begeistert gewesen, nach vielen seichten Komödien endlich wieder in einer Satire mitspielen zu können, weil er sein knuffiges Onkel-Buck-Image herzlich satt gehabt habe. In einem Interview mit Denis Sequin sagte Moore: »John war mein Rückhalt, doch nun war er nicht länger da, um mir und meiner Vision des Films beizustehen«. Auch in der *New York Times* betonte er, wie tief Candys Tod ihn getroffen hatte: »[Das] war ein fürchterlicher Schock. [...] Er war ein guter Kerl, und jeder mochte ihn. Es macht mich besonders traurig, daß er den Film niemals gesehen hat. Er unterstützte meine Vision, und das war sehr wichtig für mich.« Vielleicht war es aber auch ganz gut, daß Candy die abgedrehte Vision nie zu Gesicht bekommen hatte. Böse Zungen könnten sonst bis heute behaupten, Moores Film hätte nicht unwesentlich zu Candys Ableben beigetragen.

Propaganda Films und der renitente Regisseur waren bald rettungslos zerstritten. »Ich habe Prinzipien. Ich wurde von Nonnen erzogen«, sagte Moore später stolz über seine zähen Gefechte um jede Kleinigkeit des Spielfilms. »Ich wollte, daß der Film Aussage und Substanz hat« (*New York Times*). Die Studiobosse sahen ein, daß die Substanz von *Canadian Bacon* nicht zu retten war und verschoben den US-Kinostart auf den Sankt-Nimmerleins-Tag. Moore durfte den Film zwar noch in Cannes aufführen und von der französischen Kritik, die auch schon bessere Tage hatte, feiern lassen, aber danach verschwanden die Spulen im Giftschrank. Michael Moore fehlte jedoch die Zeit, deshalb lange zu hadern. Er mußte sich auf eine Rolle vorbereiten, die ihm viel besser lag als die von Stanley Kubrick. Das Fernsehen hatte ihn entdeckt.

Glücksfall wg. Television

Ein Mensch, der alles ausprobiert, aber nichts richtig kann, wird ein Dilettant genannt. Das ist kein angenehmes Etikett, und es wird auch nicht immer korrekt verteilt. Denn manchmal gibt es Dilettanten, die durchaus etwas können, aber so voller Selbstvertrauen sind, daß sie sich nicht auf das beschränken, was ihrem Talent am ehesten entspricht. Und in sehr seltenen Fällen wird dies unbekümmerte Herumstümpern nicht etwa verlacht, sondern mit beispiellosen Erfolgen belohnt. Michael Moore ist einer dieser Fälle. Er schreibt in einem Stil, von dem sensiblere Gemüter Kopfweh bekommen, und hat doch zwei der meistverkauften Sachbücher der letzten fünf Jahre verfaßt. Seine Dokumentarfilme stecken voller Tricks und Manipulationen, Abschweifungen und technischer Mängel und zählen dennoch zu den meistgesehenen Werken ihres Genres. Als er 1994 damit begann, eine satirische Fernsehshow – erst unter dem Titel *TV Nation*, nach einer vierjährigen Zwangspause unter dem Namen *The Awful Truth* – zu produzieren und moderieren, hatte er keine blasse Ahnung von solchen Aufgaben, aber es sollte daraus eine der interessantesten Veranstaltungen werden, die das amerikanische Fernsehen je ausgestrahlt hat – und das beste, was Michael Moore bis heute gelungen ist.

Sein besonderes Talent besteht nämlich nicht darin, Filme zu drehen oder Pamphlete zu verfassen, wiewohl ihm immer wieder Bonmots oder Montagen gelingen, die einfach brillant sind. Sondern darin, ein geborener Komödiant, eine passionierte Rampensau zu sein. Seine Reden, Bücher, Filme mögen politisch motiviert sein, gestaltet sind sie wie die großen Monologe eines Solokomikers. Sogar dort, wo Moore ernst wird und auf Witze verzichtet – in der Twin-Towers-Sequenz von *Fahrenheit 9/11* zum Beispiel oder im Vorwort zu *Will They Ever Trust Us Again?* (dt. *Verraten und verkauft*) –, herrschen große Theatralik und der Wille, das Publikum nicht bloß zu überzeugen, sondern zu überwältigen. Sein ausgeprägtes Gefühl für die eigene moralische Integrität, sein Gerechtigkeitsfanatismus und Solipsismus ordnen sich diesem Komödiantentum allerdings nie unter; und das verleiht auch seinen besten Satiren einen agitatorischen Impetus.

Wer wie Moore möglichst rasch tiefe Wirkung erzielen will, hat nicht die Geduld für die epische Form: *Canadian Bacon* beweist das aufs peinlichste. Seine beiden Meisterwerke *Roger & Me* und *Bowling For Columbine* dagegen sind angelegt wie Nummernrevuen, bunte Motto-Abende, sprunghaftes Kopf-Theater, und sie verdanken ihre Kraft dem enormen Charakter, der sich durch sie in die Welt entlädt. »Moore, darin liegt der größte Vorwurf gegen ihn, ist ein begnadeter Selbstdarsteller«, schrieb Hannsgeorg Rodek am 18. Mai 2004 in der *Welt*, und obwohl er mit dem Befund völlig recht hat, liegt der Vorwurf meilenweit daneben. Nur als Selbstdarsteller weckt Moore überhaupt Interesse, und es liegt tatsächlich eine Gnade darin, sich selber derart wichtig nehmen zu können und trotzdem Abermillionen Menschen damit nicht maßlos zu langweilen, sondern zu unterhalten. Doch Moore kam nicht aus eigenen Stücken auf die Idee, daß die kleine Form ihm am besten liegt, der Acht-Minuten-Film oder eine kurze Rede mit zwei Punchlines. Er mußte zu seinem Glück getrieben werden.

Der boshafte Witz von *Roger & Me* erinnerte viele US-Kritiker an den Late-Night-Komiker David Letterman, und bei der National Broadcasting Company (NBC), dem größten kommerziellen Network der USA, schienen diese Kritiken aufmerksam gelesen worden zu sein. Seine Star- und Komödiantenqualitäten hatte Moore bei der Promo-Tour für seinen Debütfilm eindrucksvoll unter Beweis gestellt, und als sich herumsprach, daß er seit einem Jahr vergeblich mit einem Drehbuch hausieren ging, wollte NBC diesen schlecht angezogenen Mann mit dem amüsanten Michigan-Akzent endlich einkaufen.

Kathleen Glynn und Michael Moore berichten, die erste Einladung des Senders zu einem Ideenaustausch habe sie völlig unvorbereitet getroffen. Binnen weniger Stunden mußten sie sich überlegen, wie eine Fernsehshow aussehen könnte, die sie gern produzieren würden: »Es sollte ein humorvolles Magazinformat sein, aber mit einem bedeutenden Unterschied zu anderen Shows dieser Art – einem Standpunkt« (*Adventures in a TV Nation*). Moore beschrieb den NBC-Unterhaltungschefs sein Konzept als »eine Mischung aus [der Reportagesendung] *60 Minutes* und Fidel Castro unter Lachgas«. Die Korrespondenten, die er zum Aufdecken alltäglicher Schweinereien durch die USA schicken würde, sollten aussehen, als »wären sie auf dem Weg in die Betty-Ford-Drogenklinik oder hätten ein Jahr für [die Fast-Food-Kette] Taco Bell gearbeitet – oder beides«. Und als konkretes Beispiel für den Guerilla-Journalismus, der ihm vorschwebte, entwickelte er folgende Idee: Er selbst wolle in verschiedene katholische Kirchen gehen, dort immer die gleiche Sünde beichten, um herauszufinden, wo die härtesten Bußen verhängt werden, und den Zuschauern anschließend einen »Verbraucher-Leitfaden für Beichtgänger« präsentieren.

Die NBC-Chefs waren begeistert. Noch am selben Tag spendierten sie Moore eine Million Dollar, um eine Pilotsendung zu seiner Fernsehshow zu produzieren. Und weil das unselige Drehbuch zu *Canadian Bacon* weiterhin keine Interessenten fand, begannen im Januar 1993 die Vorbereitungen für *TV Nation*. »Wir hatten kein bißchen Erfahrung, ja nicht mal einen Schimmer«, geben Glynn und Moore freimütig zu; doch anders als später bei *Canadian Bacon* baten sie Leute um Hilfe, die das Handwerk beherrschten. Sie heuerten mehrere renommierte Dokumentarfilmer – unter ihnen zwei Oscar-Gewinner – als Produzenten für die Einspielfilmchen an. Dann wurden Journalisten und Schauspieler zum Casting einbestellt, die die »Korrespondenten« für die Kurzreportagen spielen sollten; sehr zielsicher wurde unter anderem Merrill Markoe engagiert, vormals Chefautor der David-Letterman-Show. Der Star von *TV Nation* aber konnte selbstverständlich nur Michael Moore sein. »Wir beschlossen, daß jede der einstündigen Sendungen (45 Minuten ohne Werbung) fünf je acht Minuten lange Stories enthalten sollte sowie Moderationen von Moore. Als Richtschnur legten wir fest, daß jeder Einspieler den Zuschauern etwas zeigen sollte, was sie noch nie im Fernsehen gesehen hatten, die Mächtigen und die Mächte streitlustig anzugehen, egal wer sie sind, und uns eine komische Erleichterung zu verschaffen, nachdem wir uns über die Bilder gegruselt haben« (*Adventures In A TV Nation*).

Für die Testsendung wurden fünf Geschichten produziert. In einer ging es darum herauszufinden, wer wohl in New York City schneller ein Taxi bekommt – ein weißer Mörder oder ein schwarzer Oscar-Preisträger. In einer anderen feuert Moore alle Mitarbeiter seiner Show und geht nach Mexiko, um von den Segnungen des Nordamerikanischen Freihandelsabkommens zu profitieren. Und in der hinreißendsten Episode macht Mike sich auf nach Rußland, um die Atomrakete zu finden, die während des Kalten Kriegs auf Flint gerichtet war. Für seine Moderationen wurde Moore mitten auf den Times Square gestellt, wo er mit Passanten und Crew-Mitgliedern gut gelaunt herumalberte. Über die Show verstreut wurden die Ergebnisse bizarrer Telephonumfragen wie: »16 Prozent aller Wähler von [Präsidentschaftskandidat] Ross Perot glauben, daß Delphine, wenn sie wirklich clever wären, aus den Thunfischnetzen herauskämen«. Michael Moore hielt Wort: Dies *war* »eine Mischung aus *60 Minutes* und Fidel Castro unter Lachgas«, und es *hatte* »einen Standpunkt«.

Drei Monate lang arbeitete das *TV Nation*-Team an der Pilotsendung. Als sie in der NBC-Zentrale in Los Angeles vorgeführt wurde, »saßen alle hohen Tiere des Networks im Saal und lachten pausenlos [...]. Sobald die Lichter wieder angingen, fragte ein Anzugträger den anderen: ›Kriegen wir für dieses Zeug auch nur einen einzigen Werbespot?‹« (*Adventures In A TV Nation*) Bei einer Testausstrahlung der Show in Scranton, Pennsylvania, war das Publikum nicht weniger begeistert als die NBC-Chefs. Doch weil die passenden Sendeplätze im Herbst '93 bereits vergeben waren, wurde *TV Nation* zunächst auf Eis gelegt.

Moore hatte derweil sein mißratenes Projekt nicht vergessen und sprach bei Alan Alda und John Candy vor, um sie für *Canadian Bacon* zu gewinnen. Er war klug genug, ein Videoband des *TV Nation*-Piloten mitzubringen, und die beiden Stars waren sofort von dieser blendend inszenierten Melange aus Satire, Slapstick und Standup-Comedy begeistert. Sie konnten ja nicht ahnen, daß Moore das wenigste davon selbst inszeniert hatte. Mit den Zusagen von Candy und Alda in der Tasche war es jetzt für Moore ein Leichtes, eine Produktionsfirma zu finden.

Während er mit den Dreh- und Nacharbeiten zu *Canadian Bacon* beschäftigt war, bat Michael Jackson – nein, nicht der Sänger, sondern der damalige Intendant des britischen Fernsehsenders BBC 2 – die Kollegen von NBC um eine Kopie der *TV Nation*-Testshow. Auch er war entzückt und wollte die Sendung sofort kaufen. Man kam überein, die Produktionskosten für eine *TV Nation*-Serie gemeinsam zu schultern, und Weihnachten 1993 erfuhr Michael Moore, daß er im Sommer des folgenden Jahres ein Fernsehstar werden würde. Er und Kathleen Glynn begannen umgehend damit, die sieben geplanten Shows vorzubereiten.

Kurz vor dem fulminanten Start von *TV Nation* im Juli '94 begann der Streit mit Propaganda Films über *Canadian Bacon.* Weder die soliden zehn Millionen Zuschauer pro Sendung noch die enthusiastischen Rezensionen klopften die Studiochefs weich: Ihr Gefühl, eine Stinkbombe im Schrank zu haben, war einfach zu stark, und es trog ja auch nicht. 1995 aber – *TV Nation* hatte inzwischen das Network gewechselt und lief bei Fox – wechselten auch die Filmrollen von *Canadian Bacon* den Besitzer: Das Independent-Studio Gramercy Films, wie Propaganda Films eine Tochter des Medienkonzerns Polygram, übernahm die Rechte an Moores Machwerk und kündigte den Kinostart für den 25. September an, zwei Jahre nach Drehschluß. Doch die Gramercy-Verantwortlichen hatten ebenfalls nicht das geringste Vertrauen in den faulen kanadischen Speck. Vorsichtshalber streuten sie in der Premierenwoche nur vierzehn Kopien über die Kinos im Land, und als diese Woche vergangen war, hatte Moores größter Fehler gerade einmal 178.000 Dollar eingespielt.
Der Regisseur ließ sich davon nicht verdrießen. Sein megalomanes Selbstbewußtsein erlaubte ihm gar nicht, sich von derlei Petitessen unterkriegen zu lassen. Und Gramercy hatte mit der zaghaften Verleihpolitik und dem völligen Verzicht auf eine Werbekampagne ja alles dafür getan, daß bestimmt kein Mensch sich für *Canadian Bacon* interessierte. Zwar hatte Michael Moore noch zum Filmstart erklärt, seine Zielgruppe seien weder Cineasten noch Vollidioten, sondern jene Otto Normalverbraucher, »die in den Pittsburghs und Milwaukees und Flints leben, ein Hirn besitzen und einfach einen Film sehen wollen, der alle Bedingungen für einen Mainstream-Film erfüllt und trotzdem eine wichtige Botschaft hat. Warum sollte das unvereinbar sein?« (zit. n. *Christian Science Monitor*, 2. Oktober 1995). Aber wenn den Leuten niemand sagte, daß es seinen Geniestreich gab, und wenn die, die trotzdem davon wußten, ihn nicht sehen konnten – wo hatte da der arme Moore sich etwas vorzuwerfen?
Viel empfindlicher traf ihn (jedenfalls öffentlich), was *Canadian Bacon*-Kameramann Haskell Wexler, ein Oscar-gekrönter Ve-

teran des Independent-Films, über ihn stänkerte: »Der naive, schlichte Typ, den Moore darstellt, ist in jeder Beziehung eine Fälschung.« Der alte Hase Wexler scheint sich während der Drehtage mit dem blutigen Anfänger Moore sehr oft darüber gewundert zu haben, wie solch ein Ahnungsloser sich herauszunehmen wagte, den Zwillingsbruder von Stanley Kubrick zu markieren. Statt nun aber die Angelegenheit vornehm zu übergehen, hing Moore sie an die große Glocke des Klassenkampfs: »Immer wenn reiche Leute – und Haskell kommt aus pikfeinen Verhältnissen – einen einfachen Arbeiter sehen, der es geschafft hat, werden sie oberkritisch« (*Film Threat*, Dezember 1995). Der »einfache Arbeiter« hatte – was sein Interviewer nicht wußte – außer dem Abschiedsbesuch bei Ben Hamper im Frühjahr '86 kein einziges Fabrikerlebnis zu verzeichnen.

Nach dem Flop von *Canadian Bacon* hielt Michael Moore sich mit Schuldzuweisungen an Gramercy auffällig zurück. Das Vermarktungsgenie, das er als glänzender Komödiant natürlich auch ist, wußte genau, wie verheerend sich jedes weitere Wort über dieses Desaster auswirken würde. Es war für alle am besten, die Affäre schnell zu vergessen. Und am Ende konnte Moore sogar froh sein, daß *Canadian Bacon* praktisch unter Ausschluß der Öffentlichkeit stattgefunden hatte: Nach den gloriosen *TV Nation*-Folgen wäre es sehr kompliziert geworden, dem Publikum die 91 Speckminuten zu erklären, die ohne seine Sturheit und ohne seine Unfähigkeit zur Selbstkritik niemals zustande gekommen wären. Der Mann, der die Verfertigung von Spielfilmen für einfacher erklärt hatte als die von Dokumentationen, murrte nur mehr, er würde so was wie *Canadian Bacon* erst dann wieder riskieren, wenn er dafür »einen Blankoscheck ohne Absender« erhielte. Als wären die Produktionsbedingungen von Propaganda Films etwas anderes gewesen! Aber zur Aufrechterhaltung seines Nimbus als wackerer Märtyrer mußten solche Bemerkungen wohl sein.

Canadian Bacon hatte immerhin auch positive Effekte auf Moores Leben. Dog Eat Dog Films, die Produktionsagentur seiner Frau, war dank Propaganda Films mit einem ordentlichen Gründungskapital und Referenzen versehen worden.

Überhaupt erscheint der Spielfilm wie ein echtes Familienunternehmen: Kathleen wird in den Credits nicht nur als Koproduzentin, sondern sogar als Kostümbildnerin aufgeführt. (Sie hat sich in diesem Gewerbe zum Glück nie wieder versucht.) »Die Werte, die ich als Vierzehnjähriger hatte«, zitiert das *Marquee Magazine* vom August 1995 Michael Moore, »sind die gleichen Werte, die ich heute habe [...]. Ich lebe seit zwölf Jahren in derselben Beziehung, und ich habe immer noch meine alten Freunde.« Und wirklich: Sein alter Kumpel Ben zelebriert einen kurzen Gastauftritt in *Canadian Bacon*.

Wahrscheinlich war Michael Moore auch deshalb recht gelassen, weil sein trauriges Spielfilm-Abenteuer ihn nur Zeit, aber kein Geld gekostet hatte. Und vielleicht besann er sich auch wieder auf seine alte Erkenntnis: Man muß die Dinge auf sich zukommen lassen, statt ihnen nachzujagen. »Derzeit kann ich tun und sagen, was mir gefällt«, gibt er am 12. September 1995 in der *New York Times* zu Protokoll, »ich hab' mein Auskommen, amüsiere ein paar Leute und kann ein paar anderen einen Job geben. Damit bin ich eigentlich ganz zufrieden.« Aber so einfach ist das Leben natürlich nicht; nicht in Flint, Michigan, und schon gar nicht in einer Fernsehnation.

Störenfried aus Prinzip

Der Schrecken von Cobb County
Ein Verteidigungsminister der Vereinigten Staaten wird zum Armdrücken herausgefordert. Ein ehemaliger KGB-Agent sucht das Grab Richard Nixons. Ein Kerl namens Adolf Hitler verlangt von Schweizer Banken sein Raubgold zurück. Ein zwei Meter großes Hähnchen jagt Wirtschaftskriminelle. Ein lebender Revolver bekommt von der National Rifle Association Hausverbot. Ein Trupp afroamerikanischer Cheerleader skandiert bei einer Ku-Klux-Klan-Veranstaltung: »Ha, ha, ha! K, K, K! Steckt euch euren Haß in ’n A–!« Ein Dockarbeiter legt sich mit großen Konzernen an. Eine Topfpflanze kandidiert für den US-Kongreß. Immer wieder wird die Kameralinse von breiten Händen zugehalten und irgendjemand ruft: »Bitte gehen Sie jetzt!« Ihr Fernseher explodiert in 14 Sekunden. Willkommen in der Welt von Michael Moore.
Es geht hier ziemlich ruppig zu. Um das Obdachlosenproblem von New York City zu lösen, werden Penner per Postpaket in die Niederlande verschickt, wo sie wenigstens nicht verhungern müssen. Weil jugendliche Amokläufer viel weniger Opfer treffen, als sie Kugeln verschwenden, wird ein Scharfschützen-Trainingscamp für Schulkinder eingerichtet. Kurz bevor der Bundesstaat Mississippi 1995, 130 Jahre nach Ende des Bürgerkriegs, die Sklaverei offiziell verbietet, kauft ein schwarzer Bürger schnell noch ein paar weiße Männer und läßt sie in einer Redneck-Kneipe zum Klang seiner Peitsche tanzen. Alle Unbilden des Alltags finden eine Lösung: Wenn einem zum Beispiel die nächtlichen Huporgien blinder Autoalarme zuviel werden, fährt man einfach mit zwölf Wagen zum Haus des Mannes, der diese akustische Seuche erfunden hat, und läßt die Hörner klingen, solange der Mond glänzt. Und unter lauter Präsidentschaftskandidaten, die alle das gleiche Wahlprogramm haben, ermittelt man den würdigsten, indem man ihre Bereitschaft testet, bei einem Heavy-Metal-Konzert

von der Bühne in die tätowierten Arme des Publikums zu springen.
Mit *TV Nation* und *The Awful Truth* haben Michael Moore, Kathleen Glynn und ihr Team Fernsehformate entwickelt, wie sie die USA und auch der Rest der Welt nie zuvor zu Gesicht bekommen hatten. Sie liehen sich aus den Shows von David Letterman und Jay Leno die Unverschämtheit gegen alles selbsternannt Heilige und die Leidenschaft für groteske Details des Alltags. Sie übernahmen aus *Mad TV* und MTV die hektische Handkamera, die ungeduldige Montage und eine enorme Begeisterung für Klamauk. Sie parodierten alles, was das moderne Fernsehen so unerträglich macht: voyeuristische Reality-Shows wie *Cops*, pralinenschachtelbunte Reportagemagazine wie *60 Minutes*, nichtige Interviews mit unschuldigen Passanten, Blitzumfragen ohne jeden Informationswert, Sensationsgeilheit, Effekthascherei und eiskalte Sentimentalität. Was Michael Moores Fernsehserien aber von jedem anderen satirischen TV-Programm unterschied, war ihre eindeutig linke, prononciert politische Haltung – kapitalismusfeindlich, antirassistisch und etwa so patriotisch wie ein angekokeltes Sternenbanner. Hier wurde für jene Menschen Partei ergriffen, die das übrige Fernsehen eher hämisch, allenfalls mitleidig abfilmte, und es kamen Angelegenheiten zur Sprache, über die zu reden sich fast niemand mehr die Mühe machte, die »schreckliche Wahrheit« in einer »Fernsehnation«. Das international verständliche Erkennungszeichen dieser seltsamen Shows war die Hand vorm Objektiv und der etwas hysterische Ruf der Wachleute: »Hauen Sie ab, bitte! ... Sie befinden sich auf Privateigentum!«
Jede Folge lotete aufs neue aus, wie dreist man werden kann unterm Dach eines kommerziellen Networks. »Eine Show wie unsere macht sie nervös«, freute sich Moore bei einem Gespräch mit dem Journalisten Steve Hammer; und auf die Frage, warum die großen Sender sich überhaupt auf das Spiel mit einem notorischen Unruhestifter wie ihm einließen, erwiderte er: »Weil Millionen Menschen die Show gucken, und damit verkauft man Werbezeiten. [Die Networks] machen das nicht unbedingt, weil sie mit uns einer Meinung sind« (*Nuvo*, 10. August 1995). Sie

gaben ihm Sendezeit und das Geld für die Produktion, hielten im übrigen jedoch Abstand: Weder NBC noch Fox gewährten der *TV Nation*-Redaktion Büroräume in ihren Sendeanstalten, und vier Jahre später, als der Kabelsender Bravo *The Awful Truth* finanzierte, zwängte man sich erneut in die New Yorker Geschäftszimmer von Dog Eat Dog Films.

Natürlich wurde auch zensiert. Doch man kann als Einwohner eines Landes, in dem die Fernsehsatire sich ständig hüten muß – vor Gremien, Gerichten, Publikum und in der Regel auch vor dem Chefredakteur –, nur staunen, womit Moore und seine Leute Woche für Woche durchkamen. Etwas ebenso Unverschämtes und zugleich Brisantes wie in den insgesamt 39 Fernsehsendungen, die sie von 1994 bis 2000 auf den Bildschirm brachten, ist hierzulande völlig unvorstellbar. Und war in den USA nur möglich, weil der erste Verfassungszusatz, der die Meinungsfreiheit unter allen Umständen garantiert, dort erheblich ernster genommen wird als hier Artikel 5 des Grundgesetzes.

Die Verantwortlichen von NBC und Fox bekamen zweifellos bei jedem Filmchen, das Moore ihnen vorlegte, kalte Füße. *Adventures In A TV Nation* zählt mehrere Fälle auf, in denen Glynn und Moore um Details einer Episode feilschen mußten. So durfte in einem Beitrag, der in Form einer Game-Show die Überlegenheit des kubanischen Gesundheitssystems über das US-amerikanische und sogar das kanadische aufzeigte, Kuba keinesfalls wie der Sieger aussehen. Gegen Moores Protest schnitt der NBC-Zensor den Film so um, daß Kanada den Wettbewerb gewann. Neonazis, die in einem anderen Beitrag auftraten und das Schimpfwort »Gook«, »Kanacke«, verwendeten, durften erst auf Sendung, als Moore das Wort mit Hundegekläff überblendete. »Cobb County«, eine furiose Attacke auf die Verlogenheit der Republikaner und eine der denkwürdigsten Episoden von *TV Nation*, verbannte Fox aus dem ersten Teil der Show in die Programmzeit nach der Werbung.

Man hätte diese Episode vermutlich ganz gestrichen, wenn Moore nicht damit gedroht hätte, in diesem Fall die Sendung hinzuschmeißen. Eine Drohung, mit der Moore höchst spar-

sam umging, die ihm aber diesmal unumgänglich schien. Denn zu offensichtlich hatte sich hier der Herr von Fox eingemischt, der erzkonservative Medienmogul Rupert Murdoch. Und wenn Michael Moore schon mit dem Teufel zockte, wollte er die Partie wenigstens gewinnen. Allerdings waren seine Probleme beim Fox-Network erheblich größer als bei NBC. Mußte er hier nur einen Beitrag kippen (in dem der militante Abtreibungsgegner Roy MacMillan zur Ermordung von Supreme-Court-Richtern aufrief, was weniger mit Meinungsfreiheit als mit Terrorismus zu tun hatte), waren es bei Fox gleich vier. Doch es ging dabei hauptsächlich um Fragen des Geschmacks, auch der Aktualität, nicht um Politik. So weigerten sich die Fox-Leute, einen Clip auszustrahlen, in dem ein *TV Nation*-»Reporter« (mit großem Vergnügen von Michaels altem Kumpel Ben Hamper gemimt) Apotheker nach extra *kleinen* Kondomen fragt. Stets verwies Fox auf Sponsoren, die gedroht hatten, gebuchte Werbespots wieder zurückzuziehen. Sie hätten gelernt, schreiben Moore und Glynn, »daß alles, was man bei den Networks sieht, vorher von den Werbekunden geprüft und abgesegnet worden ist. [...] Wir haben außerdem gelernt, daß die Fernsehzensur nicht nur bei Sex, Gewalt und Worten eingreift. Manchmal sind sogar Ideen zu gefährlich für den Äther.«
Aber das Jammern ist einige Grade zu pathetisch, bedenkt man, wie zaghaft die Shows tatsächlich beschnitten wurden. Von 105 *TV Nation*-Beiträgen gingen nur fünf in den USA nicht auf Sendung – und die BBC, die die Serie mitproduzierte, strich keinen einzigen. In einer etwas gelasseneren Minute notieren der Regisseur und seine Produzentin denn auch, daß sie erst dann Schwierigkeiten bekamen, wenn die Komik einer Episode deren politische Unverträglichkeit nicht mehr zu maskieren vermochte: »Wir glauben, daß Humor ein mächtiges Werkzeug ist, um die Dinge zu erhellen, die uns Sorgen bereiten. Sie denken, wir seien witzig – und, meistens, harmlos. [...] [So lange] *TV Nation* die erwartete Menge Doritos und Budweiser verkaufte, durften wir unsere Show ziemlich genau so machen, wie wir wollten.«

Doch was sie wollten, hätte in keinem einzigen deutschen Sender eine Chance, weder bei den Proporz-Ideologen der öffentlich-rechtlichen noch bei den Krawallbrüdern der kommerziellen Anstalten. In einem Interview mit Alexander Cockburn für das Magazin *Grand Street* beschrieb Moore seine Shows als etwas, »das nie zuvor im amerikanischen Fernsehen probiert wurde – eine Mischung aus Dokumentation und Humor, mit politischen Inhalten und einem klaren Standpunkt«. Der alte Weltverbesserer in ihm wollte nicht bloß amüsieren, sondern agitieren: »Ich versuche, den Menschen beizubringen, wie wichtig es ist, an unserer Demokratie aktiv teilzunehmen. Sitzt nicht einfach 'rum und glotzt!« (*Nuvo*) Auch in *Adventures In A TV Nation* fordern Moore und Glynn das Publikum auf, nun bitte selbst einmal den üblichen Verdächtigen »die Hölle heiß« zu machen. Aber dieser Teil der Botschaft kam nicht an: Selbst die glühenden Fans der Shows beließen es dabei, als Zeichen ihrer Solidarität eine der offiziellen *TV Nation*-Baseballkappen zu ordern (für 15 Dollar plus 3,95 Versandkosten).
Doch wenngleich der Aktivist Michael Moore versagte, als Satiriker liefert er vorbildliche Arbeit. Die Inszenierung von bizarren Happenings, grotesken Auftritten und grobem Unfug gelingt ihm stets mit Bravour, und zwar nicht zuletzt, weil er die Satire im klassischen Sinne betreibt: Sie soll aufklären, sie soll schmerzen, und sie sollte keiner Pointe aus dem Weg gehen. »Der Satiriker«, schreibt Kurt Tucholsky in seinem berühmten Aufsatz »Was darf die Satire?«, »ist ein gekränkter Idealist: Er will die Welt gut haben, sie ist schlecht, und nun rennt er gegen das Schlechte an.« Nichts könnte das Motiv hinter *TV Nation* und *The Awful Truth* besser beschreiben. Moore und sein Team waren stolz darauf, dem Schlechten in der Welt grob und ungerecht zu begegnen, und sie durften es auch sein: Das Schlimmste, was sie ihren Gegnern je antun konnten, war Gelächter. Diese aber verpesten die Umwelt, rufen zum Mord an Schwulen und Abtreibungsärzten auf, rauben Hunderttausenden die Arbeit, nehmen den Armen, um sich selber zu geben, hetzen gegen Minderheiten und halten sich dabei sogar noch für das Salz der Erde. »Satire scheint eine durchaus negati-

ve Sache«, bemerkt Tucholsky. »Sie sagt: ›Nein!‹ Eine Satire, die zur Zeichnung einer Kriegsanleihe auffordert, ist keine. Die Satire beißt, lacht, pfeift und trommelt die große, bunte Landsknechtstrommel gegen alles, was stockt und träge ist.« Und darin liegt etwas ungemein Erleichterndes und Befreiendes, etwas, das die Verhältnisse vielleicht nicht ändert, aber für die Dauer eines Lachens zum Wackeln bringt. Weniges ist amüsanter, als einen Schuft gedemütigt, einen Popanz in Unterhosen zu sehen, und Moores Fernsehshows sind Lehrstunden für solche Striptease-Nummern.

Was vor allem daran liegt, daß er die Satire mit dem Guerilla-Journalismus von *Roger & Me* vermischt. Die Objekte des Spotts werden persönlich angegangen, die Kamera jagt sie in Konzernzentralen, auf den Fluren des Kapitols, bei Paraden und patriotischen Veranstaltungen, und sie können sich diesen Attacken nur durch Flucht oder den Einsatz von Wachpersonal entziehen. Halten sie stand, haben sie allerdings genauso verloren. Wie der langjährige Sprecher der Republikaner im US-Kongreß Newt Gingrich, der in der Episode »Cobb County« die Hauptrolle spielte und sich vor der *TV Nation*-Kamera restlos blamierte. »Ich hatte eine echte Bulldogge erwartet«, erinnert sich Moore an die Geschichte. »Statt dessen traf ich ein Schoßhündchen. Ich fragte ihn nach diesem und jenem, und er stammelte: ›Tja ... Kann schon sein ... Keine Ahnung.‹ [...] Da dachte ich, wie es nur sein könne, daß er keine echten Gegenspieler hat. Der Kerl ist nicht besonders schwer zur Strecke zu bringen, wenn man sich ernsthaft mit ihm anlegt, echt nicht« (*Nuvo*).

»Cobb County« führt modellhaft vor, wie Moores TV-Programme reale Satiren in Szene setzen. 1994 hatten die Republikaner im US-Repräsentantenhaus eine satte Mehrheit errungen. Ihre Wahlkampagne bestand aus kaum mehr als dem Geschrei nach Kastration der Bundesregierung, nach Deregulierung, Abbau staatlicher Subventionen und, natürlich, Minimierung der Sozialhilfe. Der Hauptschreihals der Grand Ole Party, Newt Gingrich, zog sein Abgeordnetenticket im Bezirk Cobb, Georgia, und dorthin machte sich das *TV Nation*-Team auf. Denn kein anderer Landkreis der USA kassierte damals so viel Bundesgeld wie Cobb County – nur Arlington, Virginia, wo das Pentagon, und Broward County, wo die Nasa zu Hause ist, strichen mehr Staatsknete ein. »[Fast] vier Milliarden unserer sauer verdienten Steuerdollar gingen jedes Jahr an einen Typen, der es haßte, sie zu bekommen! Wenn Newt aber den Anblick von Bundesmitteln nicht ertrug, dann, dachten wir, wäre es ja das mindeste, er gäbe sie an die Regierung zurück. Sollte er doch dem Rest des Landes ein Beispiel geben, indem er die Verschwendung erst mal zu Hause bekämpfte!« (*Adventures In A TV Nation*)

Im Städtchen Marietta, wo auch der Luftfahrt- und Waffenkonzern Lockheed residiert – mit drei Milliarden Dollar Hauptadressat der Gelder aus Washington –, schlagen Moore und seine Leute am 4. Juli, dem amerikanischen Unabhängigkeitstag, zu. Bei der traditionellen Parade lauern sie zunächst Newt Gingrich auf. Der spricht sich fröhlich für noch mehr staatliche Gelder an Lockheed aus, ehe er wittert, woher der Wind weht. Und kann dann nur mehr grimmig gucken, als Moore ihn fragt, warum Cobb County jährlich 17.000 Dollar Fördermittel für die Küstenwache einsackt, obwohl es gar keine Küsten hat. Weil er nicht lockerläßt, mit bewundernswerter Unverfrorenheit neben Gingrich paradiert und den Passanten zuwinkt, warnt der ihn schließlich, ein Scharfschütze habe ihn, Michael Moore, im Visier.

Inzwischen verteilen die *TV Nation*-Guerilleros an die jubelnden Gingrich-Wähler Flugblätter, auf denen »Zwölf Schritte, die Abhängigkeit von Bundesgeldern zu überwinden«, erklärt werden. Bereits mit Punkt zwei – »Das Problem sind nicht die ›Welfare mamas‹, die Ghettos, die Lebensmittelmarken oder die öffentlichen Schulen. Das Problem bin ich« – sorgt man für Unmut. Die Menge wird noch unwirscher, als ein Flugzeug über Marietta kreist, hinter dem das Spruchband flattert: »Bundesknete raus aus Cobb – jetzt!« Es werden Anstecker verteilt, auf denen steht: »Wenn Sie das hier lesen können, sacken Sie zuviel Regierungsschotter ein«. Als Moore durchs Megaphon die Einwohner von Marietta zur Rückgabe sämtlicher Regierungsgelder auffordert, um sie »von dieser Bürde zu entlasten«, fordert man ihn und seine Mitstreiter handgreiflich auf, die Parade zu verlassen.

Doch so schnell verzagt Moores Team nicht. Es schleicht sich bei der großen Feiertags-Grillparty der Republikaner ein. Den versammelten Deregulierern ist es ein Vergnügen, Moore zu erzählen, wie notwendig die Abschaffung der Sozialhilfe sei. Das Vergnügen endet, sobald er sie bittet, künftig aber auch selbst keine öffentlichen Gelder mehr zu kassieren. Und natürlich wird Gingrich noch einmal gequält. Als der schmierige Mann bei der Party erscheint, stürzt Moore auf ihn zu, packt seine Hand und ruft in die Kamera: »Nein, Sie haben keine Halluzinationen. Ich bin Michael Moore, das ist Newt Gingrich, und heute abend bei *TV Nation* retten Newt und Mike Amerika.«

Aber Amerika ist nicht zu retten, jedenfalls nicht in Cobb County. Moore stellt sich vor die Fabriktore von Lockheed, kann aber keinen Angestellten überreden, einen Tag unbezahlten Urlaub zu nehmen, damit Bundesmittel eingespart werden. Auch die Benutzer der Interstate 75 wollen nicht auf ihn hören: »Reisen Sie nicht auf dieser Staatsautobahn«, fleht er die Fahrer an, »sie wurde mit bösem Geld aus Washington erbaut.« Alle rasen hastig davon. Und selbstverständlich haben die Besucher der öffentlichen Bibliothek keine Lust, ihre Bücher nicht mehr zu lesen, nur weil sie mit Steuertalern angeschafft wurden. Resigniert zieht die *TV Nation*-Crew schließlich wieder ab: »Es war sonnenklar, daß die Menschen, die uns Newt beschert haben, die Bundesregierung in Wirklichkeit gar nicht so sehr verabscheuen.«

Sonnenklar war auch die Lektion, die »Cobb County« erteilte: Die Republikaner und ihre Wähler sind die wahren Schmarotzer und eben nicht all die Wohlfahrtsabhängigen, die zum Beispiel mangels Auto herzlich wenig von einer Interstate haben. Kürzungen von Staatsgeldern sollen grundsätzlich nur die treffen, die sowieso nichts besitzen: Der heimliche Glaubenssatz aller Neoliberalen wird in dieser grandiosen Episode ebenso witzig wie anschaulich enttarnt. Und die Demütigung Newt Ging-

richs, eines der übelsten Demagogen, die in den 90ern für die Rechte in den USA Stimmung machten, zählt sicherlich zu den größten Verdiensten in der Karriere Michael Moores.
Das sahen auch die demokratischen Abgeordneten im US-Kongreß so. Bei einem Fraktionstreffen wurde der »Cobb County«-Film vorgeführt. Dale Kildee, Volksvertreter der Stadt Flint, schilderte Moore hernach, was im Saal passierte: »Überall brach Jubel aus. Wir waren alle am Boden, seit die Republikaner beide Häuser [Senat und Kongreß; K. S.] übernommen hatten. Aber das hat uns wieder erheblich Auftrieb gegeben. Es war der erste gute Lacher seit langem« (zit. n. *Adventures In A TV Nation*). Der wohl um so besser tat, da Moore in seiner Show sonst sehr viele Lacher auf Kosten der Demokraten erzielte.
Die Verfahrensweise der »Cobb County«-Story erfordert eine Courage, die weit über gewöhnliche Klassenclownerie hinausgeht. Moore riskierte nicht bloß saftige Flüche, als er in aller Öffentlichkeit, die überdies aus lauter Gesinnungsgenossen des Gedemütigten bestand, einen der mächtigsten Männer der USA blamierte, bei den Aktionen vor der Lockheed-Fabrik und auf der Interstate 75. »Satire«, stellt Tucholsky fest, »ist eine durchaus positive Sache. Nirgends verrät sich der Charakterlose schneller als hier, nirgends zeigt sich fixer, was ein gewissenloser Hanswurst ist, einer, der heute den angreift und morgen den.« Spätestens im Bezirk Cobb und danach beim Kampf gegen Fox um die Ausstrahlung der Episode zeigte sich, was Moore nicht im geringsten mangelt: Charakter und politisches Gewissen. Alle weiteren Defizite sind für eine gelungene Satire hanswurst.

Das Fenster zum Huhn

Viele Leute in Deutschland glauben, sie hätten es bei Michael Moore mit einem Krawallmacher zu tun. Andere nennen ihn einen eitlen Salonradikalen und Populisten. *Roger & Me*, *Bowling For Columbine* und *Fahrenheit 9/11* sind mit höchstpersönlichen Bildern und Bemerkungen durchsetzt, und deshalb halten besonders schlaue Kritiker Moore vor, nicht objektiv zu sein. Besonders dumme denunzieren ihn als Fälscher. Als er zum

Krieg gegen George W. Bush aufrief, war er bei manchen unten durch, die sonst bereits den Krieg erklären, wenn der Mittelfeldspieler ihres Vertrauens nicht in die Fußballnationalmannschaft berufen wird. Andere nehmen es ihm mächtig übel, gegen den korrekten Body-Mass-Index zu verstoßen. Ich habe mit Menschen gesprochen, die Moore allein deshalb eklig finden, weil er nicht so gern zum Friseur geht. Und die meisten können es einfach nicht leiden, daß jemand den Helden des kleinen Mannes spielt, obwohl er gar kein kleiner Mann ist. Die Rede ist von Moores linken Kritikern.

Seine rechten äußern fast dieselben Einwände. Michael Moore ist ihnen zu laut, zu dick, zu unrasiert, zu subjektiv, zu unverschämt, zu demagogisch, zu reich. Daß die rechten Gegner ihre Abneigung nicht näher begründen mögen, kann man ihnen nachsehen. Die linken jedoch mögen ihren Widerwillen ebenfalls nicht plausibel benennen. Stets geht es um dieselben zehn, elf falschen Daten, verteilt über fünf Kinofilme, immer wieder wird Moores Äußeres als Beleg dafür verwendet, er sei nicht ernst zu nehmen, und regelmäßig wird die Fangemeinde als Beweis für seine Unzurechnungsfähigkeit angeführt. Man hat bisweilen den Verdacht, Moores linken Kritikern stinke an ihm ihr eigener Geruch. Auf jeden Fall aber widerstrebt ihnen sein Star-Nimbus. Den bekommt freilich niemand geschenkt, und schon gar nicht einer, der nach den gängigen Regeln gar kein Star sein dürfte.

Michael Moore hat in seinen Filmen und erst recht in seinen Fernsehshows viele unerhörte Dinge getan, und nur folgerichtig ist er dafür unerhört populär geworden. Hätte Thomas Hüetlin, der Mann, der für den *Spiegel* innerhalb eines Jahres zwei völlig gegensätzliche Meinungen zu Moore hinausplärrte, den Schneid gehabt, mit einem Bus namens »Sodomobil« nach Topeka, Kansas, zu fahren und gemeinsam mit einer Gruppe fröhlicher Homosexueller die gemeinsten Schwulenhasser der USA zu verhöhnen? Die Frage können Sie selbst verneinen. »Man muß schon ziemlich klug sein«, faselt Robert Misik in der *Taz* vom 14. November 2003, »um plump denken zu können. Michael Moore hat es darin zu großer Meisterschaft gebracht.« Aber so klug, den Vorstandsvorsitzenden eines Autokonzerns dabei vorzuführen, wie er einen Ölwechsel versucht, wird Misik nie werden; plump argumentieren ist da schon leichter. »[Moores] politisches Ziel liegt [...] im Ungefähren«, schlaubergert Stephan Draf im *Stern* 48/2003. Doch wäre der *Stern* nur einmal so ungefähr wie Michael Moore, als er die Hauptquartiere der großen US-Tabakkonzerne heimsuchte und dort mit einem Chor von kehlkopflosen Krebspatienten Weihnachtslieder sang, würde der Bertelsmann-Konzern ihn – den *Stern*, nicht Moore – umgehend beerdigen.

TV Nation und *The Awful Truth* haben Maßstäbe gesetzt für das, was Fernsehsatire sein kann, und man sollte sich hüten, ein Urteil über Michael Moore zu fällen, ohne wenigstens *eine* Episode dieser Serien gesehen zu haben. Er ist da als sehr unterhaltsamer Plauderer zu besichtigen, als schlagfertige Nervensäge, begnadeter Komiker und als einer, der sich auch selbst auf den Arm nehmen kann. Die Selbstironie Moores, eine seiner angenehmsten Eigenschaften, bei *Bowling For Columbine* und *Fahrenheit 9/11* aus taktischen Gründen weitgehend unterdrückt, wird hier ungezwungen vorgeführt. In einer Folge von *The Awful Truth* beispielsweise sehnt Mike sich nach Stellvertretern, die seinen harten Job mal übernehmen könnten: »Meine Füße bringen mich noch um!« Also werden eine Gruppe Vorschulkinder, drei Reizwäsche-Models und eine Bulldogge auf ihre Michael-Moore-Ähnlichkeit getestet. Nacheinander entern die Bewerber die Zentrale der Tosco-Raffinerie, einer der übelsten Schmutzschleudern der USA, und verlangen plärrend, gurrend, kläffend ein Interview mit dem Vorstandsvorsitzenden, bis das Sicherheitspersonal sie entfernt. In einer anderen Folge wird das »Michael Moore Play Set« angepriesen, ein tolles Spielzeug für Kinder ab sechs Jahren, die davon träumen, einmal so reich und berühmt wie Mike zu werden. Die »nur« 89,99 Dollar teure Schachtel enthält eine Moore-Maske, ein Mikrophon, einen »Schlips der Macht« (für das zweite mitspielende Kind) und Wachmann-Utensilien (für das dritte): Fertig ist die typische Michael-Moore-Interviewsituation – der Kapitalist will nicht mit ihm reden, der Bursche vom Werkschutz schmeißt ihn raus, und »die Eltern freuen sich, weil sie wissen, daß ihre Kinder stundenlang damit beschäftigt sind, so zu sein wie ich!«

Moores beste Selbstparodie aber war zugleich die beliebteste Figur von *TV Nation* und *The Awful Truth*: Crackers, »the Corporate Crime-Fighting Chicken«, das Hähnchen im Kampf gegen Firmenverbrechen. Ein riesiger rapsgelber Gockel mit azurblauer Augenmaske und Superhelden-Cape, der direkt aus einer Kindersendung entsprungen schien, mit seinem »Corporate Crimemobile« die Tatorte kapitalistischer Kriminalität aufsuchte, freundlich, tapfer, naiv an das Gute in sehr schlechten Menschen appellierte und deshalb mehr als ein faules Körnchen in den Kropf bekam. Crackers watschelte zu Banken, die Schecks nicht auszahlten, aber dafür, also für gar nichts, Gebühren kassierten. Er scharrte Staub bei einer Firma auf, die lebensgefährliches Spielzeug verkaufte. Er unterstützte Drucker und Redakteure bei einem großen Zeitungsstreik in Detroit (und ließ im Gerangel mit dem Wachdienst reichlich Federn). Er stellte sich einer Pharmafirma, die illegal Pestizide an Menschen testete, als Versuchshahn zur Verfügung.

Ein Superheld, wahrhaftig, wie man ihn braucht. Als Crackers das erste Mal in *TV Nation* den Schnabel aufmachte und die Zuschauer bat, ihm Konzernverbrechen zu melden, verzeichnete die Hotline an nur einem Wochenende 40.000 Anrufe. Er war beliebt bei jung und alt: Jedesmal, wenn er in der Sendung auftrat, verzeichnete sie bei Zuschauern zwischen zwei und elf Jahren ein Quotenhoch. (Warum diese Kinder nach 20 Uhr noch vor dem Fernseher sitzen durften, ist ein Problem, um das Crackers sich leider nie gekümmert hat.) Der unerschrockene Gockel gab ein so hinreißend albernes Symbol für Moores Guerilla-Methoden ab, daß er umgehend zum »meistgeliebten, meistbeachteten, meistverlangten Bestandteil« (*Adventures In A TV Nation*) der Moore-Shows aufstieg.

Und gelegentlich wurde sein Kampf gegen das Böse zur persönlichen Angelegenheit. Als der aus Niedersachsen verjagte Hühnerbaron Anton Pohlmann in Ohio eine gigantische Legebatterie aufzog, die Hunderttausenden Vögeln Quälerei und

den Anwohnern unerträglichen Güllegestank bescherte, flatterte Crackers auf den Plan und verhinderte durch hartnäckiges Gegacker, daß Pohlmann einen weiteren Monsterstall errichten durfte. Die Szene, in der Crackers auf der Grünen Messe von Ohio Zuchthühner zur Revolte anstiftet, hat es verdient, in die ewige Ruhmeshalle der Fernsehkomik einzugehen.
Crackers' größte Stunde aber schlug in Orlando, Florida, und sie ließ ein magisches Königreich erbeben. Entsetzt von Berichten über indonesische Kinder, die in Sweatshops Disney-Spielzeug zusammennähen, über Fernsehtechniker, die ohne gültigen Arbeitsvertrag für den Disney-Sender ABC roboten, und über Animateure, die sich für Hungerlöhne ungewaschene, pilzverseuchte A- bzw. B-Hörnchen-Kostüme überstreifen müssen, bricht Crackers nach Disney World auf, um seinen »alten Freund Micky Maus« von der modernen Sklaverei in dessen »wunderbarer Welt« zu unterrichten. Doch Micky ist nicht zu sprechen. Ersatzhalber umarmt Crackers, das Harmoniehuhn, kleine Kinder und gibt ihnen Autogramme, bis die Security ihn einfängt und erkennungsdienstlich behandelt. Etwas später kommt es dann doch zu einem Treffen mit Micky. Die Maus und der Gockel brausen im »Corporate Crimemobile« durch die Landschaft, und Micky verkündet, sich von den Disney-Gaunern trennen zu wollen. Crackers' Freude darüber währt nur kurz. Denn die Maus erklärt, sie habe Sweatshops gefunden, in denen *noch* weniger gezahlt wird als in den Disney-Vertragsfabriken. »Raus aus meinem Auto, du lausige Ratte!«, brüllt Crackers und versetzt Micky einen der denkwürdigsten Fußtritte der Fernsehgeschichte.
TV Nation und *The Awful Truth* zeigen Michael Moore von seiner besten Seite, und das gelingt den Shows, weil zu Moores besten Seiten die Sidekicks zählen, die ihn vertreten. Muß er – aus Gründen der erzählerischen Ökonomie – in seinen Kinofilmen alles allein erledigen, hat er hier jede Menge kongenialer Kollaborateure, die in seinem Sinne nerven und den mächtigen Großmäulern, die uns allen das Leben versauern, über den Mund fahren. Ex-GM-Malocher Ben Hamper, die vormalige MTV-Veejay Karen Duffy, der Komiker Louis Theroux und

vor allem der Kabarettist Jay Martel, ein Mann, der dem großen John Cleese nicht nur körperlich sehr ähnelt, haben zu Moores Fernseheskapaden Episoden beigetragen, die hier nur deshalb nicht nacherzählt werden, weil es eine Druckbogengrenze gibt und man diese Juwelen inzwischen auch hierzulande – auf DVD – selber begutachten kann. Wie pudelwohl Moore sich gefühlt hat in einem Kreis von gleichgesinnten, gleichbegabten Kollegen, zeigt jede einzelne Folge seiner Fernsehserien. Es war für ihn wie ein Revival alter *Voice*-Zeiten, allerdings unter drastisch verbesserten Produktionsbedingungen: »Stünden Sie in unseren Redaktionsräumen«, seufzte er selig 1995, »würden Sie erkennen, daß hier das genaue Gegenteil eines normalen Hauptabendprogramms entsteht. Es sieht da wirklich aus wie im Büro der *Flint Voice*, nur etwas größer« (*Nuvo*). Und es war der reine Familienbetrieb: Kathleen produzierte, Moores Schwester Veronica erledigte die Fanpost, und im Vorspann zur letzten Staffel von *The Awful Truth* ist eine halbe Sekunde lang Mike zu sehen, wie er eine Grimasse schneidet, im Alter von sechs Jahren.

Doch nicht alle Mitarbeiter fühlten sich so wohl wie der Chef. Larissa MacFarquhar hat für den *New Yorker* einige bittere Stimmen versammelt: »›Ich glaube, daß er Kritik nicht erträgt‹, meint ein ehemaliger *TV Nation*-Angestellter. [...] Er schreckte seine Leute mehr und mehr ab. Er wollte die Autorenzeile nicht mit anderen teilen. Er kam dauernd zu spät. Er brüllte niemanden an: Sagte einer etwas, das ihm nicht gefiel, fing [Moore] keinen Streit an; er lud den Betreffenden einfach nicht zur nächsten Konferenz ein. Oder feuerte ihn gleich.« Moore soll Mitarbeiter gemobbt haben, die sich seinetwegen bei der Gewerkschaft beklagten. MacFarquhar hat dafür allerdings nur das Wort eines Namenlosen, den sie jedoch spaltenlang zitiert. Etwas mehr wiegt da schon die bittere Auskunft von Chris Kelly, aber nur, weil er seinen Namen preisgibt, nicht weil er zum engeren Zirkel der Produktionscrew gezählt hätte (er war ein besserer Kabelträger bei *Canadian Bacon* und *TV Nation*): »Ich fand ihn großartig bei der Oscar-Verleihung. [...] Aber ich halte seine Filme und seine Bücher nicht lange aus. Als er anfing mit seiner

Kolumne für [das linke Magazin] *The Nation*, hab' ich mein Abo gekündigt. Er hat mir das Herz gebrochen. Das macht er mit allen.«

MacFarquhar, vehement bemüht, das Kumpelimage von Moore zu beschädigen, ist immerhin fair genug, auch die zu Wort kommen zu lassen, die den Chef in guter Erinnerung haben, zum Beispiel Karen Duffy: »Wenn man eine wöchentliche Show macht, steht man unter Hochdruck. Aber ich habe fünf Jahre mit ihm gearbeitet, und er ist niemals ausgerastet. Ich war auf nichts so stolz wie auf die Arbeit mit Michael Moore. Ich hasse es, wie die Linke sich dauernd selbst zerfleischt.« Dennoch kann es nicht das reine Schlaraffenlandleben unter Moore gewesen sein. Er entschuldigt sich im *New Yorker* für die Gemeinheiten, die er einigen seiner früheren Mitarbeiter antat: »Ich habe einen Punkt, einen Platz in meinem Leben erreicht, an dem ich mich selbst als unvollkommen erkenne«, und er bittet alle um Entschuldigung, die er in der Zeit vor dieser Erleuchtung verletzte. Danny Goldberg, ein Freund Michael Moores, beschwört: »Er geht mit sich selbst sehr hart ins Gericht. Es sorgt ihn ernsthaft, ob er das Richtige tut und wie man's künftig besser machen kann«. Kathleen Glynn, als Ehefrau ebenso loyal wie als Produzentin, tut das Gejammer, das MacFarquhar zitiert, mit diesen harschen Worten ab: »Unser Weg war gepflastert mit sehr viel schlechter Satire, verschwendeter Zeit und verbitterten Typen. [...] Das Gemeuter mancher Ex-Angestellter hat was Witzloses. Sie leben in einem Komiker-Ghetto. Das ist eine Clique, über die wir hinausgewachsen sind.«

Es war freilich diese Clique, die beim Wachsen kräftig geholfen hatte. Vor seinen Fernsehshows war Moore nur Insidern bekannt. Er war – wie er sich in *The Awful Truth* einmal launig nennt – bloß »dieser *Roger & Me*-Typ«. Berühmt und zum Star wurde er erst durchs Fernsehen. Nach der ersten *TV Nation*-Saison überschlugen sich die Kritiker vor Lob für die eigenwillige Show »mit einem Standpunkt«: »*Newsday* sprach von einem ›Meisterwerk‹, [die Programmzeitung] *TV Guide* vergab eine 10, Matt Roush von *USA Today* stellte sie mit David Letterman auf eine Stufe, und das *Wall Street Journal* konstatierte, dies sei ›die seltenste aller Arten – ein Fernsehprogramm, das gleichzeitig witzig und wichtig ist‹« (*Film Threat*, Dezember 1995).

Als Fox 1995 von NBC die Rechte an *TV Nation* übernahm, war Moore so berühmt wie noch nie in seinem Leben. Man wollte ihn als Ratgeber für Sitcoms und testete ihn sogar als Gastgeber einer Late-Night-Show. Moore versemmelte die Chance mit Bravour. Er lud den seinerzeit umstrittensten Mann der USA, den mutmaßlichen Gattinnenmörder O. J. Simpson, in seine Pilotsendung ein und stellte ihm all die Fragen, die das Geschworenengericht nicht gehört hatte. Der Eklat war erheblich. Moore spach O. J. mangels Beweisen frei, aber das war dem Publikum nicht zuzumuten. Fox hatte nun auch keine Lust mehr, Moores Subversionen zu finanzieren.

Die vier Jahre Sendepause zwischen *TV Nation* und *The Awful Truth* ließ Michael Moore übrigens nicht ungenutzt verstreichen. Er hatte in jeder Woche zehn Millionen Zuschauer gefesselt, und dieses Publikum fütterte er nun mit dem Buch *Downsize This!* (dt. *Querschüsse*). Dank seiner Fernsehprominenz wurde er zum Bestsellerautor, und nachdem er Millionen Bücher verkauft hatte, durfte er mit *The Awful Truth* wieder auf den Schirm. Moore behielt recht: Man kann im kommerziellen Fersehen alles verkaufen, solange man etwas *verkauft*. Er war ein richtiger Star dank seiner Fernsehshows, und er hatte Spaß daran, sich wie ein Star zu fühlen. Er war jetzt eine große Nummer. Und drehte *The Big One*.

Ego und Eitelkeit

Der Klassenbeste

Man sagt, der Teufel scheiße auf die größten Haufen. Aber weil er nun einmal der Teufel ist, läuft das nicht ohne Schabernack ab. Michael Moore zum Beispiel bringt den erfolgreichsten Dokumentarfilm aller Zeiten ins Kino, aber danach muß er mit seinem neuen Drehbuch jahrelang in Hollywood hausieren gehen. Plötzlich bekommt er, fast wider Willen, eine Million Dollar für die Produktion einer Fernsehshow in die Hand gedrückt. Er macht sich ans Werk, alle sind begeistert, doch leider wird die Sendung auf unbestimmte Zeit verschoben. Da taucht ein Studio auf, das sein Drehbuch einkauft. Moore inszeniert seinen Spielfilm und ist glücklich. Doch das Resultat gefällt den Geldgebern so wenig, daß sie es lieber vor der Welt verstecken. Der gedemütigte Regisseur findet keine Muße, sich zu beklagen, denn jetzt melden seine Gönner vom Fernsehen sich wieder und bitten ihn, ihr Sommerprogramm mit mehreren Folgen seiner Show zu füllen. Moore wird dank NBC berühmter denn je und darum kann er es ganz gut verschmerzen, nach einer Saison wieder in die Wüste geschickt zu werden. Denn schon meldet sich das nächste Network und vereinbart mit ihm eine Fortsetzung. Ein Jahr später ist auch damit Schluß, aber zunächst werden Moore und seine Frau für ihre Fernsehserie mit einem Emmy ausgezeichnet, der wertvollsten Trophäe der Branche. Ein paar Tage später kommt endlich auch sein Spielfilm in die Kinos. Den das Publikum nicht wahrnimmt, doch das ist eigentlich ein Glück für den gefeierten Erfinder von *TV Nation*. Der sich auch gar nicht langweilt, denn über die Mitarbeit bei *The Nation* entdeckt er seine alte Leidenschaft fürs Schreiben wieder und beginnt mit seinem ersten Buch. Er ist 42 Jahre alt, er besitzt ein stattliches Apartment in Manhattan, ein Haus in Michigan, eine eigene Produktionsfirma; er kann es sich leisten, Stieftochter Natalie auf eine Privatschule zu schicken, und trotz vieler Spenden an Nachwuchsfilmer und andere Bedürftige hat

Michael Moore es nicht wirklich nötig, um Lohnarbeit zu betteln.
Spätestens jetzt scheint der Teufel den Spaß am Schabernack verloren zu haben. Ganz ohne Umwege bringt Moore sein Manuskript bei einer Verlagstochter des Buchkonzerns Random House unter. 1996 erscheint *Downsize This!* (dt. *Querschüsse*) und wird – natürlich – ein Bestseller. Man darf sich schon fragen, wie das zugehen konnte, wenn eben nicht mit dem Deibel. Denn der knapp 300 Seiten starke Band ist ebenso schlecht konzipiert wie geschrieben, schnodderig bis zur Plattheit, sprunghaft in den Gedanken, undiszipliniert in der Form, und wenn *Downsize This!* überhaupt ein durchgehendes Motiv besitzt, dann heißt es »ICH«. Moore selbst weiß recht genau um diese Schwächen: Bereits der Untertitel kündigt »zufällige Drohungen« an; im ersten Kapitel entschuldigt Moore sich dafür, »keinen Uni-Abschluß« zu haben; und seine »Danksagungen« am Ende gelten unter anderem jenen Ordensschwestern, die ihm beibrachten, »Sätze zu bauen – oder etwas in der Art. Bitte verwenden Sie meine Grammatikfehler nicht gegen [meine Lehrer]. Sie haben ihr Bestes getan, bedenkt man, wem, äh: *wen* sie unterrichten mußten.« Er ist halt nur ein schlichter Bursche, der es selbst nicht fassen kann, wie weit er's gebracht hat: »Nachdem ich jahrelang kaum genug Geld hatte, um mir im Kino Filme anzusehen, bin ich heute in der glücklichen Lage, selber welche zu *drehen*. Ich halte es wirklich für ein Privileg, daß ich zu so vielen Menschen sprechen kann.« Und verdrückt dabei eine Träne für einen Obdachlosen aus Flint und für einen Flughafenangestellten, der aus Existenzangst täglich eine Handvoll Psychopharmaka schlucken muß.
Das Buch hält nicht zehn Seiten lang durch, was der Titel verspricht. »Downsize«, verkleinern, ist der amerikanische Euphemismus für den Vorgang, der hierzulande mit »gesundschrumpfen« schöngeredet wird. Also für die Obszönität, ein profitables Unternehmen noch profitabler zu machen, indem massenhaft Mitarbeiter entlassen und ganze Produktionslinien in Billiglohnländer exportiert werden. Doch statt sich auf diesen Skandal zu konzentrieren, schaufelt Michael Moore alles in sein

Buch, was ihm an den U. S. of A. sauer aufstößt: Wehrsportgruppen, Exilkubaner, den O.-J.-Simpson-Prozeß, die Polizei von Los Angeles, den Haßprediger Pat Buchanan, Abtreibungsgegner und, immer wieder, das weiße Establishment. *Downsize This!* hechelt in knapp drei Dutzend Kapiteln durch sämtliche Bigotterien und legalen Verbrechen, Bizarrerien und Tragödien, die das Amerika der späten Neunziger zu bieten hat. Beim Versuch allerdings, darin eine Struktur zu entdecken oder etwas anderes als Pamphletismus, kann man nur scheitern. Gleichwie seine Dokumentarfilme alles andere als Dokumentarfilme sind, ist auch Moores erstes Sachbuch etwa so sachlich wie eine Kopfnuß.

Aber es geht ihm ja nicht um vornehme Zurückhaltung, sondern ums Zurückschlagen: »Ich kann Knarren nicht leiden«, schreibt Moore. »Ich bin Pazifist aus Überzeugung. Als Mitglied jener amerikanischen Minderheit, die keine Waffen besitzt, muß ich die Gesundschrumpfungsmanie, die uns zu überwältigen scheint, auf andere Weise bekämpfen. Darum habe ich dieses Buch geschrieben.« Er phantasiert sich in die Rolle des letzten verbliebenen Sprechers und Verteidigers der »gesundgeschrumpften Amerikaner«, die in ihn, Michael Moore, ihre letzte Hoffnung setzen: »Seit ich 1989 *Roger & Me* drehte, habe ich unterwegs eine Menge Geschichten von wildfremden Leuten gehört, die mir ein Bier oder einen Burger ausgeben und berichten wollten, was aus ihrem Amerikanischen Traum geworden ist.« Und obwohl mittlerweile Millionär, weiß er noch genau, wie es sich anfühlt, ein Habenichts zu sein: »Bis in die Neunziger habe ich nie mehr als 15.000 Dollar im Jahr verdient. Ich stand mindestens dreimal in meinem Leben Schlange im Arbeitsamt, und als ich beschloß, *Roger & Me* zu drehen, bekam ich pro Woche 98 Dollar ›Stütze‹.«

Die Pose des Underdogs, der seiner Klasse allein durch glücklichen Zufall entkam, die Zurückgebliebenen jedoch weder vergißt noch verrät, steht ihm hervorragend. Zumal ihm selbst gar nicht klar wird, daß er posiert. Michael Moore ist kein Dummkopf, doch auch kein Grübler: »Warum war er auf der Straße gelandet?«, fragt er sich angesichts eines Obdachlosen. »Warum nicht ich? Nur dank der Gnade von Warner Bros. und NBC? Ich leerte meine Taschen und gab ihm alles, was ich hatte.« Dieses schlechte Gewissen darf man durchaus für authentisch halten. Moore ist einer jener Parvenüs, die sich für ihren unverhofften Reichtum vor allem schämen und glauben, sie müßten sich fortwährend dafür rechtfertigen, *kein* Pech gehabt zu haben. Allerdings haben seine Gegner – die rechten wie die linken – ihn seines Reichtums wegen so oft als »unglaubwürdig« denunziert, daß er gar nicht anders kann, als sich ständig zu entschuldigen. Schließlich ist die Rolle, die er am liebsten in seinen Filmen, Fernsehshows und Büchern spielt, also die des schlichten Kerls in billigen Klamotten, den die Reichen und Mächtigen nicht mal in ihren Treppenhäusern dulden, seine Geschäftsgrundlage. Wer auch immer zu beweisen versucht, Moore maße sich diese Rolle an, der attackiert ihn nicht bloß politisch.

Und deshalb bleibt ihm kaum etwas anderes übrig, als dialektische Eiertänze wie den folgenden aufzuführen: »Sie müssen aber begreifen, daß für einen aus der Arbeiterklasse mit das wichtigste ist, aus der Arbeiterklasse aufzusteigen«, zitiert ihn das Magazin *Newsweek* vom 20. April 1998. »Und ich habe herausgefunden, daß die einzigen, die es nervös macht, wie gut es mir jetzt geht, diejenigen sind, denen es selbst schon immer gut ging. Als wäre ich der neue Nachbar, den alle fragen: ›Was haben Sie denn hier verloren ...?‹ In Flint sagt kein Mensch: ›Was treibst du dich an der Upper West Side in Manhattan 'rum? Was glaubst Du eigentlich, wer zur Hölle du bist?‹ Dort heißt es: ›Klasse, Alter, weiter so! Du hast es geschafft, du bist entkommen!‹ Sie finden es alle großartig.« Und bereitet es schon mittelschweres Kopfweh, sich den Flüchtling aus der Arbeiterklasse dabei vorzustellen, wie er sich von jenen, vor denen er floh, darüber trösten läßt, daß er sich aus dem Staub gemacht hat, wird es nun richtig anstrengend: »Ich bin glücklich und habe das Privileg, vor vielen Leuten über das reden zu können, was mich bewegt. Und die Menschen, die ich zurückließ, sind glücklich, daß ich unsere Geschichte erzähle, denn wie sonst würde man von uns hören? Wir haben keine Fernsehsendungen, wir besitzen keine Zeitungen. Wie sonst würde man mitkriegen, wer wir sind? Wir, die Mehrheit in Amerika, die sich jeden Tag den Arsch abarbeitet, Klos putzt, Autos baut und zwei Jobs braucht, um über die Runden zu kommen.«

»Wir, wir, wir ...« Es klingt, als beschwöre hier einer inbrünstig etwas, das er sonst selber nicht glauben könnte, da es *so* ja nun wirklich nicht stimmt. Er war niemals ein Proletarier, er hat nie für Geld Klos geputzt, und seine Identifikation mit der »Mehrheit«, die nicht schweigt, sondern verschwiegen wird, wirkt fast vermessen. Doch Volkstribune müssen wohl so reden. Und die Schizophrenie, die sich hier äußert, scheint geradezu der Motor seiner Arbeit zu sein. *Downsize This!*, diese 35-Nummern-Revue aus rüden Satiren, groben Polemiken und wüsten Beleidigungen, ist – neben allem anderen – auch ein Plädoyer für die durch kein Geld der Welt zu kaufende Integrität Mr. Michael Moores. Kein Elend und keine Ekelhaftigkeit, kein Übergriff und keine Überheblichkeit, die er nicht persönlich nehmen würde, nehmen müßte als eingebildeter Sproß der Arbeiterklasse. Was ihr meinen Leuten tut, das habt ihr mir getan; wir haben euch die linke Wange hingehalten, und darum hau' ich euch jetzt auf die rechte: Moores »zufällige Drohungen eines unbewaffneten Amerikaners« tun so, als seien sie nackte Notwehr, und sie tun das recht überzeugend, weil der Autor selbst daran glaubt.

Die rechte Propaganda gegen »Welfare mamas«, Mütter also, die angeblich nur deshalb Bälger in die Welt setzen, um es sich vom Kindergeld gut gehen zu lassen, regt ihn dermaßen auf, daß er jene Konzerne, die dank Staatsgeldern prosperieren, zu den allergrößten »Welfare mamas« erklärt. Gegen die andauernde Diskriminierung schwarzer US-Bürger fleht er Nelson Mandela um Hilfe an, obwohl der Kampf gegen »unser amerikanisches Apartheidsystem« vermutlich »schwieriger sein dürfte als gegen das in Südafrika«. Die Republikaner hetzen gegen Hillary Clinton? Also verhöhnt Moore die Gattin Bob Doles, des seinerzeit prominentesten Republikaners. NAFTA, das Freihandelsabkommen zwischen Mexiko und den USA, kostet Hunderttausende Amerikaner die Jobs? Dann laßt uns doch auch Washington nach Tijuana auslagern! Die Fanatiker der Organisation »Right To Life« ermorden Abtreibungsärzte? Moore

fordert sie auf, wirklich konsequent zu sein und sich ab sofort auch um Onanisten zu kümmern.
Feinsinnige Satire geht anders. Die Ironie wird gleichsam mit dem Spaten aufgetragen, und der Eindruck, hier schlage einer wild auf alles ein, was auch nur entfernt wie ein Kopf aussieht, stellt sich ziemlich schnell ein. Doch genau darin liegt die rohe Kraft und primitive Faszination dieses Buchs. Moore klärt nicht, er räumt auf. Und dafür scheint es in den USA jener Jahre reichlich Bedarf gegeben zu haben. Zwar war in der ersten Amtszeit Präsident Clintons das horrende Defizit des Staatshaushalts fast getilgt worden und die Arbeitslosenzahlen hatten den niedrigsten Stand seit Jahrzehnten erreicht. Aber der Überschuß verdankte sich nicht zuletzt massiven Einschnitten in der Sozialhilfe, und die neuen Arbeitsplätze waren zumeist »Mc Jobs«, Hiwi-Stellen zu Hungerlöhnen. Überdies beschnitt die republikanische Mehrheit im US-Kongreß viele Reformpläne Bill Clintons bis zur Unkenntlichkeit. Sein größtes Projekt, der Aufbau eines erschwinglichen Gesundheitssystems für alle amerikanischen Bürger, scheiterte ebenso wie seine Pläne für ein wirksames Waffengesetz. Als Mann von guten Manieren weigerte Clinton sich zudem, den infamen Ton seiner republikanischen Widersacher Pat Buchanan, Bob Dole oder Newt Gingrich und ihrer zahlreichen Adlaten in den ultrakonservativen Radio- und TV-Shows – allen voran Sean Hannity, Ann Coulter und Rush Limbaugh – nachzuäffen. Dieser Ton jedoch, eine widerwärtige Melange aus Halbwahrheiten, Beleidigungen, Ressentiments und Gebelfer, hatte die liberalen Stimmen Amerikas fast mundtot gemacht.
Moore ist von US-Kritikern sehr oft mit Limbaugh verglichen worden und sicherlich nicht völlig zu Unrecht. Den Verleich legt schon die Körperfülle beider Männer nah. Vor allem jedoch teilen sie ein Faible für simple Argumente, häßliche Schmähungen, üble Nachrede und Schlagworte. Doch damit enden bereits die Gemeinsamkeiten. Rush Limbaugh pöbelt gegen Feministinnen (»Feminazis«), Homosexuelle (»Homos«), Pazifisten (»Versager«), Obdachlose (»Menschenschutt«), Drogenabhängige (»Müllbeutel«), Liberale (»Faschi-

sten«), Indianer (»Wilde«) und Afroamerikaner (»Maden«). Limbaughs Haßobjekte sind die Schwachen und Sprachlosen, die Minderheiten und Misfits. Also genau die Klienten, für die Michael Moore eintritt. Das, was ihn von Limbaugh unterscheidet, ist das, was zählt. Moore trampelt nicht auf Menschen herum, die am Boden liegen. Seine Opfer können sich wehren. Es sind die Leute, die einen wie Limbaugh als Einpeitscher und Scharfmacher brauchen. Man kann die Subtilität von Michael Moores Satire und Polemik anzweifeln, doch kaum die Ehrenhaftigkeit seiner Motive.
Mit »Quartettkarten von Konzernganoven« ist das 15. Kapitel von *Downsize This!* überschrieben. Darin prangert Moore Vorstandsvorsitzende an, die für einen ordentlichen Aktienkurs die Umwelt verpesten, Waffen exportieren, massenhaft entlassen, in Sweatshops die Lohnsklaverei fördern und auch sonst keinem Deal aus dem Weg gehen, der auf Kosten aller Moral die eigenen Profite steigert. Damit wir nicht vergessen, wer diese »gefährlichen Konzernverbrecher sind«, so Moore, und damit wir auch »andere vor ihren bösen Methoden warnen« können, veröffentlicht er acht Steckbriefe, gestaltet wie Quartettkarten, auf denen fahndungsdienliche Hinweise wie Körpergröße, Augen- und Haarfarbe vermerkt sind. Im 33. Kapitel fragt Moore seine Leser, warum die großen Konzerne – wo der Profit alle Mittel heiligt – nicht gleich mit Crack handeln und warum alle Welt sich über kleine Straßendealer aufregt, nicht aber über eine Firma wie General Motors: »Jährlich sterben 40.000 Menschen bei Autounfällen. Crack [...] bringt nur ein paar hundert im Jahr um. Und es verpestet nicht die Luft.« Im 14. Kapitel enthüllt er, der Multimillionär und Präsidentschaftskandidat Steve Forbes sei ein Außerirdischer: »Vorsicht vor Körperfressern, die Ihnen niedrige Steuern versprechen!« Und in Kapitel 12 träumt er von Schauprozessen gegen Henry Kissinger oder den Vereinsvorstand der National Rifle Association: »Nachdem sie schuldig gesprochen worden sind, [...] bekommen sie einen Vorsprung von fünf Sekunden. Eine Bande desillusionierter Jugendlicher zieht ihre automatischen Waffen und jagt die NRAler mit einem Kugelhagel übers Feld.«

Das ist unfein, doch es trifft nicht unbedingt die Falschen. Und es scheint, als hätten die linken Amerikaner nur darauf gewartet, daß endlich einer den Demagogen von rechts mit gleicher Münze heimzahlt. Moores Ruppigkeit war eine mehr als gerechte Antwort auf die Lügen und Unverschämtheiten der Rechten; und natürlich erwartete niemand, daß der Regisseur von *Roger & Me*, der Verantwortliche von *TV Nation* plötzlich moderat mit seinen Feinden umgehen würde. Fast zeitgleich mit *Downsize This!* veröffentlichte der Satiriker und Fernsehkomiker Al Franken sein Buch *Rush Limbaugh Is A Big Fat Idiot*, das an Bosheit und Unausgewogenheit den Texten Michael Moores kaum nachsteht; und auch Franken landete damit einen Bestseller. Die Zeit war offenbar reif für linke Brutalpolemik. Was die traditionell windelweichen Wortführer der Demokraten nicht geschafft hatten – Rattenfänger wie Gingrich oder Buchanan auch Rattenfänger zu nennen –, mußten die Satiriker erledigen. Es stecke hinter allem, was er tue, erklärte Moore einem Interviewer, »ein Gefühl von Verzweiflung und Zorn. Der Humor dient einfach als Entlastung« (*Albion Monitor*, 2. Oktober 1996).
Die amerikanische Kritik – sofern sie nicht zu Schlachterhunden wie Limbaugh hielt – begriff gleich, womit sie es bei Moores Debütbuch zu tun hatte: »Falls Tiradensammlungen ein neues literarisches Genre werden sollten, ist [...] *Downsize This!* zumindest ein unterhaltsames Beispiel dafür«, schrieb Anita Gates in der *New York Times.* »Wenn Mr. Moore sein eigenes Buch besprechen müßte, würde er wahrscheinlich sagen: ›Ja, ja, die Welt ist schlecht. Die Reichen werden immer reicher, bla, bla, bla. Was ist daran neu? Was bringt es, sich darüber aufzuregen?‹ Und er hätte einen Lacher. Aber vielleicht schafft *Downsize This!* es, die Leute zum Nachdenken zu bewegen.« Ja, vielleicht. Zwei Jahre später jedenfalls verloren die Republikaner ihre Mehrheit im US-Kongreß.

Der Solist

Michael Moore hat sich als Filmemacher, Agitator, Standup-Comedian, Journalist, Buchautor, Talkshow-Moderator, Vortragsreisender und Videoclip-Regisseur versucht. Doch es wäre verfehlt, ihn deshalb für ein Multitalent zu halten. Er ist ein geborener Komödiant, also jemand, der ungern eine Gelegenheit ausläßt, ganz gleich, ob er der Aufgabe gewachsen ist oder nicht. Er sprudelt durchaus nicht über vor Plänen und Projekten, und eine gewisse Monotonie in seinem Werk können auch Bewunderer nicht bestreiten. Äußerst kreativ allerdings zeigt er sich darin, seine Ideen nicht verkommen zu lassen und, wenn möglich, mehrfach zu verwerten. *Pets Or Meat* war ein – überflüssiger – Epilog zu *Roger & Me*. Das Buch *Adventures In A TV Nation* erzählt reichlich breit die gelungensten Episoden der Fernsehserie nach. Und auch *Downsize This!* enthält einige Kapitel, die direkt aus der Produktion von *TV Nation* stammen, es aber nicht auf den Bildschirm schafften.

In »Mikes Miliz« beispielsweise trifft Moore sich mit Veteranen der amerikanischen Wehrsportbewegung, überredet sie, in seiner Truppe mitzumachen und mit ihm für das Lebensrecht von Spermien sowie die Eliminierung aller anderen Milizen zu kämpfen. Und im Kapitel »Würde Pat Buchanan einen Scheck von Satan annehmen?« prüft Moore, ob die Spitzenpolitiker des Landes sich wohl von *jedem* schmieren lassen. Die Ergebnisse sorgten in den US-Medien für Schlagzeilen: Alle lehnten es ab, Geld von seltsamen Organisationen wie »Pädophile für den Freihandel« oder »Hanfzüchter von Amerika« zu akzeptieren. Alle bis auf Pat Buchanan. Der Rassist und rechte Demagoge freute sich ebenso über die Spende, die der Fanclub des Serienmörders John Wayne Gacy ihm zukommen ließ, wie über das Geld der »Ich-liebe-Jesus-Abtreibungsfreunde«. Nur den Scheck der »Teufelsanbeter für Dole« löste Buchanan nicht ein, vielleicht glaubte er an eine Verwechslung.

Die Meisterleistung in Sachen Selbstvermarktung und Doppelverwertung aber vollbrachte Michael Moore 1998 mit seinem dritten Kinofilm *The Big One*. Der Titel meint sowohl den Helden des Streifens, nämlich den großen dicken Mike, als auch das Land, bei dessen Durchquerung die Kamera ihn begleitet, die mächtig fetten USA. Ein Jahr zuvor hatte Random House für seinen neuen Erfolgsautor eine Lesetournee organisiert.

Moore besuchte 47 Städte, um für *Downsize This!* zu werben, und während der Reise faßte er einen Plan: »Ich hatte etwa 15 Städte hinter mir, und ich hatte einiges gesehen«, berichtet er am 18. April 1998 in der *Today Show* von NBC. »Ich traf eine Menge Leute, die sich von Monat zu Monat mit drei Kreditkarten durchschlagen und gerade mal die Mindestraten begleichen können, die zwei Jobs zum Überleben brauchen, die gezwungen werden, für immer weniger Geld immer länger zu arbeiten [...]. Und da dachte ich, es müßte doch interessant sein, einen Film darüber zu drehen, und vielleicht könnte das eine Komödie sein. Oder eine Tragikomödie.« Es wurde aber nur ein ziemlich eitles Videotagebuch mit wenigen guten Momenten.
The Big One wurde innerhalb von drei Wochen abgekurbelt. Die BBC hatte sich bereit erklärt, die Produktion zu finanzieren, und so photographierte man ausschließlich mit schlecht auflösenden Betamax-Videokameras – was für den Fernsehschirm genügt, aber auf der Leinwand zu unerträglichen Unschärfen und Farbfehlern führt. (Erst lange nach Drehschluß fand sich mit Miramax ein Kinoverleih für den Film.) Die beiden Kameraleute Brian Danitz und Chris Smith waren echte Berufsanfänger, und darum wirkt *The Big One* auf weite Strecken wie ein Homevideo: Es wird aus der zitternden Hand geschossen, überbelichtet, schlampig fokussiert, und eine Bildkomposition findet nicht mal rudimentär statt. Die Tonspur ist kaum besser geraten. Seltsamerweise haben sich die wenigsten Kritiker an den eklatanten technischen Mängeln des Films gestört. Es mag sein, daß CNN hier ästhetische Maßstäbe gesetzt hat und Wackelbilder und chaotische Schwenks mittlerweile als Ausweis für authentische Szenen goutiert werden.
Wir sehen Michael Moore bei seinen Reisen von Auftritt zu Auftritt, wir sehen ihn bei diesen Auftritten, wir sehen ihn beim Plausch mit seinen Verlagsbetreuerinnen, wir sehen ihn als Interviewgast in lokalen Radiosendern, wir sehen ihn als unerschütterliche Nervensäge in den Foyers großer Firmen. Ein bißchen Abwechslung zwischen diesen Szenen eines Heldenlebens verschaffen Ausschnitte aus Nachrichtensendungen, Kamerafahrten durch scheußliche Städte und Aufnahmen starten-

der oder landender Flugzeuge. Wenn Moore auch nicht durchgehend im Bild ist, so ist er – als Stimme aus dem Off – doch immer zu hören. Schwer zu sagen, ob hier Selbstüberschätzung oder bereits Selbstverliebtheit vorliegt. Seltsamerweise jedoch stört diese Überdosis Moore gar nicht so sehr: Der Mann ist ein viel zu begabter und witziger Darsteller, um einen ernsthaft langweilen zu können. Zumal seine Solonummern vorm Lesepublikum ihn fast auf Augenhöhe mit Standup-Genies wie Jerry Seinfeld oder Jay Leno präsentieren.

An *The Big One* stört weit mehr die völlige Abwesenheit irgendeines größeren Konzepts als dem, Michael Moore in Aktion abzufilmen und dabei möglichst gut aussehen zu lassen. Es geht selten gut, wenn der Hauptdarsteller sein eigener Regisseur ist, und es geht vollends in die Hose, wenn im Schneideraum gerettet werden muß, was beim Dreh vergeigt wurde. Doch wie bei *Canadian Bacon* fand Moore, der große Vermarkter, auch in diesem Fall viele pompöse Worte, um seinen mißratenen Film schönzureden: »Vor allem«, gibt er in *Newsweek* vom 20. April 1998 zu Protokoll, »möchte ich, daß die Menschen [...] befreit lachen können. Wenn deine Firma dich fertigmacht, du viel zu lange arbeiten mußt, nicht vernünftig bezahlt wirst und eine lausige Krankenversicherung hast, dann kannst du dich hier anderthalb Stunden lang scheckig lachen über die Typen, die dich quälen.«

Die *Business Week* vom 23. März 1998 zitiert: »›Ich tu nicht so, als hätte ich die perfekte Lösung für diese Probleme‹, sagt [Moore]. [Er] habe *The Big One* gedreht, um die zu ermutigen, die sich von der New Economy überrollt fühlen – ›damit sie anderthalb Stunden lang das erleichternde Gefühl haben können, nicht allein zu stehen‹.« Und in *USA Today* vom 16. April 1998 beschreibt er sich und seinen Film so: »Einer wie ich fliegt unterhalb des Radars. Ich rede über das, was die Menschen durchmachen. Ich lege den Finger auf den Puls, den blanken Nerv. Ich muß das einfach tun. Demokratie ist keine geschlossene Veranstaltung. Jeder muß da mitmachen. Ich will, daß sich zu meinen Lebzeiten noch was ändert. Das ist bestimmt keine Masche von mir.«

In einigen, viel zu wenigen Szenen hat Moore tatsächlich Kontakt zum Bodenpersonal. Eine zeigt ihn nach der Lesung im Gespräch mit einer Frau, die wenige Stunden zuvor ihren Job verloren hat. Sie dankt ihm für seine mutigen Worte, weint, er steht von seinem Autogrammtisch auf und umarmt sie. Eine andere Szene spielt im Amtssitz des Gouverneurs von Wisconsin. Moore veranstaltet mit mehreren Frauen, denen die Sozialhilfe gestrichen wurde, ein Spektakel: Sie fordern, daß man ihnen Jobs gibt, die wenigstens so gut bezahlt werden wie einst der Wohlfahrtssatz lag (was schlecht genug wäre). Die folgende Szene ist für Moore weniger schmeichelhaft, zumal er sie selbst für ungemein witzig hält. Eine Verlagshosteß in Chicago, die ihm mit ihrem Terminplan auf die Nerven geht, schickt er während der Autogrammstunde los, einen Kaffee zu holen, und läßt sie bei der Rückkehr von einem Wachmann als »gefährliches Groupie« abführen. Der schlechte Scherz wird schnell beendet, aber man beginnt zu ahnen, daß es besser sein dürfte, Michael Moore nicht zu nahe zu kommen, auch nicht als kleine Angestellte.

Die sehenswertesten Momente hat *The Big One*, wenn Moore in den Infight mit Konzernschurken geht. Zwar macht er stets aufs neue die alte *Roger & Me*-Erfahrung, daß Manager sich davor drücken, ihre miesen Entscheidungen mit ihm zu diskutieren. Doch die Hilflosigkeit der Pressesprecher und Vorstandsassistenten, die Moore mit Phrasen abspeisen oder gleich zum Ausgang eskortieren, hat in der Tat das Potential, für befreiendes Gelächter im Sinne des Regisseurs zu sorgen. *Ein* Boß allerdings stellt sich Moore, und diese Szene, das große Finale von *The Big One*, entschuldigt ein wenig den Dilettantismus und die Planlosigkeit der vorausgegangenen 80 Filmminuten.

Phil Knight, Gründer und Vorstandsvorsitzender des Sportartikelkonzerns Nike, war einer der acht »Konzernganoven«, die Michael Moore in *Downsize This!* auf Quartettkarten verewigt hatte. »Seine Frau hatte ihm das Buch gezeigt, und er fühlte wohl seine Männlichkeit ein wenig herausgefordert«, vermutete Moore in *Newsweek*. »Möglicherweise saß er mit seinem PR-Berater zusammen und sagte: ›Den knöpfen wir uns mal vor,

wir werden Roger zeigen, wie er mit diesem Burschen hätte umgehen sollen‹.« Knight überschätzte sich vehement.
Moores Fragen nach den Arbeitsbedingungen in den indonesischen Sweatshops, die Nike-Klamotten produzieren, nach 14jährigen Kindern, die für lächerliche Löhne Schuhe nähen, nach der Kollaboration mit einer Militärdiktatur werden vom großen Vorsitzenden mit einem ebenso idiotischen wie zynischen Gelächter beantwortet. Moore zieht zwei Flugtickets nach Djakarta aus der Tasche und lädt Knight ein, mit ihm die indonesischen Fabriken zu besichtigen. Gelächter. Moore fordert ihn auf, in Flint Arbeitsplätze zu schaffen. Gelächter: »Amerikaner haben keine Lust, Schuhe herzustellen.« Moore bietet ihm ein Wettrennen an: »Wenn Sie gewinnen, werde ich den Rest meines Lebens Nike-Schuhe tragen. Wenn *ich* gewinne, bauen Sie eine Fabrik in Flint.« Gelächter, natürlich.
Die Szene hatte ein Nachspiel. Moore berichtet, der Pressechef von Nike habe ihn gebeten, zwei Einstellungen aus dem Film zu schneiden (was Moore selbstverständlich ablehnte). Phil Knights Ignoranz für das Elend seiner indonesischen Lohnsklaven paßte schlecht zum hippen Image seiner Firma. Auf der Nike-Website erschienen kurz nach dem Kinostart von *The Big One* vier Videoclips, die seinen katastrophalen Auftritt etwas aufpolieren sollten – um auf Nummer sicher zu gehen, hatte er während des Gesprächs mit Moore ein eigenes Filmteam ins Büro beordert. Michael Moore konterte, indem er weitere, bislang unveröffentlichte Aufnahmen des Interviews auf seiner eigenen Website zur Besichtigung freigab.
Das Medienecho auf Phil Knights brachialkapitalistisches Benehmen war verheerend. Schon seit langem wurde über Kinderarbeit in Nikes asiatischen Fabriken berichtet, doch die Kaltschnäuzigkeit, mit der Knight abstritt, was alle Welt wußte, empörte sogar jene, denen der Fall bis dahin herzlich egal war. Knight übte öffentlich Reue: »›Nike-Produkte sind Synonyme für Hungerlöhne, erzwungene Überstunden und Zwangsarbeit geworden‹, sagte er in einer Rede vor dem National Press Club in Washington. Er versprach, das Mindestalter der Fabrikarbeiter auf 16 zu erhöhen und die Nike-Werke in Übersee an die

amerikanischen Gesundheits- und Sicherheitsstandards anzupassen. Allerdings sagte er nicht zu, die Löhne zu erhöhen.« (*The Boston Globe*, 17. Mai 1998)

Kein großer Fortschritt; und Michael Moore hat sich tunlich gehütet, die billigen Zugeständnisse des Nike-Chefs als einen Erfolg zu feiern. Die Schlagzeilen, die das Interview mit Phil Knight gemacht hatte, bescherten ja nicht einmal seinem Film Erfolg. Am 12. April 1998 kam *The Big One* in die amerikanischen Kinos, bereits vier Wochen später nahm Miramax den Film wieder aus dem Verleih. Er hatte nur 650.000 Dollar eingespielt. Was angesichts der miserablen Qualität des Streifens kein Wunder und doch schade gewesen ist. Denn Miramax hatte Moore zugesagt, die Hälfte der Reinerlöse den Schulkindern von Flint zukommen zu lassen. (Michael Moore spendete aus eigener Tasche 25 Uni-Stipendien à 1.000 Dollar.)

Aber, wie gesagt: Der Teufel bevorzugt die großen Haufen.

Der letzte linke Held

Moderne Zeiten

Es ist nicht lange her, da wurde enthusiastisch »das Ende der Ideologien« ausgerufen. Der reale Sozialismus hatte sich selbst beseitigt, der reale Kapitalismus den Kalten Krieg für sich entschieden, Leitartikler, Feuilletonisten, Außenminister und andere Schwätzer phantasierten von einer Welt, in der nur mehr Brüder und Schwestern leben. Aber mit dem Fall der Berliner Mauer waren keineswegs »die Ideologien« gestürzt worden, sondern nur eine davon. Die ungeheure Leere, die das Ableben des Ostblocks hinterließ, füllten rasch viele andere Ideologien aus, deren Menschenfeindlichkeit von keinem Stalin oder Mao jemals erreicht oder gar übertroffen worden wäre. Nationalismus, Rassismus, Chauvinismus, Antisemitismus, Religionsfanatismus und Marktliberalismus wüten seit 1990 völlig ungehemmt auf dem Planeten. Sie haben während dieser Zeit Verheerungen angerichtet, deren Auflistung anmutet wie die Schlachtenchronik des Dritten Weltkriegs, eines Kriegs, der aber erst begonnen hat.

Zwar sagten die wenigen, die mit dem Marxismus nicht nur in der Praxis, sondern auch in der Theorie vertraut waren, bereits 1990 voraus, was der Menschheit nun blühen würde. Doch wer wollte das schon hören in jenen Tagen? Wer konnte es überhaupt hören? Das Triumphgeheul des Westens und der Jubel derer im Osten, die endlich zum Menschenrecht aufs Ausgebeutetwerden befreit worden waren, übertönten alle Miesepeterei. Und man mußte schon achtgeben, wo man das äußerte, was niemand hören mochte. Die *eine* Ideologie war perdu und erledigt, auf dem Müllhaufen der Geschichte, kein Blumentopf mehr mit ihr zu gewinnen. »Und die Sonne«, schreibt der große Dichter Hermann Peter Piwitt in seiner Aphorismensammlung *Steinzeit* (Hannover 2003), »dreht sich wieder um die Erde.«

Aus der Einen Welt durfte es, das war der tiefere Sinn des Gefasels vom »Ende der Ideologien«, keinen Ausweg mehr geben, nicht einmal den der Utopie. Um das absolute Diktat des Marktwerts durchzusetzen, wurde jeder Zweifel an der Vernunft und »Selbstheilungskraft« des Marktes sogleich diffamiert als »weltfremde Menschheitsbeglückung« oder »reaktionärer Marxismus«. »Die Macht hat, wer die Macht hat zu definieren«, weiß Piwitt. Als »Revolutionär« gilt nicht mehr der Klassenkämpfer, sondern der, welcher die Klassengegensätze verschärft. Eine »Reform« ist nicht mehr dazu da, allen das Leben zu erleichtern, sondern den meisten zugunsten weniger das Leben noch unerträglicher zu machen. Angriffskriege dienen dem »Frieden«, Verelendung heißt »Umbau der Sozialsysteme«, Demokratie »Marktwirtschaft« und der Markt »Naturgesetz«. Solche »Definitionen«, fährt Piwitt fort, »machen die bestehenden Gewaltverhältnisse in den Köpfen fix und fertig, sie vernichten unseren Realitätssinn und schreiben die Geschäftsgrundlagen unseres Lebens fest, so als seien sie das Leben selbst. Sie richten uns zu, her und hin.«

Die Zugerichteten aber sind seit dem Scheitern des realen Sozialismus täglich zahlreicher geworden und heute so viele wie noch nie. Die Hoffnung, endlich in bessere Umstände zu geraten, eine Hoffnung, die im Winter 1989/90 auch kluge Köpfe besoffen machte, währte nur kurz, nicht mal ein Jahr. Doch weil der *eine* Versuch, aus Utopie Wirklichkeit zu schaffen, so jämmerlich und ruhmlos gescheitert war, fiel es den Propagandisten der utopiefreien Erde um so leichter, jeden Traum von einer Welt, in der nicht die Herren des Marktes regieren, sondern niemand beziehungsweise nur die echten Naturgesetze, sogleich als »Rückfall in fatale Illusionen« zu diffamieren. Die Verlierer der neuen Weltunordnung – und die meisten sind da Verlierer – wurden doppelt bestraft: erst mit der Niederlage, dann mit dem Utopie-Verbot.

Die Träume hatte man den Verlierern ausreden können, die Verzweiflung nicht. Jene, die nicht dumm genug waren, die permanente Drohung mit Entlassung, Verarmung, Verlumpung als Schicksal und eigene Schuld hinzunehmen, die sich weigerten, für die Expropriation nicht die Expropriateure, sondern die Ausländer, die Immigranten, die Juden verantwortlich zu ma-

chen, waren zwar in der Minderheit, doch nicht verschwunden. Sie verlangten nach Menschen, die öffentlich aussprachen, was in der postsozialistischen Welt alles schieflief und -lag. Allerdings ließ der überwältigende Sieg des Kapitalismus es völlig spinnert erscheinen, den Kapitalismus generell als Fehler zu bezeichnen. Also begnügte man sich mit der Kritik an dessen »Auswüchsen«, der Anprangerung von »Aktienspekulanten« und »geldgeilen Bossen«, dem Bannfluch auf »Hedgefonds-Zocker«, »transnationale Börsenjobber« und »korrupte Beamte«. Die politische Linke war der Propaganda von der Einen Welt, die keine gesellschaftlichen Experimente vertrage, aufgesessen und traute sich nur mehr, die dunklen Mächte mit dem Zeigefinger zu warnen, statt gegen die Gesellschaftsform selbst die Faust zu erheben.
Michael Moore war wie geschaffen für den Job, dieser Linken seine Stimme zu leihen. Vom Marxismus keinen Schimmer, enorme Defizite im analytischen Denken, ein Freund der Guerillaaktionen, ein Feind großer Strategien, ist er eines garantiert nie gewesen: zu intellektuell. Moore bringt die Dinge nicht unbedingt auf den Punkt, aber auf eine Pointe, und Linke, die sonst leider nichts mehr zu lachen haben, sind damit durchaus zu gewinnen. Den Zumutungen des globalen Kapitalismus setzt er seine Unverschämtheit, den Rationalisierern sein Temperament, dem allgemeinen Gefühl der Ohnmacht seine Streitlust entgegen. Wie wenig links die Linke in den USA und Europa noch ist, offenbart ihre Galionsfigur Michael Moore: Seine politischen Überzeugungen wurden von dem »Sit-Down Strike« in Flint, der US-Bürgerrechtsbewegung und der katholischen Soziallehre geprägt. Moore klingt sehr oft wie ein nordamerikanischer Norbert Blüm – Oscar Lafontaine oder Gregor Gysi erschienen ihm bei näherer Bekanntschaft vermutlich als zu radikal.
Michael Moore beschimpft gewisse Methoden der Konzerne, nicht die *Idee* der Konzernbildung. Er gerät in Rage über die Ausbeutung von Arbeitskraft, predigt aber den Vorzug bezahlter Arbeit vor jedem Wohlfahrtsprogramm. Er tritt dafür ein, die Armen nicht allein zu lassen, nimmt jedoch wortlos hin, daß es so etwas wie Armut überhaupt gibt. Er wettert gegen Kriegs-

treiber und Waffennarren, Rednecks und Rassisten, Machos und Homophobe und erkennt sie ganz richtig als Symptome einer kranken Gesellschaft, doch für Moore besteht gar kein Zweifel, daß die Krankheit heilbar ist. Niemals stellt Moore das *System* in Frage; er tobt sich nur an dessen üblen Erscheinungen aus. Ihm fallen grandiose Witze über die Verkommenheit der Repräsentationsdemokratie ein: So läßt er in einer der letzten Folgen von *The Awful Truth* den (echten) Zuhälter K-Flex auf das Kapitol los, damit der für eine noch professionellere Zusammenarbeit zwischen den Konzernen und ihren Kongreß-»Dirnen« sorgt. Aber die Verfassung, das Wahlrecht, die Gewaltenteilung, das *Konzept* der bürgerlichen Demokratie sind Moore so heilig, daß er immer wieder an Wahlkampagnen teilgenommen hat und seine Leser und Zuhörer unentwegt auffordert, sich die Volksherrschaft im Sinne der Gründerväter zurückzuerobern: »Es wird Zeit, daß ihr eure Ärsche hochbekommt. Ich will mich auch mal ausruhen« (*Taz*, 31. Oktober 2002). Die Kardinalfrage – die nach dem Eigentum an den Produktionsmitteln – fällt ihm zwar ein, doch seine Antwort heißt bescheiden: Mitbestimmung – nicht Enteignung.

Der »Prophet der Linken«, wie seine reaktionären Gegner in den USA ihn nennen, ist ein Erzliberaler mit ausgeprägtem Mitleid für die Schwachen dieser Welt: »Bourgeoissozialismus« nannten Marx und Engels im *Manifest der Kommunistischen Partei* die Ideologie, der auch Moore anhängt. Es ist jedoch die Ideologie, die heute als die radikalste gilt – von Attac bis zur Linken Liste. In einer Zeit, in der die politische Debatte auf »Wahl-Barometer« und »Kandidaten-Duelle« heruntergekommen ist, in der sich sofort große Koalitionen bilden, wenn ein Krieg angezettelt oder die Sozialhilfe eingedampft werden soll, in der die Formel »Es gibt dazu keine Alternative« das mittelalterliche »Gott will es!« beerbt hat –: In solch einer Zeit allerdings wirkt bereits die Mahnung an demokratische Ideale wie ein staatsfeindlicher Akt. Wenn Michael Moore und sein Team in *The Awful Truth* einen Ficus Benjamini als Bewerber für den US-Kongreß antreten lassen und der Ficus es in seinem Wahlkreis tatsächlich bis auf den Stimmzettel schafft, ist das ein sehr starkes Statement über die Nullität von Berufspolitikern. Doch Moore plädiert nicht für andere Machtverhältnisse, sondern bloß für andere Machthaber. Er will nicht den Kongreß denunzieren, sondern die menschlichen Topfpflanzen, die ihn bevölkern. Seine Fans aber freuen sich, daß es endlich einer mit den Schuften aufnimmt, die aus der Demokratie einen Discountmarkt gemacht haben.

Warum dies überhaupt möglich war und so leicht überdies, möchten weder Moore noch sein Publikum allzu genau wissen; es wäre zu deprimierend. Er schiebt die Verantwortung auf Individuen, wo Institutionen versagt haben, und die dumpfe Resignation vor der angeblichen Unveränderlichkeit der Welteinrichtungen untersagt ihm, hier noch tiefer zu bohren: Sticheln muß in der Einen Welt genügen. »Nicht mehr Arme streiten mit Reichen«, stellt Hermann Peter Piwitt fest, »nicht einmal mehr arme Irre mit reichen Irren, nur Irre mit Irren, so scheint es. Zerschlagen und zersplittert, was einmal Hauptwiderspruch hieß, kassiert um den Preis der neuen, alten atavistischen Gemetzel zwischen Religionen, Nationen, Rassen, Stämmen und Gangs, wie wir sie täglich erleben.«

Hin und wieder hat man Michael Moore mit Robin Hood verglichen, und abzüglich des spätromantischen Ornaments liegt der Vergleich gar nicht mal falsch. So wie Hood nicht den Feudalismus, sondern einen bestimmten Feudalisten, nämlich den Sheriff von Nottingham attackierte, so haut Moore auf Präsident Bush, nicht auf die Präsidentschaft ein. Er wartet auf einen König Löwenherz, der das Land zu verlorenem Glanz zurückführt, und vergißt dabei, wie Robin Hood, die Frage, warum der gnädige König sich eigentlich aus dem Staub gemacht und seine Untertanen den Unholden ausgeliefert hat. Moore ist ein couragierter Moralist, und das hilft nicht wenig, um *Random Threats* zu verkünden und das Publikum zu inspirieren. Freilich hilft es nicht, am Status quo irgendetwas zu verändern, doch es macht ihn sichtbar. Das ist dieser Tage, wo abertausend PR-Maschinen daran arbeiten, ihn zu tarnen, keine Kleinigkeit. Unterm Strich allerdings verschiebt sich in der Bilanz keine Dezimalstelle.

Moore versucht, dem realen Kapitalismus moralisch beizukommen, und das stört die Geschäfte. Es ist nicht gefährlich, aber lästig. Lästig, doch letztlich ohne Folgen. Roger Smith stellte nicht einen einzigen GM-Entlassenen wieder ein, als *Roger & Me* für Furore sorgte, nur die Werbeabteilung war wochenlang in Aufruhr. Sobald der sich legte, wurden weitere Entlassungen geplant und ausgeführt – Zehntausende allein in Flint. Und General Motors? Blieb der mächtigste Autokonzern der Welt. Phil Knight hat zwar nicht einen einzigen Nike-Sweatshop in Asien geschlossen, aber er mußte sich immerhin dafür entschuldigen, keinen einzigen schließen zu wollen. Nike ist seither nur noch fetter geworden, und Knight zog sich 2004 mit einem Aktienvermögen von mehr als sieben Milliarden Dollar aus dem Geschäftsleben zurück. NRA-Präsident Charlton Heston starb wenige Monate, nachdem er in *Bowling For Columbine* als starrsinniger Cowboy-Romantiker vorgeführt worden war, doch die amerikanischen Waffengesetze sind heute lascher als vor Mr. Moores bestem Film. In *Stupid White Men*, *Fahrenheit 9/11* und *Dude, Where's My Country*, in einer skandalösen Oscar-Rede, Hunderten Auftritten, Lesungen, Interviews versuchte Moore, seine Landsleute davon abzubringen, Präsident Bush im Amt zu bestätigen, und am Ende erhielt einer der dümmsten und unsympathischsten Männer, die je das Weiße Haus bewohnten, drei Millionen Stimmen mehr als sein etwas klügerer, etwas leidlicherer Herausforderer. Es ist bei solchen Resultaten vielleicht nicht völlig verfehlt zu vermuten, daß die moralische Anklage, die Michael Moore so publikumswirksam führt, am Ende nur das Gegenteil bewirkt. Sie trifft die Angelegenheiten, doch nicht die Sache. Moral hat im Kampf gegen den Kapitalismus nichts verloren – man diskutiert ja auch nicht mit dem Geldautomaten, wenn der einem anzeigt, der Dispo sei überzogen. Aber es sieht danach aus, als sei der Linken von der fundierten Ablehnung des Kapitalismus nichts geblieben als ein dubioses Gefühl moralischer Überlegenheit.

Der amerikanische Historiker Kevin Mattson hat sich in einem sehr lesenswerten Essay mit den Ursachen für Michael Moores

Beliebtheit beim linken Publikum befaßt. Er wirft ihm Zynismus vor, Polemik, Populismus, stellt jedoch abschließend fest, daß Moore durchaus nicht für die armselige Verfassung der Linken verantwortlich zu machen sei. »Moore«, schreibt Mattson, »ist nicht bloß ein gerissener Kerl mit genug Talent und Knete, um ein großes Publikum zu erreichen. Seine politische Kritik offenbart Probleme, mit denen die Linke ganz allgemein konfrontiert wird: Sie ist an den Rand gedrängt, sie tendiert dazu, die Reinheit des unmittelbaren Kampfes zu suchen statt dauerhafte politische Lösungen, sie hegt einen gewissen Zynismus über die Möglichkeiten, welche Politik heutzutage hat, und sie fällt fragwürdige politische Urteile. Moore repräsentiert all diese Schwächen. Leider kann eine effektive Linke weder Energie noch Inspiration aus diesem tiefzynischen Verständnis von Politik ziehen, das Unterhaltung und Argumente miteinander vermischt. Moore macht es sich einfach, wenn es um Politik geht. Er amüsiert, aber nicht mehr. Dies entspricht dem aktuellen Zustand der Linken. Wir sind zornig und werden manchmal laut, aber wir haben denen, die einen gesellschaftlichen Wandel wünschen oder brauchen, einfach zu wenig anzubieten. Inzwischen rattert die Unterhaltungsindustrie immer weiter, verunglimpft die ernsthafte politische Auseinandersetzung und geht jedem tieferen Gedanken aus dem Weg. Das ist die deprimierende Welt, über die Michael Moore hereingebrochen ist« (*Dissent Magazine*, Frühjahr 2003).

Goldrausch

Der Schöpfer von *Roger & Me* wurde über Nacht berühmt, weil er den perfekten Zeitpunkt erwischt hatte, um mit seiner Light-Version von Kapitalismuskritik an die Öffentlichkeit zu treten. Im Sommer 1989 begann der Zerfall des Ostblocks, und Michail Gorbatschow setzte alles daran, ihn nicht etwa aufzuhalten, sondern zu beschleunigen. Wenn aber schon der Repräsentant des nichtkapitalistischen Teils der Erde die Verstaatlichung der Wirtschaft als Fehler bezeichnete, wie konnte einer auf Gehör hoffen, der darauf beharrte, die Ursache allen Übels sei das Privateigentum an den Produktionsmitteln? *Roger &*

Me bildet ebenso drastisch wie sarkastisch ab, was die Profitstrategie von General Motors mit den Menschen anrichtete, die GM einst groß gemacht hatten. Moore hütet sich jedoch, mehr einzufordern als den Stopp der Fabrikverlagerungen nach Mexiko. Während der Kapitalismus sich darauf vorbereitete, die ganze Welt zu erobern und in ein globales Flint zu verwandeln, führte Michael Moore vor, was das bedeutete – und suggerierte zugleich, es sei nicht die Logik des Systems dafür verantwortlich, sondern die Habgier solcher Figuren wie Roger B. Smith. Man müsse an das Verantwortungsbewußtsein der Kapitalisten appellieren, sie bei Moral und Gewissen packen, ihnen notfalls per Gesetz Grenzen setzen, dann werde alles wieder gut. So erschreckend die Szenen mit der »Bunny Woman« oder Deputy Ross, so tröstlich wirkte die Verhöhnung jener, die Rhonda Britton gezwungen hatten, in Heimarbeit Kaninchen zu schlachten, oder den Polizisten, Menschen obdachlos zu machen.

Im November 1989 wurde der Regiedebütant zum Festival für Dokumentar- und Animationsfilm in die »Heldenstadt« Leipzig eingeladen. Das bot ihm Gelegenheit, sich das Ende der DDR vor Ort anzusehen. Zehn Jahre später erinnerte Moore sich an seine Erlebnisse: »Man mußte nicht viel Zeit in dieser schönen Stadt verbringen, um zu erkennen, welch ein erbärmlicher Fehler die ›Deutsche Demokratische Republik‹ gewesen ist. Der Ort stank vor lauter Luftverschmutzung, die Autos waren Konservendosen auf Rädern, und alle Leute sahen aus, als seien sie auf einem Dauer-Horrortrip« (*Mike's Letter*, 8. November 1989). Vor der Aufführung von *Roger & Me* hielt Moore eine Ansprache an »Tausende« Zuschauer (eine Phantasiezahl, die weniger gelogen als seinem immer schon gespannten Verhältnis zu Daten geschuldet sein dürfte): »›Ich möchte Ihnen diesen Film als eine Art Warnung zeigen. Wenn Sie über die historischen Veränderungen nachdenken, denen Sie beiwohnen, und wenn man Ihnen was über die Wunder des Kapitalismus vorschwafelt, dann nehmen Sie *Roger & Me* als einen Blick in Ihre Zukunft – sofern Sie sich entscheiden, die Wirtschaftsdiktatur zu kopieren, die wir in den Vereinigten Staaten ausüben.‹ Man hätte eine Stecknadel fallen hören können, als der Übersetzer diese Worte auf deutsch sagte. Das war nicht gerade das, was die meisten hören wollten.« Und am Wortlaut wird wohl gedrechselt worden sein in der Erinnerung.

»Als der Film zu Ende war, entbrannte eine hitzige Debatte im Publikum. Das waren Menschen, die *nie* zuvor *irgendwas* öffentlich diskutiert hatten, und es hatte was von den ersten Worten, die Alexander Bell durchs Telephon sagte. Ein phantastischer Augenblick, und wir empfanden es als Privileg, dabei sein zu dürfen.«

Dann, berichtet Moore, habe er unter »viel Applaus« die Leipziger aufgerufen, den Untergang ihres Staates zu nutzen, um etwas ganz Neues auszuprobieren. Dieser Appell ist höchst interessant, weil Michael Moore sich sonst weiträumig davor drückt, seine Utopie zu formulieren – er weiß selbst, daß er ein besserer Satiriker denn Theoretiker ist. »Vielleicht können wir uns darauf einigen, daß beide Systeme beschissen sind. Und vielleicht habt ihr jetzt, wo ihr von vorn anfangt, die Chance, ein Wirtschaftssystem aufzubauen, das *allen* Menschen garantiert, ein Stück vom Kuchen zu bekommen, wo niemand leer ausgeht, wo aber die Kreativität und der Einfallsreichtum des einzelnen anerkannt und gefördert werden. Vielleicht sollte man die guten Intentionen beider Systeme nehmen und etwas ganz Neues errichten – eine Volkswirtschaft, die wirklich demokratisch ist.« Selbst das Grundgesetz der Bundesrepublik Deutschland klingt an den entsprechenden Stellen radikaler.

Moore erzählt in seinem Rundbrief mit nostalgischer Begeisterung auch davon, wie er am Abend des 8. November »oben auf der Berliner Mauer« saß, »mit einem Hammer und einem Meißel«. Leider gibt es dafür kein Zeugnis außer seiner Aussage. Man darf aber schon glauben, daß er nie die geringste Sympathie für den realen Sozialismus gehegt und mit Freuden zugesehen hat, als der Ostblock auseinanderbrach. Er ahnte wohl, daß für den Kapitalismus nun eine große Zeit anbrach, aber er begreift bis heute nicht, daß die Grenze, an deren Abriß er sich so vergnügt beteiligt hat, das einzige war, was die Marktwirtschaft daran hinderte, ihre Verwertungsgeilheit, Amoral und

Unmenschlichkeit voll zu entfalten. Es ist schlimmer als naiv, nämlich töricht, wenn Moore zum Schluß seines Textes jammert: »Zehn Jahre ist das jetzt her. Versuche, den Kapitalismus zu kopieren, führten überall in Osteuropa in die Pleite. Den Menschen geht es in den meisten Ländern wirtschaftlich schlechter denn je, und die Atomwaffen sind bis heute nicht abgeschafft. Wir hatten die Chance, die Welt zu retten, und wir haben versagt. Mittlerweile haben die Deutschen George Bush [den Vater; K. S.] zum Ehrenbürger ernannt. Sie luden Gorbatschow (den wahren Helden) ein, dabei zuzusehen, aber die Ehre verweigerten sie ihm. In welch einer Narrenwelt wir doch leben.« Wer aber immer noch glaubt, Gorbatschow sei ein Held und nicht bloß ein Vollstreckungsbeamter gewesen, als er vor den George Bushs und Roger B. Smiths dieser Erde kapitulierte, dem wird man nie erklären können, warum etwas anderes als das, was wir jetzt haben, nie zu kriegen war. (Überdies hat Moore in seinem Furor die Fakten mal wieder sehr großzügig behandelt: Nicht alle »Deutschen« machten Bush 1999 zum Ehrenbürger, sondern bloß die Berliner. Und Gorbatschow konnte in jenem Jahr gar nicht geehrt werden – das war ihm nämlich schon 1992 passiert.)

Immerhin kann man Moore nicht nachsagen, er habe über Ruhm und Reichtum vergessen, auf welcher Seite der Feind steht. Viele Linke, die wie er 1989 auf einen Kapitalismus mit menschlichem Antlitz hofften, sind mittlerweile so heruntergekommen, daß sie lieber Kampagnen gegen das Ladenschlußgesetz führen als sich noch um Ausbeutung und Pauperismus zu scheren. Die stupende Schlichtheit, ja Dummheit von Moores Ideologie wird aufgewogen von einer unermüdlichen Aggressivität gegen die Sachwalter des falschen Lebens. So unscharf Moore denkt, so scharf vermag er zu attackieren. Die Lösungen, die er anbietet, sind meist infantil; aber vielleicht erwartet sein Publikum gar keine Lösungen von ihm. Sondern nur das höchst authentische Temperament, mit dem er seine Widersacher verachtet und beschimpft.

»Komik und Populismus«, schreibt Larissa MacFarquhar, »haben sich in Moore verbunden, um eine politische Kraft von besonderer Effektivität hervorzubringen, die durch Spott zu Boden schlägt, was der Zorn aufrecht stehengelassen hat. Sie wirken aufs schönste zusammen, weil sie den gleichen Regeln gehorchen. Der Populist schätzt Menschen, die mit den Händen arbeiten [...], weit mehr als Kopfarbeiter. Populisten sind keine Revolutionäre – selbst die linken unter ihnen sind konservativ im eigentlichen Wortsinn. Revolution ist eine Abstraktion, eine intellektuelle Chimäre; Populisten wollen zurück zu den Wurzeln, den einfachen Werten, den handfesten Dingen – zurück zu den Verhältnissen, wie sie waren, bevor Intellektuelle und Kapitalisten sie korrumpierten. Die Komik steht gleichfalls auf der Seite des Körpers gegen den Kopf. Sie höhnt über Anmaßung, Affektiertheit und Scheinheiligkeit, aber sie spottet auch über Originalität, Utopismus und Ernsthaftigkeit. Sie nimmt eine Perspektive ein, in der wir alle nur als Körper erscheinen, essend, defäkierend, kopulierend, und alles andere ist prätentiöser Müll« (*The New Yorker*, 16. Februar 2004). MacFarquhar trifft die Größe und die Schwäche von Michael Moores politischen Aktivitäten sehr präzis – sie vergißt nur zu erwähnen, daß Moores Mißtrauen gegen Intellektuelle sehr viel mit den Minderwertigkeitsgefühlen eines Autodidakten zu tun hat. Er ist die Dampfwalze, die eine gedemütigte Linke sich lange gewünscht hat. Doch im Plattmachen erschöpft sich bereits, was Moore unter Widerstand und Kritik versteht. »Ich würde«, bekennt er in der *Zeit* vom 21. November 2002, »die Leute gern so weit mobilisieren, daß sie sich nicht mehr verarschen lassen.« Noch weniger geht wirklich nicht. Aber in der Praxis leider auch nicht mehr: Dafür hat das siegreiche System gesorgt.

Rampenlicht

Der Flop von *The Big One* hatte zumindest finanziell keinem geschadet. Die Produktionskosten waren lächerlich gering gewesen, und die BBC, die den Film in Auftrag gegeben hatte, mußte sich keine Gedanken darüber machen, ob sie wenigstens über Werbespots ihr Geld wieder hereinbekommen würde. Auch Moore blieb – von seinem Selbstbewußtsein abgesehen –

unangekratzt. Er war dank *Downsize This!* zum Megaphon des linken Amerika aufgestiegen, und niemand hatte das Zeug, ihm diese Rolle streitig zu machen. Er wagte es, inmitten des längsten wirtschaftlichen Aufschwungs, den die USA seit den 50er Jahren erlebten, angesichts einer drastischen Senkung der Arbeitslosenzahlen und eines sanierten Staatshaushalts darauf hinzuweisen, daß die Armut im Lande, die Konzernhörigkeit der Politik und die Bigotterie der Eliten größer waren denn je. Ob Demokraten oder Republikaner – »zwei Seiten derselben Medaille. Sie tun das gleiche, sie haben den gleichen Gang, gelegentlich reden sie sogar das gleiche. Es bläst einem das Hirn raus: Unsere beiden Parteien sind identisch. Sie sind die Republikraten!« (*Downsize This!*) Bill Clinton reagierte auf Michael Moores Attacken mit dem Charme und der Souveränität, die ihn als guten Präsidenten und gewieften Politiker auszeichneten, und lud den wüsten Mann am 17. Dezember 1998 zu einer Dinnerparty ins Weiße Haus ein. Natürlich sagte Moore nicht ab.

In *Mike's Letter* vom nächsten Tag ist (ein wenig zu) ausführlich festgehalten, was der Gastgeber und seine Frau mit ihm zu plaudern hatten: Hillary bedankte sich für das Kapitel in *Downsize This!*, in dem Moore ihr seine »verbotene Liebe« gestand, Bill behauptete: »Ich war schon immer ein großer Fan von Ihnen, Mike« (obwohl er in dem Buch als Mann »ohne Arsch in der Hose« beleidigt wird), und dann stritten die First Lady und ihr Gemahl, wer von ihnen denn jetzt der größere Moore-Fan sei. Der allergrößte Fan, Moore selbst, stand zweifellos mit glutroten Ohren daneben. Und bedankt sich artig in seinem Rundbrief für soviel Freundlichkeit, indem er den Clintons Ratschläge erteilt, wie sie mit der Monica-Lewinsky-Affäre öffentlich umgehen sollten. »Zeigen Sie der Nation«, was er, Moore, »aus nächster Nähe fast fünf Stunden lang beobachten« konnte, »wie sehr Sie beide einander mögen und zugetan sind«: »Ein dicker, langer, tiefer Kuß würde uns allen so was von wahnsinnig gut tun.« Es folgt ein kleiner Rüffel für die Bombenangriffe, die Bill Clinton gegen den Irak fliegen ließ, aber Moore möchte sich nicht als undankbarer Gast erweisen und schwärmt lieber davon, wie die Clintons von den Popmusikern Sheryl Crow, Eric Clapton, Jon Bon Jovi und vielen anderen auf die Festbühne geholt wurden, um gemeinsam »Santa Claus Is Coming To Town« zu singen. »Es war ein seltsamer Abend«, lautet der letzte Satz des offenen Briefs, der erste halbwegs distanzierte.

Clinton jedenfalls hatte für den Rest seiner Amtszeit weitgehend Ruhe vor Michael Moore. Und mehr noch: *The Awful Truth* widmete sich gleich in der ersten Episode dem grotesken Amtsenthebungsverfahren gegen Clinton. In »Hexenjagd für wenig Geld«, einer der besten Satiren der gesamten Serie, verkleidet Moore seinen Chefautor Jay Martel und mehrere Schauspielerinnen als Puritaner aus dem 17. Jahrhundert und läßt sie mit mobilem Scheiterhaufen und Pranger durch Washington ziehen, um »Sünder« abzustrafen. Nur während des Nato-Überfalls auf Jugoslawien im Frühjahr 1999, den Moore ebenso vehement wie korrekt als Verbrechen und »Schlächterei« verurteilte, nimmt er sich den Präsidenten noch einmal vor, doch mit einer – für Moores Verhältnisse – ganz ungewohnten Zurückhaltung: »Welch ein trauriger, mitleiderregender Mann ist dieser Bill Clinton. Obwohl viele ihn dafür kritisierten, sich vor dem Kriegsdienst gedrückt zu haben, bewunderte ich, daß er sich geweigert hatte, Vietnamesen zu töten. Nicht alle von uns aus der Arbeiterklasse konnten sich diesen Luxus erlauben, und Zehntausende unserer Brüder starben für absolut gar nichts. Daß dieser ›Anti-Kriegs‹-Präsident solch einen irregeleiteten, rücksichtslosen – und, jawohl, feigen – Angriff aus der Luft angeordnet hat, ist eine Enttäuschung von ungeheuren Ausmaßen« (*Mike's Letter*, 15. April 1999).

Moore sagt es selbst: Aus ihm spricht enttäuschte Liebe. All seine Polemik gegen die Demokraten, diese »Wiesel«, ist davon geprägt. Aber bei Clinton kam mehr hinzu, nämlich jene wundersame Nacht kurz vor Weihnachten, nur wenige Monate zuvor, als der mächtigste Mann der Welt sich als Moore-Verehrer geoutet und gar so getan hatte, als würde ihn interessieren, was dieser »aufdringliche Idiot« (Moore über Moore) an Ratschlägen zu bieten hatte, Ken Starr und die republikanischen

Heuchler betreffend. Clinton mochte doch *Roger & Me*, *TV Nation* und *Downsize This!*, er hatte Moore das Gefühl gegeben, ernsthaft mit dem Gesehenen und Gelesenen zu sympathisieren, und nun spielte er Krieg! »Im vergangenen Herbst«, schreibt Moore, »nahmen viele von uns an einem wunderbaren Protestakt teil und warfen einen Haufen Ultrarechter aus dem Kongreß. Wir glaubten, daß sie versuchen würden, aufgrund des Intimlebens eines Mannes und seiner Lügen darüber gegen ein Wahlergebnis zu putschen. Wir haben gewonnen, und die Republikaner sind jetzt Hundefutter. Gute Sache. Nun ist es für uns alle an der Zeit, Clinton und die widerlichen, scheinheiligen Demokraten aufzuhalten, die ihn in diesem Krieg unterstützen. [...] Abend für Abend bombardiert Clinton nicht nur Jugoslawien, er bombardiert Sie.«

Tief in diesem mehr verletzten als verletzenden Rundbrief verbirgt sich ein sehr schlechtes Gewissen. Moore hatte sich einige Monate lang wie ein geheimer Berater von Bill Clinton gefühlt, sich öffentlich gegen die Hexenjäger um Ken Starr engagiert und den größten Fehler begangen, der einem Satiriker und Polemiker überhaupt passieren kann: Er hatte sich von der Macht einwickeln lassen. Das sollte ihm nicht wieder passieren. Er würde die Demokraten fortan genauso behandeln wie ihre republikanischen Doppelgänger: »Diese Politiker [...] sind alle vom gleichen Stamm, Genossen in einem Ein-Parteien-System, das die Menschen an der Nase herumführt, indem es der einen Partei zwei Namen gegeben hat.« Als im Jahr 2000 Clintons Amtszeit endete und ein neuer Präsident zur Wahl stand, nahm Michael Moore als Starredner an der Kampagne von Ralph Nader teil. Auch das war ein Fehler, einer, den Moore noch viel heftiger bereuen sollte als seine Liebesaffäre mit William Jefferson Clinton.

Nader trat 2000 bereits zum zweiten Mal als Präsidentschaftskandidat der amerikanischen Grünen an. Trotz seines legendären Rufs und seines nicht unbeträchtlichen Charismas hatte er nicht die geringste Chance, das Amt zu gewinnen – dagegen standen das eigenartige Wahlsystem der USA und die schier unermeßlichen Werbemittel der beiden großen Parteien. Doch

jede Stimme für Nader würde seinen Gegnern in der Schlußabrechnung fehlen. Er konnte die Verhältnisse zum Tanzen bringen. Naders Kandidatur machte zumal den Demokraten Feuer unterm Hintern. Moore ließ sich also nicht lange bitten, als Ralph Nader ihn einlud, an einer Wahlkampftournee durch Wisconsin, Michigan und Minnesota teilzunehmen.
Aus Freundschaft tat er es nicht. Gewiß, Moore hatte Nader einst vergöttert: »Ich sah ihn zum ersten Mal bei einem öffentlichen Auftritt, als ich in der zehnten Klasse war. Es war eine der inspirierendsten Reden, die ich bis dahin gehört hatte. Ich zähle diesen Tag zu den Momenten in meiner Pubertät, an denen ich damit begann, über andere Dinge nachzudenken als die Detroit Tigers« (*Mike's Letter*, 27. September 2000). Auch die Berufung in Naders Hauptquartier, nachdem er den Job bei *Mother Jones* verloren hatte, rechnete Moore ihm stets hoch an. Die Probleme begannen, als er sich immer seltener in Washington und immer öfter in Flint aufhielt, um an *Roger & Me* zu arbeiten. Schließlich setzte Nader ihn vor die Tür, doch nicht allein wegen Moores unkonventioneller Bürozeiten und ziemlich magerer Arbeitsergebnisse. Das behauptet jedenfalls Moore. Nader sei auf das 50.000-Dollar-Angebot, das man Michael für ein Buch über General Motors unterbreitet hatte, so eifersüchtig gewesen, daß er nicht mehr mit ihm zusammenarbeiten wollte. (Laut Larissa MacFarquhar streitet Naders Pressesprecher diese Geschichte ab.)
»Ich war völlig am Boden zerstört«, berichtet Moore in *Stupid White Men*. »Aber [...] ich gab nicht auf. Als der Film herauskam, rief ich Ralph an und bot ihm an, die Einnahmen aus meiner Premiere in Washington seinen Projekten zur Verfügung zu stellen. [...] Er lehnte das Angebot ab. Statt dessen machten er und ein Kollege meinen Film in der *New York Times* nieder. Ich war abermals am Boden zerstört. Zwei solche Ohrfeigen, und endlich kapierte ich die Botschaft. Acht Jahre lang sprach ich nicht mehr mit ihm.« Erst bei der Kinopremiere von *The Big One* 1998 hatte Moore seinen verletzten Stolz überwunden und das Idol seiner Jugend als Ehrengast eingeladen. Nader erschien, amüsierte sich und man redete wieder miteinander.

Dennoch dürften die beiden Männer sich herzlich fremd gewesen sein: der eine ein Ausbund an Seriosität, der andere ein geborener Schauspieler. Nader hatte wohl das Zeug zum Volkshelden, vermied es aber stets, wie einer aufzutreten. Moore mimte inzwischen mit großer Begeisterung den Rächer des kleinen Mannes und genoß seinen Erfolg in dieser Rolle unendlich. Es war also nicht weiter verwunderlich, daß der große Asket den großen Populisten in der heißen Phase des Wahlkampfs um Unterstützung bat. Fünf Auftritte absolvierte Moore mit Nader, einen davon in Flint, jedesmal vor Tausenden Zuschauern, und die Rampensau war in ihrem Element: »Es fühlt sich an, als würde man ein Rockkonzert geben, und man muß nicht mal ein Instrument spielen können« (*Mike's Letter*, 27. September 2000).

Am 7. November, dem Tag der Wahl, erklärte Moore in seinem Gemeindebrief, warum er für Nader warb und votierte: »Irgendwann sagt man: ›Genug ist genug.‹ Heute ist für mich dieser Tag gekommen. Ich werde für Ralph Nader stimmen. Ich tue das aus dem einzigen Grund, aus dem man überhaupt jemandem seine Stimme geben sollte. Ich wähle Ralph, weil mein Gewissen das für richtig hält.« Er lobt Naders Wahlprogramm und seine Unabhängigkeit von fetten Firmenspenden, aber der Punkt, um den es Moore wirklich geht, kommt erst danach. Ja, er wisse auch, daß Nader nicht gewinnen könne. Das werde allerdings »niemand von uns, wenn Gore oder Bush am Ende dieses Abends den Sieg davontragen. Aber Sie können dem ›Sieger‹ eine starke Botschaft senden: In diesem Land rührt sich eine neue Bewegung, und der neue Präsident täte gut daran, sie zu beachten. Der *einzige* Weg, diese Botschaft zu senden, besteht darin, heute in die Wahlkabine zu gehen und für Ralph zu stimmen. Wenn er heute abend ein gutes Ergebnis erzielt, wird das eine Schockwelle durchs System jagen. Bitte helfen Sie mir dabei.«

Moores Aufruf wurde erhört: In der folgenden Nacht erschütterte tatsächlich ein Schock das Land. Bush und Gore lagen lange Stunden gleichauf, ehe die Hochrechnung aus Florida den Ausschlag gab: Der Kandidat der Demokraten würde nächster Präsident der Vereinigten Staaten werden. Die Nation ging schlafen, und in Florida wurde erneut gezählt. Und diesmal hatte George W. Bush die Nase vorn. Die skandalösen Umstände, unter denen dieses Ergebnis zustande kam, sollten später sogar den Obersten Gerichtshof der USA beschäftigen. Doch es war nun geschehen, was Michael Moore wenige Wochen zuvor noch für völlig ausgeschlossen gehalten hatte: »[Es] ist unmöglich, daß W. gewinnt – er ist *zu* dumm und das amerikanische Volk *zu* gescheit, um so was zuzulassen« (*Mike's Letter*, 27. September 2000).

Teile des amerikanischen Volks waren sogar *noch* gescheiter: Sie hatten auf Moore gehört und für Nader gestimmt. Landesweit kreuzten drei Millionen Wähler seinen Namen an, ein sehr beachtliches Ergebnis für den Kandidaten einer winzigen Partei ohne nennenswerten Wahlkampfetat. Fast 98.000 Nader-Wähler wohnten in Florida; und es liegt ziemlich nah zu vermuten, daß ihre Stimmen dem Demokraten Gore in der Schlußabrechnung fehlten. Er hätte sie nicht einmal alle gebraucht. Lächerliche 537 Stimmen trennten ihn vom Ergebnis seines Rivalen. Funktionäre der Demokratischen Partei und viele Journalisten wiesen denn auch schnell den Grünen die »Schuld« an Gores Niederlage zu. Nader und seine Partei verwahrten sich heftig dagegen. Am heftigsten aber Moore: Die Vorhaltung, für »W.« im Weißen Haus mitverantwortlich zu sein, rührte an mehr als nur seine Ehre. Das Schlußkapitel von *Stupid White Men*, »Tallahassee Hi-Ho«, ist ein ebenso unsortiertes wie wütendes Plädoyer gegen die Behauptung, die Stimmen für Nader hätten Gore den Sieg gekostet. Zwar maskiert Moore seine Philippika als die »Beichte« des Mannes, »der George W. Bush zum ›Präsidenten‹ machte«. Aber die Satire wirkt viel zu aufgesetzt, um Moores Empörung kaschieren zu können – und seine Wut so theatralisch, daß der eigene Zweifel nur noch deutlicher wird. Bloß 538 Stimmen weniger für Nader ...! Hätte Moore am Wahltag nicht so überzeugt trompetet, es sei ganz unmöglich, daß Bush gewinnen könnte: Hätten dann in Florida 538 Nader-Sympathisanten vorsichtshalber doch für Al Gore gestimmt?

Michael Moore hatte am 8. November den Feind seines Lebens nicht nur gefunden, er hatte geholfen, ihn zu erschaffen. Um so besessener versuchte er, den Dämon zurück in die Flasche zu stopfen. Und bald sah die ganze Welt ihm dabei zu.

Michael Moores heiliger Krieg

Erbfeindschaft

Michael Moore ist pathetisch, unhöflich, cholerisch, nachtragend, aber eines ist er sicherlich nicht: Ein Mann, der einem Lacher aus dem Weg geht. Doch von der bizarrsten Pointe seines Lebens hat er nur sparsam Gebrauch gemacht. Nicht aus Gründen des Geschmacks. Der hat ihn nie interessiert. Und sicherlich auch nicht aus Rücksichtnahme auf die beteiligten Personen. Denn in diesem Fall handelt es sich um die Bush-Dynastie. Aber ein guter Komiker weiß, wann er sich zurückhalten muß. Zum Beispiel, wenn er das Publikum nicht überfordern oder auf eine falsche Spur setzen möchte. Darum hat Moore über seine eigenartige, viele Jahre alte Beziehung zur Familie des Erzfeinds selten geredet. Verschwiegen hat er sie freilich auch nicht. Dafür ist der Witz zu gut: Kevin Rafferty, der Regisseur, der Moore im Februar 1987 einen Crash-Kurs für Filmemacher erteilt hatte, ist ein Cousin von George W. Bush.

Und kein weitläufiger – Raffertys und »W.s« Mütter sind Schwestern. Im zweiten Kapitel von *Stupid White Men* (»Ein offener Brief an ›Präsident‹ George W. Bush«) schreibt Moore dankbar: »Ich weiß nicht, ob *Roger & Me* ohne die großzügige Hilfe Deines Vetters je gedreht worden wäre.« Die Bekanntschaft mit Rafferty führte zwar nie zu einer Einladung an Michael in die Residenz des Clans nach Kennebunkport, Maine. Doch immerhin interessierte sich der alte Bush, damals in seinem ersten Amtsjahr als »mächtigster Mann der Welt«, so sehr für das Teamwork des Neffen mit dem Querulanten aus Flint, daß er sich den Film in Camp David privat vorführen ließ. Moore behauptet, auch der Rest der Familie sei dabeigewesen. »Eines wollte ich immer schon wissen: Gegen Ende des Films, als der Deputy den Weihnachtsbaum und die Geschenke der obdachlosen Kinder auf die Straße wirft, weil sie 150 Dollar mit der Miete im Rückstand sind, gab es da Tränen im Raum? Fühl-

te sich irgendwer verantwortlich? Oder dachtet Ihr alle nur: ›Tolle Kameraführung, Kevin!‹?«
Jedenfalls vergaßen die Bushs nicht so schnell, mit wem Kevin mal kollaboriert hatte, und spätestens, als »W.« für die Präsidentschaft kandidierte, muß ihnen die alte Geschichte ziemlich peinlich geworden sein. Ebenfalls in *Stupid White Men* berichtet Moore, wie er Ende September 2000 nach einer Kundgebung mit Ralph Nader in Tallahassee, Florida, dem Gouverneur des Bundesstaats begegnete, Georges jüngerem Bruder John Ellis »Jeb« Bush: »›Mr. Moore‹, sagte Bush und schüttelte den Kopf, als hätte man ihm drei Tage lang denselben Schlangenfraß vorgesetzt. Ich streckte die Hand aus, und Bush schüttelte sie. [...] ›Kevin bei Ihnen?‹, fragte er plötzlich. Wie, Kevin? War das ein geheimes Codewort, um dem Leibwächter zu signalisieren, es sei nun Zeit, mir den Hals umzudrehen? Dann kapierte ich [...]. Ich hatte seit zwölf Jahren nicht mehr mit Kevin gearbeitet – warum fragte er mich das? [...] ›Äh, nein, er ist nicht hier‹, murmelte ich. – ›Tja, richten Sie ihm Grüße aus‹, sagte er.«
Jeb Bush hatte wenig Grund, Michael Moore zu mögen. Ein paar Monate zuvor war die zweite Staffel von *The Awful Truth* gestartet. In der galligsten Satire (Titel: »Geschwisterrivalität«) von Folge zwei widmete sich Jay Martel dem sportlichen Ehrgeiz der beiden Gouverneure George und Jeb Bush bei der Vollstreckung von Todesurteilen. Gegen den Fleiß des älteren Bruders, der Menschen fast im Wochentakt hinrichten ließ, kam Jeb Bush nicht entfernt an. Martel belohnte »W.s« Ehrgeiz mit dem Engagement einer Cheerleader-Truppe: Während einer Exekution wedelten sie vor dem Todesknast von Huntsville, Texas, mit den Pompons und skandierten Lobzeilen wie: »George, George, he's a *man*, he can kill like no one can!«.
In den neuen Folgen von *The Awful Truth* war auch das einzige Treffen zu besichtigen, das Moore und George W. Bush je miteinander hatten. Es fand Anfang 2000 statt, als Bush noch einer von mehreren Bewerbern um die Präsidentschaftskandidatur der Republikaner war. Weil sowohl die republikanischen wie die demokratischen Aspiranten in allen wichtigen Fragen – Beibehaltung der Todesstrafe zum Beispiel, Kürzung der Sozial-

und Erhöhung der Militärausgaben – tausendprozentig übereinstimmten, unterzog *The Awful Truth* sie einem ganz speziellen Eignungstest: dem Sprung in die mobile »Mosh Pit«. Mit einem Tieflaster und ein paar Dutzend jungen Männern reiste Moore übers Land und forderte die Kandidaten nach Wahlkampfveranstaltungen auf, zu einem Stück der Hardrock-Band Rage Against The Machine von der Lkw-Bühne in die »Mosh pit«, das heißt in die hochgereckten Arme der ekstatisch tanzenden Jugendlichen zu hüpfen. Ein Politiker, der bescheuert genug wäre, so was zu tun, müßte doch der perfekte Präsident sein!
Selbstverständlich lehnten alle Kandidaten ab – bis auf den Republikaner Alan Keyes, der sein Image als ultrakonservativer Schwulenhasser und Abtreibungsgegner aber auch mit dieser Aktion nicht verbessern konnte. Die undiplomatischste Ablehnung seines unsittlichen Antrags erhielt Moore jedoch von George W. Bush. Moore schrie ihm seine Aufforderung vor einer Wahlkampfrede über die Köpfe von Parteigängern und Reportern hinweg zu. Bush erkannte ihn, rief zurück: »Benehmen Sie sich anständig, okay?«, und dann, unter dem Gelächter der Anwesenden: »Suchen Sie sich eine richtige Arbeit!« In der nächsten Einstellung ist Moore zu sehen, wie er mit seinem Vater telephoniert und fragt, ob der ihm nicht einen Chefposten bei einer Ölfirma oder einem Profi-Baseballclub verschaffen könne; Mr. Moore erwidert entgeistert: »Sag das noch mal.«
Der Hohn des Langzeitversagers »W.«, der allein dank der Protektion des Vaters Karriere gemacht hatte, muß den Selfmademan Moore ungeheuer gewurmt haben. Er zitiert sie – ohne die »Mosh Pit«-Tournee zu erwähnen – in *Fahrenheit 9/11*, und auch in *Stupid White Men* kann man sie nachlesen: »Ich wußte nicht, was ich sagen sollte – er hatte ja recht, das war keine richtige Arbeit! Mir fiel keine schlagfertige Antwort ein.« Die *richtige* Arbeit sollte erst auf ihn zukommen, gleich nach dem skandalösen Wahlabend des 7. November 2000. Und man kann Moore kaum unterstellen, er hätte den Job nicht ernst genommen. Auf die Gefahr hin, nie wieder Grüße von Jeb Bush an Kevin Rafferty ausrichten zu dürfen, begann er, weitaus gefährlichere Fallen für »W.« zu installieren als eine alberne »Mosh

pit«. »Ich bin jeder Familie dankbar, die mir geholfen hat, ein Filmemacher zu werden«, sagte Moore im *Rolling Stone* vom 16. September 2004. »Ich werde das nie vergessen.« Und sie, die Familie Bush, wird gleichfalls nie vergessen können, was Kevin ihr da eingebrockt hat. Zumindest in dieser Beziehung ist Michael Moore inzwischen quitt mit dem Bush-Clan.

The Awful Truth fand in den USA erheblich weniger Publikum als drei Jahre zuvor *TV Nation*. Das lag nicht an der Qualität der Shows: Sie waren brillant und oftmals noch dreister und innovativer als ihre Vorgänger. Aber die großen Networks wollten dieses wenig werbekundenfreundliche Zeug nicht mehr haben. Nur der private, durch Gebühren finanzierte Kabelsender Bravo war bereit, *The Awful Truth* auszustrahlen – zumal der britische Sender Channel 4 den Löwenanteil der Produktionskosten übernommen hatte. In den USA ist Kabelfernsehen außerhalb der Metropolen eine Rarität; und das potentielle Publikum für die neue Serie wurde zudem dadurch eingeschränkt, daß Bravo nur von einem Drittel der lokalen Kabelbetreiber ins Netz eingespeist wurde. Etwas verzweifelt und mit geringem Erfolg bat Moore auf seiner Website jeden, der *The Awful Truth* sehen wollte, aber nicht konnte, sich an die zuständige Kabelgesellschaft zu wenden. Das beste, was das amerikanische Fernsehen neben der Cartoonserie *The Simpsons* zu bieten hatte, fand also weitgehend unter Ausschluß der Öffentlichkeit statt.

Immerhin hatten Moore und sein Team nun Carte blanche: Es gab keine ängstlichen Redakteure und Programmchefs mehr, die ihnen ins Handwerk pfuschten. Was an Geld fehlte, machte man durch erhöhte Bösartigkeit und umfassende Respektlosigkeit wett. Clintons Verteidigungsminister William Cohen wurde zum Armdrücken herausgefordert. Ein Pizzabote bewarb sich bei Hillary Clinton als Herzenströster. Für Medienmogul Ted Turner, den größten privaten Grundbesitzer der USA, beantragte Moore Sitz und Stimme bei den UN. Und Ira Rennert, Vorstandsvorsitzender des Chemiekonzerns Renco, wurde als Luftverschmutzer des Jahres mit einer lebensgroßen Skulptur seiner selbst aus Kunstkot geehrt. *The Awful Truth* machte keine Gefangenen, und in dieser unversöhnlichen satirischen

Grundhaltung ist die Serie, obwohl von vielen witzigen Köpfen ausgeheckt, ganz und gar ein Kind Michael Moores. Er hat bei der Produktion der Shows viele seiner Defizite als Filmemacher überwinden können, wurde sicherer in der Dramaturgie und beim Einsatz parodistischer Stilmittel.

Vor allem jedoch konnte er sein komödiantisches Talent trainieren. Die erste Staffel von *The Awful Truth* wurde vor einem großen Saalpublikum aufgezeichnet, mit Moore als Bühnenmatador, und es ist höchst beeindruckend, wie souverän er seine Standup-Monologe vorträgt und wie schlagfertig er auf Zwischenrufe reagiert. Der gewaltige Zuwachs an Popularität, den *Downsize This!* ihm beschert hatte, ließ einem wie Moore gar keine andere Wahl, als seine Fernsehsendung wie eine One-Man-Show aufzuziehen. Darum ist er in den Filmbeiträgen viel öfter präsent als vormals in *TV Nation*. Er verkleidet sich beispielsweise als »Corporate cop«, der Kriminelle in Vorstandsetagen zur Strecke bringt, als Taxifahrer in New York, der sich weigert, weiße Fahrgäste zu transportieren, oder als UN-Inspektor, der in den USA nach Massenvernichtungswaffen sucht (und problemlos welche findet). All diese Auftritte absolviert er ebenso professionell wie amüsant, und vielleicht am erstaunlichsten wirkt, wie ungemein charmant dieser wenig gehobelte Mann vor einer Kamera wirken kann: In *Roger & Me* mochte man ihn noch für seine Unbeholfenheit, in *The Big One* enervierte er durch Eitelkeit, aber in *The Awful Truth* enthüllt er das Beste, was in ihm steckt, seine Komik. Er hatte gelernt, vor der Kamera zu spielen, ohne merken zu lassen, daß er was vorspielte, und das ist wahrscheinlich das Beste, was man über einen Komödianten sagen kann. Moore hatte die Ausstrahlung eines echten Stars erworben. Im Jahr 2000, während die zweite Staffel der Serie produziert wurde, wurde er 46, und als wollte er zeigen, daß nicht nur seine Sendung, sondern auch er selbst auf alle Konventionen des Fernsehens pfiff, ließ er sich einen Bart wachsen, einen ziemlich fusseligen, in dem nicht mal die grauen Haare gefärbt waren. Das Gesicht, mit dem er weltberühmt werden sollte, ist, in jeder Beziehung, erst bei *The Awful Truth* entstanden.

Filmemacher neigen dazu, eine kleine Schar von ständigen Mitarbeitern um sich zu versammeln, verwandte Seelen, bedingungslos loyal, gleichsam eine Ersatzfamilie, die ihnen die Mühsal erspart, jede Kleinigkeit zu diskutieren, die fast blind versteht, was der Meister in seinem seltsamen Ratschluß nun schon wieder verlangt. Stanley Kubrick hatte dafür zum Beispiel seinen Kameramann John Alcott und den Set-Designer Ken Adam, Martin Scorsese die Cutterin Thelma Schoonmaker und den Kameramann Michael Ballhaus, Steven Spielberg den Komponisten John Williams und den Schnittmeister Michael Kahn. Michael Moore macht da keine Ausnahme – aber seine engsten Verbündeten sind keine Ersatzfamilie, sondern Mitglieder seiner echten Familie. Allen voran Kathleen Glynn, die Dog Eat Dog Films seit fünfzehn Jahren am Leben hält, obwohl Katastrophen wie *Canadian Bacon* und *The Big One* dem Unternehmen arg zusetzten. Mikes Schwester Veronica kümmert sich um die Fanpost, seine zweite Schwester Anne, die Anwältin, übernimmt Recherche-Aufgaben. Moore hat jedoch bis heute keinen festen Stab technischer Assistenten aufgebaut. Das liegt in erster Linie wohl daran, daß er höchst unregelmäßig und mehr spontan als geplant seine Filme produziert. Man erkennt hier aber auch die ausgeprägten Minderwertigkeitsgefühle des Autodidakten im Umgang mit echten Profis wieder.

Die einzige Ausnahme von der Regel ist Tia Lessin. Seit 1994 gehört sie zum engsten Kreis um Michael Moore; kein anderer Mitarbeiter ist so lange von ihm geduldet worden. Als ausführende Produzentin seit *TV Nation* mit an Bord, bereitet sie die Dreharbeiten vor, koordiniert die beteiligten Filmteams und hat ihre große Loyalität spätestens 1998 bewiesen, als sie sich für ein Guerilla-Unternehmen mit Crackers, dem Supergockel, in Handschellen abführen lassen mußte. »Tia Lessin«, schwärmt Moore in *Downsize This!*, »ist ein journalistisches und politisches Kraftwerk. [...] Falls ich aus irgendeinem Grund nicht mehr in der Lage sein sollte, meine Pflicht zu erfüllen, wird sie zum Befehlshaber von Mikes Miliz ernannt werden.« Lessin hat ihm dieses – für seine Verhältnisse – gewaltige Lob mit strikter Diskretion vergolten: Es gibt von ihr weder ein gutes noch ein schlechtes Wort über den Chef und seine Art zu arbeiten. Vielleicht hat dies dem mißtrauischen Mann am meisten imponiert. Denn es gibt bei jedem Spaßmacher einen Punkt, wo er keinen Spaß mehr versteht.

Kriegserklärung

Als am 8. September 2000 die letzte Folge von *The Awful Truth* ausgestrahlt wurde, wußte Michael Moore noch nicht genau, was er als nächstes tun würde. Ein Nachfolgeprojekt zu *Downsize This!* war überfällig und halb begonnen, und seit dem Massaker in der Schule von Littleton dachte er über einen Film nach, der sich mit der Gewalttätigkeit der amerikanischen Gesellschaft befassen sollte ... Oder mit der NRA ... Oder mit den Paramilizen in Michigan ... Lauter ungelegte Eier, denn Moore hatte noch keine Lust, etwas auszubrüten. Er folgte wieder seinem alten Grundsatz und ließ die Dinge einfach auf sich zukommen. Und sie kamen nicht bloß, sie rasten auf ihn zu.

Denn nur zwei Monate später wurde Kevin Raffertys Cousin unter sehr dubiosen Umständen zum neuen US-Präsidenten gewählt. Moore leitete sofort den Gegenangriff ein. Seine Kriegserklärung erfolgte am 8. November im Gemeindeschreiben *Mike's Letter* unter der Überschrift »Verhindert, daß Bush den Willen des Volkes stiehlt!« Moore schlägt hier einen Ton an, als säße er in einer Erdhöhle in der Sierra Maestra: »Liebe Mitbürger – wir müssen unsere Meinungsverschiedenheiten über Gore und Nader beiseite legen und fordern, *sofort fordern*, daß Bush sich verzieht und nicht die Präsidentschaft beansprucht, indem er sich auf dieses wahnsinnige, veraltete Wahlmännersystem beruft. [...] Jetzt, heute, in den nächsten Stunden müssen alle mutigen Bürger laut und deutlich aussprechen, daß George W. Bush nicht vom Volk gewählt wurde und daß wir uns niemals mit den Mogeleien abfinden werden, die gestern abend bei der Wahl in Florida stattfanden – eine Wahl, über die niemand anders wachte als Bushs kleiner Bruder, Gouverneur Jeb Bush! Schickt E-Mails, ruft bei den Radio-Talkshows an, kontaktiert eure Abgeordneten – *laßt die ganze verdammte Hölle losbrechen*!«

Ein gewisser Aufruhr fand dann tatsächlich statt, legte sich aber, nachdem das Oberste Gericht der USA entschieden hatte, eine neuerliche Auszählung der Stimmzettel in Florida sei nicht zulässig. Moore aber teufelte jetzt erst richtig los. In wenigen Monaten verfaßte er *Stupid White Men*, eine furiose Kampfschrift gegen die Bush-Administration und zugleich eine Art politisches Glaubensbekenntnis. Daß er diesmal nicht bloß Spaß machte, sondern gegen einen *Feind* ins Feld zog wie gegen keinen zuvor, einen *Schurken*, der alle anderen, die Moore sich zuvor ausgesucht hatte, überragte, eine Gefahr für die amerikanische Demokratie und womöglich die ganze Welt, erklärte er gleich auf der ersten Seite der »Einleitung«: »Wir als Amerikaner wissen nur eines: Die fetten Jahre sind vorbei. Das amerikanische Jahrhundert? Vorbei. Willkommen im Alptraum des 21. Jahrhunderts. Ein Mann, den niemand gewählt hat, sitzt im Weißen Haus.«

War wirklich dies Michael Moores Problem? Daß »niemand« Bush gewählt hatte? Natürlich nicht. Das Problem war der Mann selbst. Vor der Wahl hatte Moore sich lieber daran beteiligt, zusammen mit Ralph Nader gegen Al Gore zu stänkern, als Bush um jeden Preis zu verhindern. Moore konnte sich einfach nicht vorstellen, daß dieser ungebildete Stammler, den sogar der eigene Vater für eine Niete hielt, es je schaffen könnte, außerhalb von Texas eine Wahl zu gewinnen, ganz gleich, wie viele Millionen Daddy und seine Millionärskameraden in »W.s« Kampagne stopften. Die unselige Wahlnacht vom 7. November 2000 hatte Moore dann mit einem unsagbar schlechten Gewissen und echter Angst zurück gelassen. Denn jetzt übernahmen allein die Multis und die christlichen Fundamentalisten das Regiment, und sie begannen umgehend damit, die Errungenschaften der Clinton-Ära – die Moore in seiner Einleitung plötzlich, nach acht Jahren des Widerspruchs, anerkennt – zu demontieren. »Kurz gesagt, mit einem Mal war alles Scheiße.« Und: »Das Wörtchen Entscheidungsfreiheit gehört der Vergangenheit an.« Und: »Raffgier ist mittlerweile so alltäglich, daß wir beiseite traten und einfach zusahen, als dieser Typ aus Texas raffgierig wurde und nach einer Wahl, die er nicht gewonnen hatte, ins

Weiße Haus einzog – er war doch nicht raffgierig, er war nur *schlau.*« Und: »Panik macht sich breit.« Und: »Nur die Reichen werden überleben.«

Die Panik war zunächst vor allem Michael Moores Angelegenheit. Zwar beschwor er, die gesamte Nation sei wie gelähmt, weil »die Kräfte des Bösen die Macht übernahmen«. Doch als Moore sein Buch schrieb, war der Holzkopf im Oval Office schon längst dabei, sich selbst durch Faulheit und Inkompetenz abzuschaffen, und sogar Bushs Wähler begannen, ihren Mann zu verachten, und hofften, er möge aus einem seiner zahlreichen Urlaube nicht mehr zurückkehren und die Amtsgeschäfte gleich ganz Vizepräsident Dick Cheney überlassen. Man muß Moore heute zugestehen, daß er recht hatte, sich vor Bush und seinen Verbündeten zu fürchten, obwohl er *Stupid White Men* lange vor dem 11. September 2001 und allem, was dann folgte, verfaßte. Niemand nahm das Bush-System bis dahin so bitter-, so todernst wie Michael Moore.

Das erste Kapitel des Buchs, »Ein sehr amerikanischer Coup«, versucht zu beweisen, Bush sei durch einen »Staatsstreich« ins Amt gelangt, und wenngleich der Beweisführung einiges von der Wahnhaftigkeit einer Verschwörungstheorie eignet, kann man sich schwerlich der Verve und Wucht des Vortrags entziehen. Überhaupt hat Michael Moore seine außergewöhnliche rhetorische, auch demagogische Begabung nie derart leidenschaftlich entfesselt wie in *Stupid White Men.* Und es scheint ihm völlig gleichgültig zu sein, welche Konsequenzen die Grobheit seiner Polemik für ihn selbst haben könnte. Er beschimpft Bush als »Betrüger«, »Obersten Bestehlhaber« (»Thief-in-Chief«) und »Präsidentenmarionette«, seine Berater als »Puppenspieler«, seine Regierungsmannschaft als »Junta« und die USA als »Bananenrepublik«. Moore fordert, bloß halb im Scherz, »den Kopf von Richter Antonin Scalia«, also jenes Supreme-Court-Mitglieds, dessen Stimme den Ausschlag gab, als die Wahlüberprüfung in Florida untersagt wurde. Und dann phantasiert Moore – wiederum nur halb zum Spaß – davon, wie UN-Truppen Washington von der »Junta« befreien, »um Ordnung und Demokratie wiederherzustellen. Dankbare Bürger werden die Straßen säumen und ihre Ankunft bejubeln. Ich selbst werde mich nur mit Schauprozessen und der sofortigen Deportation der Schurken in eine echte Bananenrepublik zufriedengeben.«

Stupid White Men ist eine obsessive, haßerfüllte, aufrichtig verzweifelte Philippika gegen George W. Bush und alles, wofür er steht. Einzelne Kapitel wie »Killt das Bleichgesicht«, »Nation der Idioten« oder »Netter Planet, niemand daheim« dürften zwar schon lange vor der Bush-Wahl entstanden und nur mehr für die neuen Verhältnisse zurechtgeschminkt worden sein. Doch unter dem rasenden Zorn Michael Moores verwandelt sich jedes häßliche Detail, das er anführt über Armut, Bildungsnotstand, Umweltsauereien und Rassismus seines Landes, in ein weiteres Indiz für die kriminelle Energie der Bush-Regierung. Sie ist an allem schuld, und schuld an ihr ist eine Minorität »dummer weißer Männer«, die Rush Limbaugh hören, Schußwaffen horten, an der Börse spekulieren und die verfassungsmäßigen Rechte nur für sich selbst gelten lassen, aber bestimmt nicht für Schwarze, Schwule, Frauen und andere Minderheiten.

Kurz bevor *Stupid White Men* in den USA veröffentlicht werden sollte, entführten Angehörige der islamistischen Terrororganisation Al-Qaida am Morgen des 11. September 2001 vier Passagierflugzeuge, steuerten zwei davon in das New Yorker World Trade Center, ein drittes ins Pentagon, das vierte stürzte auf dem Weg nach Washington in Somerset County, Pennsylvania, ab. 2.986 Menschen starben, und der Urlaubspräsident Bush war für eine fundamental erschütterte Nation plötzlich eine sakrosankte Figur. In diesem Moment ihn und die USA mit Polemik zu überziehen, fiel außer den Sympathisanten der Al-Qaida nicht mal Herta Däubler-Gmelin ein. Und selbst Michael Moore war klar, daß er die Auslieferung von *Stupid White Men* stoppen lassen mußte.

Er verständigte sich mit seinem Verlag ReganBooks darauf, die am 10. September (!) angedruckten 50.000 Exemplare der Erstauflage für einige Wochen im Lager zu behalten. In dem Vorwort, das er für die britische Ausgabe von *Stupid White Men* verfaßte, behauptet Moore, es sei ihm »nicht danach gewesen, in solchen Zeiten auf eine Lesetour zu gehen«. Als ihm wieder danach war und er bei ReganBooks anfragte, wann die Bücher nun in den Handel kommen sollten, »hörte ich, was ich in einem freien Land nie zu hören erwartet hätte«: Der Verlag forderte ihn auf, zwei Kapitel komplett zu streichen, die Hälfte des Buchs umzuschreiben, sämtliche Verunglimpfungen von Präsident Bush zu entfernen und überhaupt freundlicher mit der Regierung umzugehen, denn »das politische Klima [habe] sich geändert«. Außerdem sollte der Autor 100.000 Dollar für die Neuauflage des Buchs bezahlen.

Michael Moore vermutet, dieser schwerwiegende Akt der Zensur sei vom erzkonservativen Medienzaren Rupert Murdoch angeordnet worden, dem auch HarperCollins gehört, die Konzernmutter von ReganBooks. Moore weigerte sich, auch nur eine Änderung an seinem Buch vorzunehmen. Er hütete sich allerdings ebenso, die Angelegenheit öffentlich zu machen, da er noch auf eine gütliche Lösung des Problems hoffte. Die Erstauflage verstaubte derweil in einem Lagerhaus in Scranton, Pennsylvania (wo acht Jahre zuvor der Pilot zu *TV-Nation* so erfolgreich getestet worden war). Am 30. November teilte Moores Lektor ihm mit, die Bücher würden demnächst in die Papiermühle wandern. Am folgenden Tag brach Moore sein Schweigen. Er las bei einer Veranstaltung »irgendwo in New Jersey« die beiden inkriminierten Kapitel vor und erzählte von den unverfrorenen Forderungen des Verlags. Eine der Zuhörerinnen, die Bibliothekarin Ann Sparanese, verbreitete per E-Mail unter ihren Kollegen die ungeheuerliche Geschichte und rief dazu auf, bei HarperCollins zu protestieren. »Tausende« sollen, laut Moore, diesem Appell gefolgt sein.

Nun interessierte sich auch das Fachblatt *Publishers Weekly* für den Fall. Und HarperCollins, nicht sehr glücklich darüber, als Zensur-Verlag dazustehen, willigte endlich ein, die Erstauflage auszuliefern. Allerdings schaltete man keine Anzeigen, organisierte eine »Lesetournee« durch genau drei Städte und verschaffte Moore keinen einzigen Fernsehauftritt, um für das Buch zu werben. »Ich fragte [den Verlag], ob sie den Zettel mit dieser Vermarktungsstrategie aus der Gebrauchsanweisung *Wie produziere ich einen Buchflop?* gerissen hätten.« Moore beschloß, die PR selbst zu übernehmen. In *Mike's Letter* vom 5. Februar 2002 kündigte er der Gemeinde an, daß vierzehn Tage später *Stupid White Men* endlich erscheinen werde. »Binnen Stunden waren die ersten 50.000 Exemplare ausverkauft«, berichtet Moore im britischen Vorwort stolz weiter: »Am fünften Tag ging die neunte Auflage in Druck. Der Verlag kam bei den Bestellungen nicht mehr hinterher. Das Buch schoß auf Platz eins der *New York Times*-Bestsellerliste. [...] Das amerikanische Publikum, das von euren Medien als dumm wie trocken Brot dargestellt wird, hat diesmal erkannt, was die Stunde geschlagen hat, und dafür kann ich niemand anderem danken als George W. Bush. Was er seit September angerichtet hat, reichte aus, um jedem denkenden Amerikaner einen kalten Schauer über den Rücken zu jagen.«

Den Dank für den kolossalen Erfolg seines Buchs hat Michael Moore völlig korrekt adressiert. Der wüste Ton von *Stupid White Men* entsprach jetzt, fünf Monate nach den Anschlägen, ziemlich genau der Empörung, welche die amerikanische Linke über Bushs rabiaten »Krieg gegen den Terror« empfand. Der wurde ja nicht nur gegen Afghanistan geführt – was die meisten noch verstanden, weil sich dort Osama Bin Laden aufhielt –, sondern mit ebenso großem Eifer im eigenen Land, gegen die eigenen Bürger. Der »Patriot Act«, eine in der US-Geschichte beispiellose Sammlung von Notstandsverordnungen, erklärte jeden Amerikaner (Ausländer sowieso) per se für suspekt und schuf eine Atmosphäre von Paranoia und Denunziation in Amerika wie seit der McCarthy-Ära nicht mehr. Und über all dem thronte ein Präsident, der sein eigenes Versagen vor dem 11. September vertuschte, seine Militärs öffentlich vom Einsatz taktischer Nuklearwaffen gegen Terroristen träumen ließ und die ganze Welt damit erschreckte, daß fortan jeder Staat, der auch nur *verdächtig* sei, Al Qaida zu helfen, mit massiven Vergeltungsschlägen der USA zu rechnen habe.

Der Abstand zwischen den Terrorattacken und der Veröffentlichung des Buchs war für Moore ein echter Glücksfall: Ohne die rabiate Militarisierung der amerikanischen Innen- und Außenpolitik hätten seine Tiraden außer bei besonders treuen Anhängern nur Unverständnis erzeugt, und ohne die seltsame Verlagspolitik von HarperCollins hätte er sich nie damit schmücken können, »Wahrheiten« auszusprechen, die in Bushs Amerika angeblich unterdrückt würden. Moore war über Nacht zum lautstärksten Antipoden des Präsidenten geworden, und das mit einem Buch, in dem Fakten ziemlich akrobatisch behandelt und Argumente wie Knüppel geführt werden. Bis dahin hatte es nur Kriegsgeschrei von rechts gegeben, aber nun schallte es von links zurück, und zwar mit einer ebenso archaischen wie authentischen Rage. *Stupid White Men*, diese Straf- und Brandpredigt in Buchform, hat in den USA Millionen Proselyten gezeugt, und es dauerte nicht lange, bis die halbe Welt sich zum Kreuzzug des zornigen Mannes aus Michigan bekannte.

Feuer frei
Der verheerende Terrorakt gegen die Twin Towers hatte natürlich auch Michael Moore schockiert. Um so mehr, da er sich nur dank eines Zufalls nicht in New York befand, als der Massenmord verübt wurde. Die Moores lebten schon seit Jahren in der Nähe des Central Park, die Büros von Dog Eat Dog Films sind an der 52. Straße in der Radio City Station untergebracht (zwar in sicherer Entfernung vom World Trade Center, aber an welchem Ort südlich des Central Park konnte man sich an diesem Tag sicher fühlen?), und Tochter Natalie besuchte eine Privatschule in Downtown-Manhattan. Am 11. September waren Michael und Kathleen in Los Angeles, wurden gegen 6.40 Uhr Ortszeit von ihren Eltern aus dem Bett geklingelt, und verbrachten die nächsten Stunden damit, herauszufinden, ob Natalie, die in New York geblieben war, und eine gemeinsame Freundin, die in der Nähe des World Trade Centers arbeitete, wohlauf seien.
Moore hat am Tag nach dem Anschlag eine seiner bewegendsten Rundmails verschickt: »Sicher. Geborgen. Ich bin ein Amerikaner, lebe in Amerika. Ich mag meine Illusionen. Ich spaziere durch einen Metalldetektor, ich schiebe mein Hand-

gepäck durch ein Röntgengerät, und ich weiß, daß alles in Ordnung ist. [...] Gestern haben Kongreßabgeordnete und Senatoren spontan ›God bless America‹ gesungen. Sie geben keinen üblen Chor ab! Ja, bitte segne uns, Gott. Laßt uns trauern, laßt uns klagen, und wenn es an der Zeit ist, laßt uns prüfen, wieviel Anteil wir daran haben, in einer so unsicheren Welt zu leben« (*Mike's Letter*, 12. September 2001). Moore opponierte vom ersten Tag an gegen jedes Rachegebrüll, für ihn war schon wenige Stunden nach den Attentaten klar, wem die Amerikaner die Mordlust der Al Qaida zu verdanken hatten: »In nur acht Monaten hat Bush es geschafft, daß uns wieder die ganze Welt haßt. Er hat das Kyoto-Protokoll nicht unterzeichnet, blieb der Rassismuskonferenz in Durban fern, besteht darauf, den Rüstungswettlauf wieder zu beginnen – egal was einem einfällt, Baby Bush hat's versaut.«

Konservative, aber auch linke Kritiker in den deutschsprachigen Ländern halten Moore gern vor, er sei nichts weiter als ein Geschäftsmann. So habe er den seit Ende 2001 in Europa geradezu explodierten Antiamerikanismus mit *Stupid White Men* clever ausgebeutet, und sein Buch sei nichts als eine eiskalt kalkulierte Ware, mit gutem Gespür fürs Timing auf den Markt geworfen. »[Er] versteht es, sich mit kruden Verallgemeinerungen über seine Landsleute ins Gespräch zu bringen«, schreibt zum Beispiel Susanne Ostwald am 5. Dezember 2002 in der *Neuen Zürcher Zeitung*, »und trifft [...] insbesondere den Nerv jener Abendländer, denen Amerika schon immer irgendwie suspekt war.« Ostwald unterschlägt – und das ist typisch für diese Sorte Moore-Kritik –, daß er gar nicht an den europäischen Markt dachte, als er sein Buch schrieb, und daß *Stupid White Men* seit neun Monaten den ersten Platz der amerikanischen Bestsellerlisten besetzte, als es im Dezember 2002 auch auf deutsch erschien. Typisch ist gleichfalls die Denunziation, Moore sei ein »selbstgerechter Schwadroneur« (ohne dafür ein einziges Zitat zu liefern) und bestätige nicht bloß »alle Vorurteile über Amerika«, sondern »sogar jene [...], die der Autor ganz unfreiwillig bedient«. Was immer das bedeuten mag. Und selbstverständlich darf der Hinweis nicht fehlen, Moore betreibe »mit großem Eifer seine Recherchen, die sich indes als ungenau erweisen; zitierfähig ist das von ihm angehäufte Zahlen- und Datenmaterial nicht«. Weshalb Ostwald auch nichts zitiert; das spart ihr die Mühe, selbst einmal, wenigstens mit kleinem Eifer, zu recherchieren und ihre Unterstellung zu belegen.

Da arbeitet Michael Moore sauberer. Er polemisiert immerhin mit offenem Visier, statt sich mit Feuilletonphrasen zu spreizen. Besonders infam – weil falsch *und* dünkelhaft – wirkt aber die Behauptung, Moore sei bei Verfertigung seiner Filme und Bücher nichts weiter als ein »Selbstdarsteller« (Ostwald), der clever eine Marktnische besetze, um ordentlich abzusahnen. Wäre er der gewiefte Geldmacher, als der er gern denunziert wird, hätte er sich sowohl *Canadian Bacon* als auch *The Big One* verkniffen, und vermutlich wäre er heute noch mit *TV Nation* bei NBC auf Sendung. Moore besitzt zweifellos eine ausgeprägte Gabe, Geld aufzutreiben und sich selbst vor Publikum zu verkaufen. Doch er ist beeindruckend unfähig, Kompromisse einzugehen: Nicht zuletzt deshalb konnte er in 16 langen Jahren gerade einmal fünf Kinofilme produzieren. Die Ideologie, die Methoden, die Witze, die Moral, die Grobheit – alles angreifbar. Doch was er schreibt und inszeniert, sollte man schon als Ausdruck eines sehr eigenwilligen Charakters und ungewöhnlich engagierten Moralisten begreifen, statt es für blanke Heuchelei im Dienste des Dollars zu halten. Und es scheint hier das Publikum wieder einmal schlauer zu sein als viele Kritiker: Denn es liebt (oder haßt) Michael Moore eben wegen der Vehemenz, mit der er seine Empörung und seinen Hohn aufschreibt und inszeniert. Als Autor und Regisseur nimmt Moore keine Rücksicht auf Verluste, schon gar nicht auf die in der eigenen Geldbörse.

Stupid White Men lag noch in Scranton unter Verschluß, als Moore mit der Produktion von *Bowling For Columbine* begann. Der Titel spielt an auf einen entsetzlichen Vorfall an der Columbine High School in Littleton, Colorado. Am 20. April 1999 erschossen Dylan Klebold und Eric Harris zwölf ihrer Mitschüler, einen Lehrer und zuletzt sich selbst. Vor dem Massaker sollen die beiden Amokläufer zum Bowlen gegangen sein.

Moore sammelte bereits seit langem Material über die Columbine-Tragödie und über den höchst einflußreichen Waffenbesitzerverband NRA. Doch erst der 11. September und die Reaktion sowohl der Amerikaner wie ihrer Regierung darauf setzten Moore in Bewegung. Die Bürger der USA standen unter Schock, weil man ihnen monströse Gewalt angetan hatte – und sie schienen darüber völlig zu vergessen, wie monströs die Gewalt ist, die sie sich selbst permanent zufügen.

Bowling For Columbine hat wie alle Moore-Filme keine Dramaturgie, die über Fünf-Minuten-Episoden hinausreicht. Der Film ist ein Flickenteppich aus Interviews, satirischen Abschweifungen, Leitartikeln und Kurzreportagen. Doch die formale Divergenz entspricht der Verwirrung, die den Regisseur selbst bei dem Thema umtreibt. Er weiß, daß mehr als 11.000 Amerikaner jedes Jahr durch Schußwaffen sterben, aber er weiß nicht genau, warum dies geschieht. Weil es so leicht ist, an Waffen heranzukommen? Weil die Brutalität der Klassenverhältnisse auf die Opfer dieser Verhältnisse abfärbt? Oder weil die US-Gesellschaft von Angst und Paranoia beherrscht wird? Die letzte These wird von Moore favorisiert, aber entscheiden mag er sich für sie nicht.

Er weist darauf hin, daß am Tag des Columbine-Massakers die US Air Force ihren bis dahin schwersten Luftangriff auf Ziele in Jugoslawien flog. Aber daß Dylan und Eric vom Nato-Überfall zu ihrer Bluttat inspiriert wurden, stellt er nur als Vermutung auf. Ebenso wenig geht er dem Verdacht bis zum Ende nach, die Rüstungsfabrik von Lockheed in Littleton habe die Jungen zu Killern werden lassen. Im Gespräch mit dem *South Park*-Erfinder und Columbine-Absolventen Matt Stone wird erörtert, ob Dylan und Eric zu Mördern wurden, weil man sie an der Schule wie Dreck behandelt hatte. Doch da die beiden nur noch wenige Wochen bis zu ihrem High-School-Abschluß absitzen mußten, scheint auch diese Hypothese wenig überzeugend. War es Armut? Die beiden kamen nicht aus armen Familien. War es die Musik von Marilyn Manson, wie die Ultrakonservativen im Land behaupteten? Moore interviewt Manson, und wir lernen einen sehr intelligenten und nachdenklichen

Rockstar kennen, der sich vor allem wundert, warum niemand mit den beiden Jungen gesprochen habe, so lange sie lebten – vielleicht müsse man dann jetzt nicht so viel rätseln, und vielleicht wäre das Massaker dann nie geschehen. Ja, vielleicht. Moore bietet keine beruhigenden Lösungen an: Zum Schluß fragt er sich und uns sarkastisch, ob man nicht am besten dem Bowling die Schuld geben solle an der Blutorgie der Columbine-Attentäter.

Eine furchtbare Trostlosigkeit prägt den Film, und es ist Michael Moores stärkste Regieleistung, uns davon immer wieder abzulenken. Sei es mit einem wahnwitzigen Trickfilm über die Geschichte der USA, sei es mit einer Reportage darüber, wie zwei versehrte Columbine-Opfer zusammen mit Moore die Warenhauskette K-Mart überzeugen, künftig keine Munition mehr zu verkaufen. Der lakonische Off-Kommentar, die Auswahl der Filmmusik, einige Auftritte in bester *Roger & Me*-Manier und realabsurdes Archivmaterial wie das über die afrikanische Killerbiene, die Texas bedroht, sorgen für Lacher, wo einem alles Lachen längst vergangen sein sollte.

Doch die Ironie schlägt regelmäßig um in böse Satire: Zum Beispiel, wenn der senile Charlton Heston das Recht aufs Waffentragen verteidigt, nur weil es ein Recht ist und nicht weil es irgendeinen Sinn hat; oder wenn ein Zusammenschnitt der übelsten Verbrechen neuerer US-Außenpolitik mit dem Evergreen »It's A Wonderful World« von Louis Armstrong unterlegt wird. *Bowling For Columbine* mit seinem ständigen Wechsel des Tonfalls und der Formen, der Vielzahl letztlich unzureichender Erklärungen, seiner furios montierten Mischung aus Politik, Groteske, Medienkritik und Miniaturaufnahmen des amerikanischen Alltags strahlt etwas zutiefst Beunruhigendes und Verstörendes aus. Und nichts anderes hat Regisseur Moore gewollt, als in uns ein mulmiges Gefühl zu verursachen: »Man kommt nicht um die Tatsache herum, daß *Bowling For Columbine* ein provokanter, widersprüchlicher Film ist, der viele Leute zornig machen wird. Das ist nicht unbedingt meine Absicht. Ich genieße durchaus nicht die Schwierigkeiten, in die mich das bringt. Aber meine Arbeit muß ehrlich ausdrücken, was ich sehe und glaube – und ich bin nicht bereit, etwas zu schönen, um diejenigen zu beschwichtigen, die ich um Geld für meine Arbeit anbetteln muß« (*Mike's Letter*, 27. Mai 2002).

Weil dies Michael Moores »persönliche Sicht auf Amerika am Wendepunkt zu einem neuen Jahrhundert« war, durfte Präsident Bush nicht fehlen. Man sieht ihn, wie er einen der zahlreichen blinden Alarme nach dem 11. September verkündet, ohne sich um eine plausible Begründung für den Alarm auch nur zu bemühen. Moore hat eine Gesellschaft inspiziert, die in ständiger Angst vor eingebildeten Gefahren lebt, in der keiner dem anderen traut, und die darum bereit ist, lieber erst zu schießen statt zu fragen. Und hier stand »W.«, Baby Bush, die Marionette, der Schurke, der *Feind*, der die Paranoia sogar noch schürte, um seine »Junta«-Politik durchsetzen und um die ganze Welt mit Gewalt überziehen zu können, damit die Geschäfte gedeihen: »Ja, es war glorreich, ein Amerikaner zu sein« (*Bowling For Columbine*).

Der Weltstar

In Freundesland I

Vor dem Herbst 2002 war Michael Moore in der Bundesrepublik so gut wie unbekannt. *Roger & Me* hatte es zwar zu einem gewissen Erfolg in den Programmkinos und danach zu mehreren Nachteinsätzen bei den Öffentlich-rechtlichen gebracht. Aber die Filme und Fernsehshows, die folgten, hielt man vorm deutschen Publikum versteckt. Der Starruhm, den der laute Mann in den USA und Großbritannien dank *TV Nation*, *The Awful Truth* und *Downsize This!* genoß, schien hierzulande ausgeschlossen – zu »amerikanisch« seine Themen, seine Hemdsärmeligkeit, sein Humor, ja sogar sein Äußeres.

Plötzlich jedoch wurde Moore hierzulande ein echter Star, binnen weniger Wochen avancierte er zum Kronzeugen des lokalen Antiamerikanismus. Michael Moore war wieder einmal zur richtigen Zeit am rechten Ort. Seit George W. Bush den Irak mit Krieg bedroht hatte, entdeckten sehr viele Deutsche wieder, was sie in den Wochen nach dem 11. September 2001 lieber für sich behalten hatten: ihre Verachtung für die Politik und Kultur sowie ihre Wut auf die Macht der Vereinigten Staaten. Diese Feindseligkeit gegen die USA infiziert sämtliche ideologischen Lager, radikale Linke ebenso wie Grüne, Sozial- und Christdemokraten nicht weniger als Neonazis, und sie tarnt sich wahlweise als Antiimperialismus, Kulturchauvinismus oder Revanchismus.

Deutscher Antiamerikanismus, schrieb Rainer Trampert in *Konkret* 3/2002, sei eine »Wahnvorstellung, die mit dem Angriff auf den angloamerikanischen Kommerzgedanken das Opfer fürs eigene Vaterland meint, die Amerika und Weltjudentum phantasiert und dem ›Schmelztiegel‹ Kulturlosigkeit unterstellen muß, damit der eigene Rassen- und Größenwahn blühen und Europa in Stellung gebracht werden kann«. Freilich machten ein Präsident wie Bush und ein Kriegsminister wie Donald Rumsfeld es jedem Amerikahasser leicht, seine Wahnvorstellung als legitime Kritik auszugeben. Denn niemand, der noch bei Groschen war, konnte während der Zurüstungen zum neuen Irakkrieg umhin, wenigstens ein starkes Unbehagen zu äußern über die Aggressivität und Selbstherrlichkeit der US-Regierung.

Die Antiamerikaner freilich hatten nicht so sehr ein mulmiges als das gute Gefühl, in ihrer Ideologie bestätigt zu werden. Die Trümmer des World Trade Center rauchten noch, da waren sie bereits im Irrglauben einig, die Yankees hätten sich das alles selber zuzuschreiben. Man stürzte sich begeistert auf jede Verschwörungstheorie, die »nachwies«, daß nicht etwa Bin Laden, sondern die CIA hinter den Anschlägen auf die Twin Towers und das Pentagon stecke. Der Journalist Mathias Bröckers landete den Bestseller seines Lebens, als er im September 2002 *Verschwörungen, Verschwörungstheorien und die Geheimnisse des 11.9.* veröffentlichte; ein Buch, das vor lauter Ehrgeiz, Osama Bin Laden zu entlasten, zuletzt halb Amerika in den Kreis der Mitwisser und Mittäter der Terrorattacken hineinspekulierte und auch nicht vergaß, von einer Mitschuld der Israelis zu raunen: Deutscher Antiamerikanismus ist nicht denkbar ohne einen ordentlichen Anteil Antisemitismus.

Die Propagandakampagne, die das Weiße Haus forciert seit dem Sommer 2002 führte, um einen Krieg gegen Saddam Hussein anzetteln zu können, war für Bröckers und seine Millionen Adepten der letzte »Beweis« dafür, die Anschläge ein Jahr zuvor seien von den Amerikanern selbst inszeniert worden, um einen Vorwand für die Übernahme der Weltherrschaft in die Hand zu bekommen. Der Verfolgungswahn und die Arroganz des US-Präsidenten stachelten die Paranoia und den Zynismus seiner Feinde maßlos an, und vor lauter Verachtung für die Vereinigten Staaten und ihren ersten Mann entwickelte man nachgerade Sympathien für den Massenmörder und Folterdiktator Saddam. Bald herrschte in Deutschland die Meinung vor, die Cruise Missiles würden nicht auf Bagdad und Basra ausgerichtet, sondern auf Berlin und Bielefeld. Und weil Bundeskanzler Gerhard Schröder, der drei Jahre zuvor mit großem Eifer beim völkerrechtswidrigen Kosovo-Krieg mitgemischt hatte, jetzt

mit noch größerem Eifer vorgab, er widersetze sich einer Invasion des Irak aus Gründen des Völkerrechts und edler Friedensliebe, wählten die Deutschen, die schon wußten, daß es Schröder nicht ums Recht, sondern um die Demütigung der USA ging, ihn am 22. September erneut ins Amt.
Der Boden war also bereitet, als *Bowling For Columbine* am 21. November 2002 in den deutschen Kinos und wenige Wochen später *Stupid White Men* in den heimischen Buchläden erschien. Die sehr schlechte Meinung über Amerika und seine ungebildeten, raffgierigen, ignoranten und blutrünstigen Einwohner war längst ausgereift, aber nun tauchte ein leibhaftiger Ami auf, um diese Ansichten in allen Punkten zu belegen. Zudem schaute dieser Kerl mit seinen ausgebeulten Bluejeans, seinem Übergewicht und seiner Baseballkappe derart authentisch »amerikanisch« aus, daß man seinen Tiraden gegen die »dummen weißen Männer« applaudieren und gleichzeitig behaupten konnte, ein Sympathisant des »anderen Amerika« zu sein, als dessen Sprachrohr Moore sich selber anpries.
Sobald Michael Moore sein Massenpublikum in Deutschland gefunden hatte, war er auch hier ein Medienthema; doch die hiesigen Journalisten zeigten sich weitgehend ratlos, wie sie mit diesem Mann umgehen sollten. Es überstieg ihren Horizont, daß einer Filmregisseur *und* Buchautor *und* Agitator *und* Komiker sein konnte und bei jeder dieser Tätigkeiten phänomenal erfolgreich war. Allerdings machten sich auch die wenigsten die Mühe, länger als eine Viertelstunde zu recherchieren, was er getrieben hatte, bevor er von den deutschen Amerikagegnern adoptiert wurde. Sie wußten nichts von Moores Jahren beim Fernsehen, nichts von seiner Triumphtour mit *Downsize This!*, sie hatten keine Ahnung, daß er Nike in die Bredouille und Al Gore vermutlich um die Präsidentschaft gebracht hatte. Einige hatten zwar von *Roger & Me* läuten hören, aber die Frage, welche Meriten der schon damals erfolgreichste Dokumentarfilmer aller Zeiten in den zwölf Jahren zuvor erworben hatte, stellten auch sie sich nicht. Wer sich allein aus der deutschen Presse über Moore informierte, der mußte annehmen, der Mann sei geradewegs vom Mond gefallen.

Dick & Doof

Es blieb ebenfalls der deutschen Presse vorbehalten, für das bedeutsamste Charakteristikum Michael Moores sein Äußeres zu halten. Was die Kollegen in den USA allenfalls en passant erwähnen und nur republikanische Holzköpfe für ein schlagendes Argument gegen Moore halten (zum Beispiel mit einer Haß-Website unter dem Titel *Moore Is Fat*), das war von Beginn an Leitmotiv in den Artikeln deutscher Zeitungen: Moores Übergewicht. Dabei war es völlig egal, ob der Autor mit Moore sympathisierte oder nicht: Alle gingen konform, es sei der Gipfelpunkt der Exotik, wenn ein Linker, zumal ein so agiler wie dieser, einen Schmerbauch hat. Weil sie kaum etwas wußten über Moores Biographie, erkannte keiner von ihnen, daß der Satiriker, der Polemiker, der Volkstribun und der Filmemacher nicht etwa verschiedene Rollen sind, die er je nach Publikumsbedarf spielt, sondern immer denselben Moore zeigen: einen hypermoralischen Linken mit ausgeprägtem Rededrang. Seine Umtriebigkeit hatte etwas Ungehöriges, und außerdem riß er viel zu gern Witze, als daß sie ihn ernst nehmen mochten. Doch da Millionen Menschen ihn ernst nahmen, schienen die deutschen Berichterstatter es für ihre Pflicht zu halten, ihn vom Sockel zu stoßen oder wenigstens eine Nummer kleiner zu machen. Sie verwandelten ihn in eine Genrefigur, einen gefräßigen Gargantua ohne Kultur und ohne jenen guten Geschmack, für den ja gerade die Deutschen und ihre Journalisten berühmt sind, und damit das funktionierte, fügten sie dem Bild gern auch frei erfundene Details hinzu.

Als eine »Art Superschwergewichtsversion von Che Guevara« beschreibt Frank Gerbert ihn im *Focus* 14/2003, doch man darf darauf wetten, daß Gerbert seinen Chefredakteur Markwort nicht mal am Kollegenstammtisch als eine Art Ultraschwergewichtsversion von Gerhard Löwenthal bezeichnen würde. In der *Frankfurter Rundschau* vom 5. April 2003 erinnert sich Daniel Kothenschulte an eine Bühnenshow, die Michael Moore einige Monate zuvor in London zelebriert hatte: »Den dicken Mann, der da in seinem gewaltigen Lehnstuhl mexikanische Snacks in sich hineinstopft, kann man nicht gerade um seinen

Einrichtungsgeschmack beneiden. Ob die großformatigen Porträts von George W. Bush, Saddam Hussein, Osama Bin Laden und Tony Blair wohl auf Dauer so einen erfreulichen Wandschmuck abgeben werden?« Als wäre die Theaterkulisse ein exakter Nachbau von Moores privatem Wohnzimmer, als könnte jemand ein zweistündiges Kabarettprogramm allein mit dem Vertilgen von Nachos und Tortillas bestreiten, und als würde an diesen Sätzen irgendetwas stimmen außer der Bemerkung, daß man sich in der Tat erfreulichere Poster an die Wand hängen kann. Es überrascht daher nicht besonders, wenn Kothenschulte zum Schluß feststellt, »die Beharrlichkeit, mit der der Regisseur auf die Macht des Faktischen pocht«, erscheine »fast ein wenig spießig«.

»Nach außen hin steht das Bild fest«, notiert Tobias Kniebe in der *Süddeutschen Zeitung* vom 21. November 2002, »ein schwergewichtiger Nörgler und Ruhestörer, stets mit einer Baseballkappe getarnt, immer mit einer Kamera bewaffnet.« Doch weil Kniebe sich ein bißchen gründlicher mit Moore beschäftigt hat als die meisten seiner Kollegen, weiß er auch um dessen »Sinn für Selbstironie« und die »satirischen Funken« seiner Arbeit. Freilich kann Kniebe es sich nicht verkneifen, ausgerechnet den Erfolg der »One-Man-Show« Moore als Beweis dafür anzuführen, es sei um die USA viel besser bestellt als *Bowling* und *Stupid White Men* vorgeben: »Amerika ist ein großartiges Land – weil Michael Moore darin möglich ist.« Und es wäre zweifellos noch großartiger, hätte es einen »selbsternannten Kämpfer der working class« wie Moore nicht nötig, aber auf diesen Gedanken kommt Kniebe leider nicht.

»Mit seinem birnenförmigen Körper, den schlabbernden Hosen über dem Schlußverkaufs-T-Shirt und der Baseballkappe auf dem zerdrückten Haarschopf ist Moore der Alptraum jedes leitenden Angestellten«, fabuliert Andreas Kilb, ebenfalls am 21. November, in der *FAZ*. Doch er spielt nicht etwa auf den schweren Stand an, den Michael Moore einst bei *Mother Jones* hatte, sondern will damit erklären, wie der Regisseur zur »Nemesis des amerikanischen Großkapitals wurde«. Nämlich nicht durch Penetranz, Zivilcourage und peinliche Fragen, sondern einzig kraft eines Anblicks, der noch den härtesten CEO das Fürchten lehrt: »Das Sturmgeschütz, das [er] mitführt, ist seine Kamera, und die dickste Kugel, die es abfeuert, ist er selbst.« Die Metapher würde nicht mal stimmen, wenn Kilb recht hätte, doch zumindest zeigt er sich bei der herablassenden Beschreibung dieses komischen Amerikaners einfallsreicher als der Rest vom Pressekorps.

Der nämlich findet – ganz anders als Kilb –, daß gerade die Leibesfülle und die Allerweltsklamotten Mr. Moores ihn viel harmloser wirken lassen, als er tatsächlich ist. So Bettina Berendt in der *Financial Times Deutschland* vom 21. November 2002: »Michael Moore ist keine beängstigende Erscheinung: gemütliche Fastfood-Figur, die Pausbacken von einem mageren Bart eingerahmt. Moore ist ein freundlicher Mensch.« Der allerdings »mit seinen Filmen den mächtigsten Leuten Amerikas Angst« mache. Das war damals, lange vor *Fahrenheit 9/11*, eine freundliche Übertreibung der Autorin, aber ihre Charakterisierung Moores hat ja erst recht keinen Anspruch auf Wahrheit. Für glatte Perfidie hingegen hält Markus Albers in der *Welt am Sonntag* vom 24. August 2003 die äußere Erscheinung Michael Moores: Der »joviale Dicke mit der Baseball-Mütze« bestätige »lediglich dumpfe antiamerikanische Stereotypen«, arbeite »mit vulgärsozialistischen Klischees«, sei ein »klassenkämpferischer Selbstdarsteller« und, Gipfelpunkt der Abgefeimtheit, ein »sich subversiv gebender Medienunternehmer«. Wenn aber der Sozialismus in einem Organ des Springer-Verlags vor einer Figur wie Moore in Schutz genommen wird, dann liegt es wohl daran, daß ein modernes Medienunternehmen sich von Zeit zu Zeit einfach subversiv geben muß, wenn es einen populären Linken deckeln will: »Das diskursive Niveau gesellschaftlicher Debatten sinkt auf diese Weise bedenklich.«

Und erst recht auf diese Weise: »Das Sofa in der Suite des feinen Londoner Dorchester-Hotels sieht aus, als habe ein Walroß darauf genächtigt – durchgesessen von einem Mann, der in seinem Leben zu viele Hamburger verdrückt hat«, dichtet Tilman Müller für den *Stern* 48/2003. »Und da kommt Michael Moore in seiner gewaltigen Leibesfülle auch schon angewalzt, zurück von der Pinkelpause, und plumpst auf die Couch. ›Yeah‹, schnauft der zottelbärtige Amerikaner und zieht seinen Riesenpulli über den Hängebauch, ›ich wiege 5.000 Kilo.‹« Und wenn einer so aussieht und sich nicht einmal dafür schämt, dann gilt: »[Er] ist ein genialer Selbstdarsteller, aber kein Intellektueller wie etwa Woody Allen.« Der den Intellektuellen leider ebenfalls bloß darstellt, dies freilich genialer als Müller einen objektiven Journalisten.

Auch Thomas Hüetlin, der Reporter mit den alternierenden Meinungen, hat Moore im Dorchester besucht, und ihm fielen dabei Dinge auf, die noch nie ein Mensch zuvor gesehen hat. »Der letzte Rebell Amerikas hat sein Bodybuilding mit großer Disziplin betrieben«, witzelt er für den *Spiegel* 47/2002: »Dazu gehörten: Fernsehen, selten unter acht Stunden jeden Tag; Kartoffelchips, tütenweise, und große Dosen, gefüllt mit Bier und Cola.« Zwar trinkt Moore niemals Bier, auch nicht mit Cola gepanscht, aber investigativer Journalismus bedeutet für einen *Spiegel*-Mann, jeder Ahnung zu vertrauen, es darf auch gern eine falsche sein. Hüetlin kommt aus dem Phantasieren gar nicht mehr heraus: »Wenn sich der letzte Aufständische aus dem Sessel erhob und einen Ausflug unternahm, dann immer im Auto und meist zu McDonald's, wo er die billigsten Hamburger, das Stück zu 39 Cent, verdrückte. So auszusehen wie er, das war ein hartes Stück Arbeit, ganz klar. Schon deshalb sagt dieser Bursche, der wie ein gestrandeter Wal auf den Sofakissen des vornehmen Hotels Dorchester in London liegt, von sich, er sei ein ›großer, fetter Blödmann‹. Dazu grinst er und bestellt noch mehr Cola.« Hüetlin verzapfte diesen Stuß, als er Moore noch für einen »Superschwergewichts-Aufklärer« hielt, einen »Satiriker«, der »sich nicht mit Polemik und schnellen Lachern zufrieden« gebe.

Genau ein Jahr später mag der Phantast den Aufklärer nicht mehr leiden, denn sein Blatt hat beschlossen, die Invasion des Irak für eine gute Sache und alle Kriegsgegner für verblendete Eiferer zu halten. Nun wird der Wanst von Moore nicht mehr freundlich als Folge eines »Bodybuildings mit großer Disziplin« belächelt. Im *Spiegel* 48/2003 reibt Hüetlin es dem

»Dicken aus Michigan« richtig rein: »Michael Moore hat die Figur eines riesigen Daunenschlafsacks, seine schlecht geschnittenen Haare verbirgt er unter einer Baseballkappe, und wenn er gefragt wird nach seinem nächsten Ziel im Leben, antwortet er: ›40 Pfund weniger‹. [...] Moores Figur, Moores Publikum, Moores Leben, alles ist außer Kontrolle geraten.« Woher der Hüetlin weiß, daß Moore eine üble Frisur trägt, obwohl die doch unter einer Kappe verborgen ist, verrät er so wenig wie seine Quellen für diese Erkenntnis: »Längst lebt Moore in einer anderen Welt. Seinen Fans spielt er vor, er sei einer von ihnen. [...] Dabei fliegt Moore längst mit Learjets, wohnt in Luxushotels, läßt sich von jenem Sicherheitsdienst bewachen, der auch Arnold Schwarzenegger, einen seiner Lieblingsfeinde, beschützt haben soll.« Davon können Moores Fans längst nur träumen: im Learjet mit demselben Bodyguard, der eventuell Schwarzenegger behütet hat, von Luxushotel zu Luxushotel zu reisen und zwischendurch einer Koryphäe wie Hüetlin über den Weg zu laufen.
Die Enthüllungsmanier seines Artikels wirkte vielleicht nicht ganz so unappetitlich, käme sie weniger hämisch daher und entlarvte Hüetlin auch was anderes als die übliche Vorzugsbehandlung, die Hollywood jedem erfolgreichen Star angedeihen läßt. »Er hat ein schlechtes Gewissen und möchte seinen Lebensstil geheimhalten«, verrät er unter Berufung auf einen natürlich anonymen Zeugen dem hoffentlich empörten Publikum. Das allerdings noch viel dümmer sein müßte, als Hüetlin es schwatzen möchte, hätte es vor dieser Offenbarung den Mann für einen armen Schlucker gehalten, dessen Titel seit mehreren Monaten die oberen Plätze der Sachbuch-Bestsellerliste des *Spiegel* besetzt hielten und dessen Filmverleih mit *Bowling For Columbine* allein in Deutschland mehr als sechs Millionen Euro erlöst hatte. »Moore macht sich die Welt passend«, behauptet Hüetlin und hat damit sogar ein wenig recht, aber daß er selbst sich den Moore je nach aktueller Blatt-Tendenz zurechtschnitzt, erwähnt er selbstverständlich nicht.
Die Obsession einheimischer Journalisten für Michael Moores Erscheinung legte sich auch ein Jahr nach seinem sensationellen

Deutschland-Debüt nicht. Als er im Herbst 2003 während einer Promotion-Tour für sein neues Buch *Dude, Where's My Country?* vor Abertausenden seiner neuen Fans auftrat, konnten sich die entsandten Korrespondenten kaum losreißen von seiner Gestalt. Für Jörg Schindler war er einfach »der rothaarige Kauz«, »ein unrasierter Pazifist« in »übergroßen Jeans« (*Frankfurter Rundschau*, 18. November 2003). Stephan Draf hatte im *Stern* 48/2003 größeren poetischen Ehrgeiz: »Optisch kommt [Moore] ohnehin rüber wie der Prototyp des tumben Amis. Die verschlissenen Gelenke erlauben nur noch einen watschelnden Obelix-Gang, und die Baseballkappe sitzt wie angewachsen.« Vor lauter Begeisterung macht Draf den Prototypen sogar größer als er in Wirklichkeit ist: »Er saß [beim Flug nach Berlin] in seinen Sitz geklemmt wie ein Elefant im Aquarium, gut 130 Kilo verteilt auf einen Meter neunzig.« Die acht überzähligen Zentimeter mußte Moore offenbar beim deutschen Zoll wieder abgeben, und mehrere Zentimeter, die ihm eigentlich gehörten, gleich dazu. Stefan Kuzmany, Berichterstatter der *Taz*, schreibt jedenfalls am 18. November 2003 über Moores Auftritt in der Berliner Columbiahalle, er habe einen »kleinen [!], rundlichen Mann« beobachtet, »an dem, mal abgesehen von der gewaltigen Stimme, so gar nichts attraktiv genannt werden kann. [...] Das kann doch nicht sein, daß hier ein Anführer steht. Ein Revolutionsführer.« Kuzmany ist offenbar auf strahlend schöne Helden wie Christian Ströbele und Joschka Fischer fixiert.

Diesen Defekt teilt er mit seinem Redaktionskollegen Robert Misik, der »Amerikas dickste Smart Weapon« mit all der Freundlichkeit beschreibt, die man ansonsten nur in der Klatschkolumne der *Bild*-Zeitung findet: Moore erzähle »von einem Amerika [...], das bei Gott nicht sexy ist, ein Amerika, aus dem er selbst stammt – der mittlerweile 49jährige dicke, häßliche Boy mit dem Watschelgang, den ausgewaschenen Jeans, die irgendwo in den Kniekehlen hängen, den gräßlichen Brillen und den unvermeidlichen Baseball-Caps« (*Taz*, 14. November 2003). Das ist bei Gott so antiamerikanisch formuliert wie Moore selbst es nie könnte, und darum stellt Misik halbwegs korrekt fest: Moore »gibt den linken Patrioten und kriegt doch noch die Kurve, bevor er in den Chauvinismus kippt«. Davon könnte Misik durchaus lernen.

Wer sich derart festsaugt an der vermeintlichen Unansehnlichkeit eines Menschen, wer bei Begutachtung eines Künstlers, der Politik macht, vor allem auf den Körper starrt, der muß schon lange vergessen haben – wenn er's je wußte –, daß Ideen eben nicht im Bauch, ganz gleich wie dick der sei, sondern im Kopf entstehen. Oder schließt zum Beispiel Stefan Kuzmany nur von sich auf andere? Die folgende Vernichtungsphantasie scheint er in der Tat mit einem Körperteil geschrieben zu haben, der normalerweise nicht auf dem Hals sitzt: »Michael Moore wird sterben. Es wird der Tag kommen, da erhebt einer eine Pistole gegen ihn oder ein Präzisionsgewehr, vielleicht ein verwirrter Waffennarr, vielleicht ein von George W. Bush geschickter CIA-Agent. Schüsse werden peitschen, Kugeln sein graues XXXL-T-Shirt durchdringen, dieses lächerliche, verschwitzte Stück Stoff. Die Kugeln werden in seinen massigen, fetten Körper einschlagen, er wird rückwärts fallen, die dunkle Baseballkappe fällt dabei vom Kopf, rollt in einem kleinen Halbkreis um den gestürzten Körper und bleibt liegen« (*Taz*, 18. November 2003). Kuzmany meint sein degoutantes Gefasel vermutlich witzig, aber das ist die Sorte Humor, über die in der *Muppet Show* Waldorf einst zu Stadler bemerkte: »Du hast ja sogar den Zweiten Weltkrieg komisch gefunden.«

Die Hartnäckigkeit, mit der die Kollegen im Nachbarland den Leib und die Kleider Michael Moores ins Zentrum ihrer Porträts rücken, scheint die Schweizer Journalistin Beatrice Schlag enorm beeindruckt zu haben. In der *Weltwoche* 15/2003 erklärt sie sich Moores Popularität in den USA kurzerhand so: »[Er] ist eine herausragende Figur, groß, dick, langhaarig, immer in Jeans, Windjacke und mit Baseball-Kappe, wenn er nicht gerade einen Oscar bekommt. Ein Underdog im XXL-Format, wie sie zu Zehntausenden herumlaufen in der amerikanischen Provinz, wo er herkommt. Nur daß Moore längst kein Underdog mehr ist, sondern laut *Time Magazine* ›der größte Star der Linken‹ im ganzen Land. [...] Daß er selbst für einen Underdog ungewöhnlich schludrig angezogen ist, kümmert ihn nicht. Kleidung gehört nicht zu den Dingen, für die er Zeit verschwendet.« Warum sollte er auch? Er arbeitet ja nicht für die *Weltwoche*.

Die Faszination deutscher Journalisten vor Michael Moores Erscheinung trägt nachgerade pathologische Züge. Auch 2004, als nicht mal mehr das *Pinneberger Tageblatt* es als Neuigkeit verkaufen konnte, daß dieser Regisseur fast so dick wie Alfred Hitchcock ist, wurden sie nicht müde, darüber zu reden wie über eine Weltsensation: »Es ist 11.30 Uhr«, hechelt Hannsgeorg Rodek in der *Welt* vom 18. Mai 2004, »und Le Star der Stars dieser 57. Filmfestspiele [in Cannes], vor dem Brad Pitt und Cameron Diaz verblassen, ist auf der Szene erschienen, ein 50jähriger mit 50 Kilo Übergewicht, schütterem Vollbart und einem Ausgehkostüm schlimmer als in Armanis ärgsten Alpträumen.« Das hätte wortgleich – freilich mit mehr Punkten statt Kommata – in *Gala* stehen können. Aber weil die seriöse Presse hierzulande ihre Entpolitisierung und Boulevardisierung zügig verwirklicht, ohne sie realisieren zu wollen, mußte das Klatschblatt auf einen Beitrag von Rodek verzichten und statt dessen die eigene Fachkraft Julide Tanriverdi einsetzen: »Baseballkappe, Fünftagebart und Wohlstandsbauch: Michael Moore entspricht eher dem Klischee des Truckfahrers als dem eines gefeierten Künstlers« (*Gala* 26/2004). Dieses Klischee wurde hart erarbeitet. Doch nicht von Moore, sondern von einer Journaille, die bei einem Amerikaner vor allem dies erwartet: daß er genauso aufgeblasen, schlampig und oberflächlich ist wie sie selbst.

In Freundesland II

Wäre Michael Moore bei seiner Eroberung Deutschlands von der Unterstützung der hiesigen Medien abhängig gewesen, er hätte bei seinen Auftritten keine Uni-Buchhandlung mit Publikum gefüllt, geschweige die Columbiahalle. In den Porträts und Besinnungsaufsätzen, die man ihm widmete, gab man sich alle Mühe, ihn als Politclown, Windbeutel, Kuriosum zu verspotten, und man fing damit bereits in der Titelzeile an.

»Donald Duck im Klassenkampf« (*Spiegel* 47/2002); »So weit die Schüsse tragen« (*FAZ*, 21. November 2002); »Bär beißt

Bush« (*Focus* 14/2003); »Der Scheinheilige« (*Welt am Sonntag*, 24. August 2003); »Zugpferd des Antiamerikanismus« (*Süddeutsche Zeitung*, 11. Oktober 2003); »Der Kracher« (*Taz*, 14. November 2003); »Ein amerikanischer Märtyrer« (*Taz*, 18. November 2003), »Segne uns!« (*FAZ*, 18. November 2003), »Landen, lästern, Lunte legen« (*Stern* 48/2003); »Der Wadenbeißer« (*FAZ*, 24. Mai 2004); »Missionar Moore« (*Süddeutsche Zeitung*, 24. Mai 2004) –: Echte Sympathie drückt sich anders aus.

Doch Michael Moore wurde ohne besonderes Zutun der Presse in Deutschland berühmt; sie geiferte seinem Ruhm nur mehr hinterher, ohne ihn irgendwie schmälern zu können. Gewiß, *Bowling For Columbine* war von den deutschen Kritikern weitgehend mit Wohlwollen rezensiert worden, aber was blieb ihnen auch übrig, nachdem das Werk im Mai 2002 beim Filmfestival in Cannes einen eigens gestifteten Spezialpreis und bei allen folgenden Filmfestspielen wenigstens den Ehrenpreis des Publikums abgeräumt hatte? *Bowling* kam ziemlich spät in die hiesigen Kinos, mehrere Wochen erst, nachdem der Film in Italien und Frankreich seine Tauglichkeit fürs europäische Publikum massiv unter Beweis gestellt hatte. Doch trotz der unverständlichen Zauderei des Verleihs Universal und einer ziemlich dürftigen Marketingkampagne hatten einen Monat nach dem Kinostart schon 236.000 Deutsche *Bowling For Columbine* gesehen – eine erstaunliche Zahl für einen Dokumentarfilm, der sich vor allem auf Mund-zu-Mund-Werbung verließ, für einen Film in Originalsprache mit Untertiteln sowieso (nur die Off-Stimme Michael Moores wurde synchronisiert).

Der Piper Verlag investierte in seine Lizenzfassung von *Stupid White Men* weit mehr Geld. Doch leider nur in die Werbung für das Buch, nicht in die Übersetzung. Die war – wie alles, was seither auf deutsch von Moore erschienen ist – mit glühend heißer Nadel genäht und verwandelte den ohnehin brachialen und schludrigen Stil des Autors mit seiner bedenklichen Neigung zu Slangausdrücken, Appellationsrhetorik und Kumpelei in einen Jargon, der zwar ungehobelter klang als das Original, aber dessen Humor kaum erahnen ließ. Vor lauter Hast, von der Aufmerksamkeit für *Bowling For Columbine* zu profitieren, ließ Piper diese Übersetzung fast unlektoriert passieren, und nachdem das Buch gleichsam über Nacht zu einem Riesenerfolg geworden war, hielt man es auch nicht mehr für nötig, aus den folgenden Auflagen wenigstens die gröbsten Schnitzer zu tilgen. Nur drei Beispiele, zufällig dem ersten Kapitel entnommen: »The following message was intercepted by U.N. forces on 9/1/01, at 0600 hours, from somewhere within the North American continent«, lautet Moores Eröffnungssatz. In der Piper-Fassung wird daraus: »Die folgende Nachricht wurde von UN-Truppen am 9.1.01 um 6 Uhr Ortszeit auf dem amerikanischen Kontinent abgehört.« Damit mutieren die folgenden Absätze, in denen Moore die UN-Soldaten flehentlich bittet, schleunigst in die USA einzurücken, zu blühendem Blödsinn: Wieso sollen die einmarschieren, wenn sie laut deutscher Übertragung doch längst da sind? Korrekt hätte das Dolmetscherquartett von einer Botschaft schreiben müssen, die die UN-Truppen von »irgendwo auf dem amerikanischen Kontinent« erreicht. – »Hail to the thief!« wird in aller Hast mit »Ehre dem Dieb!« übersetzt, obwohl kein hiesiger Leser so auch nur ahnen kann, daß Moore ein Wortspiel mit der traditionellen US-Präsidenten-Hymne »Hail to the Chief!« veranstaltet. »Heil Dir im Diebeskranz!« wäre der Sache wenigstens etwas näher gekommen (eine kleine Fußnote schmerzt in solchen Fällen sowieso nicht). – Und »crooked politicians« sind eben nicht bloß »miese«, sondern betrügerische Politiker.

Zufällig aufgelesene Unkrautblüten, wie gesagt, und in den übrigen Piper-Ausgaben von Moores Büchern sieht es keinen Deut besser aus. Nun sollte man sicherlich nicht gleich Harry Rowohlt damit behelligen, solch rüde Textsammlungen zu übertragen. Aber nachdem *Stupid White Men* binnen nicht mal eines Jahres mehr als eine Million Mal verkauft worden war, hätte der Verlag zweifellos ein paar Euro mehr für ein gründliches Vergleichslektorat erübrigen können. Offensichtlich jedoch war die Geschäftsführung der Ansicht, daß an einem Buch, das sich wie warme Wecken verkauft, gar nichts mehr zu verbessern sei. Und auch Moore scheint mit den Reinerlösen so zufrieden zu sein, daß er es sich lieber spart, die Arbeit des Verlags überprüfen zu lassen.

In gewisser Weise haben die deutschen Leser sich also für einen Michael Moore begeistert, der nur so aussieht wie das Original, aber ganz anders klingt, lahmer, umständlicher, verkrampfter. Überhaupt wurde die Ikonisierung, die Moore hierzulande erlebte, von lauter Mißverständnissen begünstigt. Man goutierte an seinen Büchern die Beschimpfungen der »Bush-Junta«, die Sottisen gegen das US-Bildungssystem, die Bannflüche auf den amerikanischen Kapitalismus, die Polemiken gegen Rednecks, das Pentagon und die korrupten Abgeordneten auf dem Capitol Hill. Doch gleichzeitig ignorierte man seinen naiven Glauben an die Würde der amerikanischen Verfassung, seine Hoffnung auf das Gute in den Landsleuten, seinen linksgewirkten Patriotismus und seine Überzeugung, daß die USA wieder eine Leuchte der Hoffnung für die Welt werden könnten, gelänge es nur, die kleine Clique der reaktionären Lügner und Ausbeuter zu verjagen, die sich Amerika unter den Nagel gerissen haben. Michael Moore verfaßte keins seiner Bücher, um deutsche USA-Hasser zu füttern. Doch der antiamerikanische Affekt feierte solche Triumphe, daß man umstandslos Moores Gesellschaftskritik für eine Bestätigung des eigenen Wahns nehmen konnte. Piper half dabei fleißig nach: Der englische Untertitel von *Stupid White Men* – »... and other sorry excuses for the state of the nation« (»... und weitere traurige Ausreden für die Lage der Nation«) – lautet in der deutschen Fassung: »Eine Abrechnung mit dem Amerika unter George W. Bush«. Es gab 2003 sehr viele Deutsche, die endlich mit Amerika abrechnen wollten.

»Seit *Stupid White Men* sei Moore bei den Deutschen so populär wie einst US-Präsident John F. Kennedy, schreibt das US-Magazin *Publisher's Week*. [...] ›Sein Film und seine Bücher bestätigen negative Stereotype, die man in Deutschland über Amerika hat. Und den Glauben, daß das Land unkultiviert, geldgierig und materialistisch ist und hier alle mit einem Gewehr in der Hand herumlaufen‹, sagt Tom Clark, Geschichtswissenschaftler an der Universität Kassel. Allerdings hat Clark

bemerkt, daß ein Großteil der Ironie und Selbstreflexion, die US-Leser an den Büchern schätzen, in den Übersetzungen verlorengegangen ist. ›Moore arbeitet in den Staaten und in Deutschland in einem unterschiedlichen Kontext‹, sagt Clark« (*DW-World.de*, 14. November 2003). Und der Volkstribun selbst scheint bei seiner Tournee durch die Bundesrepublik gewittert zu haben, daß der Braten etwas faul riecht.
Larissa MacFarquhar beobachtete Moore in München bei einem Auftritt im Mathäser-Filmpalast. Mehr als tausend Zuschauer kamen, um ihrem neuen Helden zu huldigen, und einige von ihnen hatten Wortmeldungen mitgebracht, die Moore ziemlich stutzig werden ließen. Einer meinte zu wissen, die Bush-Familie treibe Geschäfte mit der Mafia, ein anderer war fest überzeugt, die US-Regierung habe schon lange im voraus von den japanischen Angriffsplänen gegen Pearl Harbor gewußt, und fragte Moore, ob der 11. September nicht so was wie die Wiederholung der Geschichte sei. »Jetzt beschloß Moore, eine Unterbrechung einzulegen und ein wenig nachzuforschen. ›Wie viele von Ihnen glauben, Bush habe nicht nur gewußt, daß am 11.9. irgendwas, sondern ganz genau, was passieren wird?‹ Etwa fünfundzwanzig Leute von den tausend im Publikum hoben ihre Hände. ›Und wie viele glauben, daß die amerikanische Regierung an den Angriffen vom 11. September beteiligt war?‹ Etwa die gleiche Zahl bekannte sich zu diesem Glauben. Moore machte eine Kunstpause. ›Nun, ich glaube nicht, daß die Bush-Regierung irgendwas mit dem 11. September zu tun hatte‹, sagte er leise. ›Ich glaube, daß es haufenweise Warnsignale gab, aber ich bezweifle, daß sie absichtlich ignoriert wurden – Bush wollte bloß für einen Monat auf seine Ranch.‹« (*The New Yorker*, 16. Februar 2004)
MacFarquhar zeigt sich geradezu enttäuscht über die geringe Zahl von Verschwörungsspinnern im Publikum; sie zitiert aus einer Umfrage, laut der jeder fünfte Deutsche überzeugt sei, die CIA habe die Anschläge auf das World Trade Center organisiert. Allerdings hat Michael Moore solche Spekulationen nie unterstützt. Für andere hingegen zeigt er sich sehr aufgeschlossen. In *Dude, Where's My Country?* wie in *Fahrenheit 9/11* be-

streitet er die Verantwortung Osama Bin Ladens: Der sei zu krank, um bei so etwas Großem die Strippen zu ziehen, er könne ja »nicht mal ohne Hilfe in den Nachttopf pissen«. Statt dessen favorisiert Moore folgende Konspirationstheorie: Die Terrorattacken seien von fanatischen Islamisten ausgeheckt worden, die (wie Bin Laden) zum näheren Umkreis der saudischen Königsfamilie gehören. Weil die Bush-Dynastie mit den Saudis seit Jahrzehnten herzliche Geschäftsbeziehungen pflege und weil die US-Wirtschaft auf saudische Investoren nicht verzichten könne, habe die amerikanische Regierung alle Nachforschungen unterbunden, die den Abzug saudi-arabischen Geldes aus den USA provozieren könnten.

Nun ist die Behinderung von Ermittlungsarbeiten zweifellos eine Straftat, aber nichts verglichen mit der monströsen Abenteuergeschichte, die Wahnfriedel wie Mathias Bröckers oder der Ex-Diplomat Andreas v. Bülow (*Die CIA und der 11. September*) der deutschen Leserschaft höchst erfolgreich auf die Nase gebunden haben. Wahrscheinlich ist die Schnittmenge zwischen Moores Fans und den Narren, die an Bröckers glauben, viel kleiner als MacFarquhar und auch Thomas Hüetlin glauben machen wollen. Der Meinungspluralist vom *Spiegel* war in der Columbiahalle und sammelte Stimmen: »Es sind Leute wie Britta, eine Tischlerin aus Ost-Berlin, die sagt: ›Am 11. September ist kein Flugzeug in das Pentagon geflogen. Das ist alles Propaganda.‹ Leute wie Beate, eine Immobilienmaklerin, die sagt: ›Ich glaube nicht mehr, daß Osama Bin Laden hinter den Anschlägen steckt – schon weil die Zahl der Opfer mit nur 3.000 Menschen erschreckend gering ist.‹ Leute wie Ingeborg, eine Übersetzerin, die sagt: ›Das war ein Werk der CIA. Die US-Regierung, das sind teuflische Typen.‹« (*Spiegel* 48/2003).

Obwohl Hüetlin an diesem Abend von Moore kein einziges Wort hört, das diesen wüsten Phantasien beipflichtet, macht er den Amerikaner für solche Hirngespinste verantwortlich. Das ist nicht bloß infam, es ist blanker Rufmord. »An seinem ersten Abend in Deutschland berichtet Moore, während einer seiner Attacken auf George W. Bush, daß inzwischen der 400. amerikanische Soldat im Irak getötet wurde. Einige in Berlin applaudieren. Was früher klammheimliche Freude hieß, gehört bei seinen Auftritten zum guten Ton.« Denn wenn gerade mal »einige« Leute von Tausenden klatschen, hört der Denunziant den Ton, den er von Beginn an erwartet hat. Wir befinden uns hier in der sumpfigen Grenzregion zwischen Schmierlappigkeit und Lüge. »Sogar Moore ist irritiert. ›Bitte nicht klatschen‹, sagt er.« Könnte er aber deutsch und hätte dieses »sogar« gelesen, dann würde Hüetlin eine interessante Zeit vor Gericht erleben.

In Freundesland III

Im eigens für die deutsche Ausgabe verfaßten Vorwort zu *Dude, Where's My Country?* bedankt sich Moore von Herzen für den Widerstand der Deutschen gegen Bushs Irakkrieg: »Ich kann gut verstehen, daß Deutschland und der Rest der Welt über das Verhalten der Vereinigten Staaten von Amerika ausgeflippt sind. Recht hatten sie!« Dann schmiert er seinen glühendsten Fans außerhalb der USA ordentlich Honig ums Maul: »Ihr wißt Bildung zu schätzen. Und ihr habt im vergangenen Jahr die moralische Führung in der Frage Krieg oder Frieden übernommen.« Man kann nicht bestreiten, daß er weiß, wie man sein Publikum charmiert. Vielleicht hat er auch nie von der Pisa-Studie gehört. Das fette Lob verbindet er jedoch mit dem Aufruf, gegen die weitere Zerstörung der Sozialsysteme in Deutschland zu opponieren: »Es ist, als ob ihr euch in uns verwandelt, in ein Volk, das glaubt, daß die Reichen immer reicher werden müßten und alle anderen ihnen den Arsch küssen sollten. Ach kommt schon, ihr Deutschen, *ihr* wißt es doch besser!« Dies freilich, dieser Hinweis darauf, daß die Deutschen nur noch einen Regierungswechsel davon entfernt seien, genauso zu werden wie die verhaßten Amerikaner, dürfte Moore hierzulande mindestens so viel Gefolgschaft gekostet haben wie seine offene Solidarität mit den Einsatztruppen der US Army im Irak, die er ebenso für Opfer der Bush-Regierung hält wie die Okkupierten. Sein bislang letztes Buch *Will They Ever Trust Us Again?* (dt. *Verraten und verkauft*), eine Sammlung von Erlebnisberichten amerikanischer

Frontsoldaten, verkaufte sich, gemessen an den Vorgängern, in Deutschland so gut wie gar nicht.
Aber am meisten stieß er seine hiesigen Fans mit einem Kapitel in *Downsize This!* vor den Kopf. Die deutsche Version war von Piper in aller Eile auf den Markt gebracht worden, sobald *Stupid White Men* sich zum größten Bestseller des Jahres entwickelt hatte; und auch *Querschüsse* wurde schier blindwütig weggekauft, obwohl es bereits sechs Jahre zuvor in den USA erschienen und so voll mit tagespolitischen Anspielungen war, daß selbst eine bessere Übersetzung sich schwergetan hätte, dem heimischen Leser den Witz des Buchs zu vermitteln. Das Kapitel 10 allerdings – »Deutschland hat immer noch nicht für seine Sünden bezahlt – und ich will die Schulden eintreiben« – verstand sich auch ohne Anmerkungen. Moore erinnert darin an einige Wahrheiten, die man hier gar nicht gern hört: daß die Deutschen zwar Abermillionen Menschen während des Zweiten Weltkriegs umgebracht haben, aber damit nicht nur fast ungestraft davonkamen, sondern sogar dafür belohnt wurden, mit einer prosperierenden Wirtschaft, einem der höchsten Pro-Kopf-Einkommen der Welt und einem »Lebensstandard ohnegleichen«.
Völlig zu Recht wundert sich Moore, warum anläßlich des 50. Jahrestags des Siegs über Nazideutschland nicht zu besichtigen war, wie »jeder einzelne Deutsche auf die Knie sank und um Vergebung bat, in Viehwaggons stieg, um sein Mitgefühl zu zeigen, und schließlich versprach, jede Woche einen Tagesverdienst an einen Überlebenden des Holocaust zu spenden«. Moore rechnet vor, wie billig die Deutschen mit ihrer »Wiedergutmachung« davongekommen sind, nämlich mit »68,3 Milliarden Dollar [...] Wieviel ist das, wenn man es auf alle Menschen umrechnet, die im Holocaust getötet wurden? Die Antwort lautet: 6831 Dollar pro Person. Das ist alles.« Es wäre falsch zu vermuten, daß solche Rechnungen in Deutschland besonders oft und allzu gern angestellt werden. Und Moore konnte bei Niederschrift des Kapitels noch gar nicht wissen, welch widerwärtiges Schauspiel die Deutschen ein paar Jahre später aufführen sollten, als die letzten überlebenden Opfer ihres Mörder- und Sklavenhalterreichs in den USA Sammelklagen ein-

reichten, um endlich eine angemessene finanzielle Entschädigung zu erhalten.

Vielleicht wären ihm dann noch härtere Strafmaßnahmen als in *Downsize This!* eingefallen. Er schlägt vor, den Deutschen Bayern (»reich an Bodenschätzen, Wald und Wasser«) wegzunehmen und es den Israelis zu überlassen. Die aus Bayern vertriebenen Deutschen könnten dann ja mal in Palästina versuchen, »die Wüste zum Blühen zu bringen«. Und damit auch die angemessene physische Bestrafung nicht vergessen sei, weist Moore seine Landsleute darauf hin, daß in Florida Zehntausende ehemalige Wehrmachtssoldaten ihren Lebensabend verbringen – ebenso wie Tausende Überlebende des Holocaust: »Ist es richtig, daß diese jüdischen Männer und Frauen, die das Schlachtfest der Deutschen glücklich überlebt haben, deutsche Speisekarten lesen müssen, damit sich ihre neuen ›Nachbarn‹ wohler fühlen? Ich glaube nicht.« Und darum plädiert Moore dafür, die jüdischen Rentner in Florida bis an die Zähne zu bewaffnen, damit sie auf gute amerikanische Art für Gerechtigkeit sorgen: »[Feiern] wir das *wahre* Ende des Zweiten Weltkriegs. Also – RENN UM DEIN LEBEN, KLAUS!«

Der Journalist Ralf Schröder, der sich im linken Monatsmagazin *Konkret* 10/2003 mit den Büchern Michael Moores befaßte, hält das alles für »ein flottes Witzchen« und zumal die Forderung nach einem Tausch von Bayern gegen Israel für eine Obszönität: »Die Überlegung, die Opfer zu einem Leben im Land der Täter zu zwingen, ist hinsichtlich ihrer gedanklichen Mechanik und in ihrem Jargon typisch für den in New York lebenden Journalisten, Autor und Filmemacher Michael Moore, der im allgemeinen und in seinem eigenen Verständnis auch als Satiriker gilt.« Der Jargon Schröders mit seinem Was-wißt-denn-ihr-schon-Gestus und seine gedankliche Mechanik, die eine wirklich nicht üble Idee Moores übersetzt in einen Zwang, von dem bei ihm gar keine Rede ist (allenfalls geht es ihm darum, die Täter zu zwingen, ihr Land zu verlassen), dienen zu nichts anderem als dem, was man im allgemeinen und eventuell auch in Schröders Verständnis Verleumdung nennt.

Er kann Moore nicht ausstehen, weil die Deutschen so gern

Bücher von Moore lesen; und weil die Deutschen Schröder nicht schmecken, ist er ganz sicher, diese Bücher seien die »unappetitlichsten Produkte, die die Kritik an der globalisierten Marktwirtschaft und die damit meist identische Kritik an den USA bisher hervorgebracht hat«. Er führt unkommentiert Dutzende Lobworte deutscher Kritiker für Moore an, so als bewei-se bereits dieses Lob, wie suspekt der sogenannte Satiriker sei, der doch nur ein bestimmtes »Bedürfnis bedient«. Kein Wort bei Schröder darüber, daß *Downsize This!* und *Stupid White Men* in Amerika erschienen, als sich hierzulande nur ein Häuflein Cineasten für Michael Moore interessierte. Statt dessen deutet der *Konkret*-Autor – wie es sonst nur rechte Kritiker tun –, den Erfolg Moores in Deutschland als Ergebnis eiskalter Marktanalyse: »Moore verfährt in seiner Kritik, als habe er zuvor sämtliche Neurosen, Wahnvorstellungen und Verfolgungsängste der Deutschen studiert.«

Wenn Moore schreibt, er fühle sich »reingelegt«, weil getrennter Müll in Amerika am Ende auf einem einzigen Deponiehaufen lande, dann weiß Schlaumeier Schröder sofort, wie so was hier verstanden wird, nämlich als eine »der Verschwörungen, die den deutschen Naturfreund schon lange umtreiben«. Beschwert sich Moore darüber, daß amerikanischen Studenten, die man mit Hasch erwischt hat, die Studienhilfen gestrichen werden, verurteilte Mörder aber weiterhin Beihilfen erhalten, erwähnt Schröder selbstverständlich nicht, daß Moore hier gegen die Bigotterie im Bush-Amerika plädiert und keineswegs gegen staatliche Almosen für Kapitalverbrecher. Ralf Schröder frisiert das Halbzitat so zurecht: »Das kennt der Deutsche natürlich: Die Schwerverbrecher führen im Knast ein Luxusleben, der kleine Mann kommt für die Kosten auf.«

Seltsamerweise entgehen Schröder in seiner Versessenheit, Moore als Deutschen zu enttarnen, die wirklich heiklen Stellen in dessen Büchern. Das mag daran liegen, daß Schröder sie nur quergelesen hat, weil er ja eh von vornherein wußte, es hier mit lauter »Einladungen zum hemmungslosen Assoziieren« zu tun zu haben, die er, Recherche kostet Zeit!, denn auch mit Freuden annahm. Diese wirklich heiklen Stellen aber befassen sich mit

Israel. Im achten Kapitel von *Stupid White Men* (»Wir sind die Nummer eins!«) erörtert Moore seine Vorschläge zum Weltfrieden; und auch zum Konflikt zwischen Israelis und Palästinensern fällt ihm was ein.
Moore erinnert sich an die Besichtigung eines palästinensischen Flüchtlingslagers 1988, als er aus Solidarität mit der ersten Intifada nach Israel gereist war: »Noch nie hatte ich solchen Schmutz, solche Erniedrigung, solch abgrundtiefes Elend erlebt.« Die Selbstmordattentate der Hamas sind für ihn die logische Folge aus der »Apartheid«-Politik Israels: »Natürlich werfen sie Steine! Natürlich töten sie israelische Siedler! So was machen mißhandelte Menschen nun einmal – sie schlagen zurück und mißhandeln andere. Wer wüßte das besser als die Israelis?« Moores Lösungsvorschlag: Fortan sollten nur noch US-Gelder an Israel überwiesen werden, wenn es aktiv an der Errichtung eines palästinensischen Staates mitwirke. Und damit die Israelis merken, daß man es ernst meint, hätten sie binnen 30 Tagen »das Blutvergießen« und ihr »skrupelloses Handeln« zu beenden, da sonst jegliche amerikanische Finanzhilfe gestoppt werde. Den Palästinensern wiederum solle man – sofern ihr neuer Staat sich eine Verfassung zulege, in dem Demokratie und Gleichberechtigung ebenso gewährleistet seien wie das Verbot jeder »Form von Aggression gegen Israel« – doppelt so viel Unterstützungsgelder zukommen lassen wie Israel, »eine Art Marshall-Plan«, verwaltet von unbestechlichen Beamten. Diese moderate Idee verwirft Moore in *Dude, Where's My Country?* und ersetzt sie durch den zynischen Vorschlag, den Palästinensern Militärhilfe in gleicher Höhe wie den Israelis zu leisten: »[Sie] können sich einfach gegenseitig in die Luft jagen und den Rest der Welt verdammt noch mal in Ruhe lassen.« Dies unter der Kapitelüberschrift: »Wie beendet man den Terrorismus? Hört auf, Terroristen zu sein!«
Moores Erklärungsmuster für den israelisch-palästinensischen Konflikt ähneln fatal den antiisraelischen Parolen, die sich spätestens seit der Apo auch unter deutschen Linken hoher Beliebtheit erfreuen. Fast kein Wort bei ihm über die Korruption in der PLO-Führung, nicht eine Silbe über die Fanatiker der

Hamas, die sich noch für jeden Waffenstillstand Israels mit dem Zerbomben von Schulbussen bedankt haben. Die Gewalt der Palästinenser als blanke Notwehr gegen die Brutalität der israelischen Armee zu entschuldigen: So einfach machen es sich Linke in aller Welt gern. Daß Israel nicht mal 30 Tage überleben würde, zöge es seine Grenztruppen zu den palästinensischen Gebieten ab, kann Moore sich nicht vorstellen, weil er nachgerade reflexhaft auf seiten der »Underdogs« des Konflikts steht. Er nennt Apartheid, was keine ist, sondern die bittere Folge eines permanenten Kriegszustands. Den zu beenden Israel – das unterschlägt Moore ebenso wie alle Antizionisten – sich mehr bemüht hat als die PLO jemals. Man liest ziemlich irritiert, wie tränensatt er vom Leid palästinensischer Kinder schreibt und wie leichthändig er den systematischen Terror der Hamas herunterspielt.

Ist das Antisemitismus? Moores rechte Feinde in den USA werfen es ihm gern vor, aber sie können ihm kein Wort nachweisen, in dem er die Besatzungspolitik der Israelis zu einer genuin jüdischen Gemeinheit erklärt. Moore bestreitet nie das Existenzrecht Israels (was Antisemiten gerne tun); und er schreibt nirgends (was deutschen Linken seit Jahrzehnten ganz leicht fällt), daß die Israelis handelten wie einst die Nazis. Moores Äußerungen unterscheiden sich von denen hiesiger Israelgegner fundamental durch die völlige Abwesenheit von Selbstgerechtigkeit. Er klagt nicht über Verbrechen der israelischen Armee, um damit zu »beweisen«, die Juden seien doch auch nur verkappte SS-Leute. Moore quatscht von »Apartheid«, was ein hirnloser Unfug ist, aber er behauptet eben nicht, die israelischen Maßnahmen gegen die Palästinenser seien ein moderner »Holocaust«, was einem Israelgegner aus Deutschland automatisch herausrutscht.

»Keine andere Gruppe mußte so lange und ununterbrochen Folter und Mord erdulden wie die Juden, die einem Fanatismus ausgeliefert waren, der nicht Jahrhunderte, sondern *Jahrtausende* dauerte«, betont Moore in *Stupid White Men*. Schreibt so ein Antisemit? Als Ronald Reagan und Helmut Kohl sich 1985 auf dem Soldatenfriedhof von Bitburg die Hände zur Versöhnung reichten, und zwar über die Gräber von SS-Leuten hinweg, war auch Michael Moore vor Ort, zusammen mit einem jüdischen Freund, dessen Eltern Auschwitz überlebt hatten. Beide postierten sich vorm Friedhofstor und spannten beim Anrollen der Staatslimousinen ein Transparent mit dieser Inschrift auf: »Wir sind aus Michigan und möchten dran erinnern: Die haben meine Familie umgebracht.« Problematisch bleiben Michael Moores Bemerkungen zu Israel und Palästina dennoch, zumal wenn sie in die Hände deutscher Leser geraten. Doch die haben sich bis heute nicht getraut, Moores Worte zu benutzen, um gegen Israel zu hetzen. Und dafür dürfte nicht zuletzt der Abschnitt über Deutschlands unvergoltene Sünden in *Downsize This!* gesorgt haben.

Während Moores Lesetournee im November 2003 empfanden seine deutsche Fans allerdings noch zuviel Sympathie für den Anti-Ami, um ihm die Ausfälle gegen ihr Land der Richter und Henker verübeln zu wollen. Lieber sorgten sie sich um sein Leben. Denn so wie die USA in ihren Köpfen aussah, hatte jeder Regierungskritiker dort mit zügiger Beseitigung durch den Geheimdienst oder andere Todesschwadronen zu rechnen. Nicht nur nach der Show in der Berliner Columbiahalle mußte Moore Fragen wie diese beantworten: »›Man hört soviel darüber, was die CIA tut. Haben Sie keine Angst um ihr Leben?‹ Nein, sagt Michael Moore. ›Die einzige Gelegenheit, bei der Sie Angst um mein Leben haben müssen, ist, wenn Sie mich in ein McDonald's hineingehen sehen.‹« (*Taz*, 18. November 2003) Das war ein guter Witz, doch für viele, die in Amerika das Reich des Bösen ausgemacht haben, eine Enttäuschung und tatsächlich eine kernige Untertreibung. Moore befand sich im zweiten Jahr seines Kriegs gegen George W. Bush, bekam seit der Oscar-Gala immer wieder Todesdrohungen, reiste mit Leibwächtern. Und dabei hatte er seinen wütendsten Angriff gegen den Erzfeind noch gar nicht geritten.

488 Grad Celsius

Michael Moore genoß von 2002 bis 2004 die Zeit seines Lebens. Doch man muß sich wundern, woher er die Zeit dafür nahm.

Er, der sich zuvor gern jahrelange Pausen gestattet hatte, arbeitete jetzt wie ein Ackergaul. Aber wenn einer daran glaubt, daß er die richtigen Aufgaben nicht suchen muß, weil sie ihm bei Gelegenheit schon begegnen werden, dann ist er natürlich auch verpflichtet, diese Gelegenheit nicht zu verpassen. Moore ging auf Lesereisen mit *Stupid White Men*, drehte *Bowling For Columbine*, fuhr durch die Welt, um für den Film zu werben, trat fünf Wochen en suite mit einem Soloprogramm in London auf, schrieb an *Dude, Where's My Country?*, schlug nach der Oscar-Verleihung keine Interview-Anfrage aus, bereitete *Fahrenheit 9/11* vor, tourte mit dem neuen Buch durch die USA und Europa, führte einen spektakulären Kampf mit dem Disney-Konzern, der *Fahrenheit* plötzlich nicht mehr finanzieren wollte, schloß ebenso spektakulär einen Vertrag mit dem Independent-Studio Miramax, drehte seinen neuen Film zu Ende, diente sich den Demokraten als Wahlkämpfer an und war gleichzeitig schon wieder auf Reklametournee. Das Pensum ist mehr als beachtlich, und gedankt wurde es ihm mit einer Bekanntheit, wie sie noch keinem Schriftsteller, keinem anderen Regisseur außer Steven Spielberg und nur wenigen Film- und Popstars je zuteil geworden ist. Moore war in diesen zwei Jahren präsent bis zum Überdruß, und es mag sein, daß er sich im März 2005 auch deshalb ein Schweigegelübde auferlegte, weil er sich selbst nicht mehr sehen und hören mochte.

Ohne Moores maßlose Präsenz in Talkshows, Zeitungen, Zeitschriften und großen Sälen wäre jedoch *Fahrenheit 9/11* nie zum erfolgreichsten Dokumentarfilm der Geschichte geworden. Das Werk und sein Schöpfer schienen identisch, und in gewisser Weise waren sie es auch. Die Sentimentalität und der Eifer, die Demagogie und das Missionarische des Films spiegeln ungefiltert wider, was das Charaktermonstrum Michael Moore zu großen Teilen ausmacht. Persönlicher als hier zeigte er sich nie zuvor, und angesichts der gewaltigen Resonanz, die *Fahrenheit* auslöste, trägt man kaum zu dick auf, wenn man dem Regisseur eine ebenso gewaltige Persönlichkeit unterstellt.

Womit keineswegs gesagt sein soll, Moores bislang letzter Film sei auch sein gelungenster, im Gegenteil. Tatsächlich ist dieses

Pamphlet in bewegten Bildern seinem Vorgänger *Bowling For Columbine* ästhetisch weit unterlegen, und selbst sein Debütfilm *Roger & Me* geriet künstlerisch überzeugender. Die übliche Verfahrensweise Moores mit ihren Stakkatomontagen, der »ironischen« Musik, dem harschen Aufeinanderprallen disparater Formen und der Vorliebe für wackelige Handkameraeinstellungen war in *Bowling* der perfekte Ausdruck für die vielen ungelösten Fragen, mit denen der Erzähler sich plagte, in *Roger & Me* ein wunderbares Mittel, um die wie in Granit gemeißelten Klassenverhältnisse der Reagan-USA zum Tanzen zu bringen. *Fahrenheit 9/11* kennt bereits alle Antworten, und die Stilmittel, die Moore inzwischen aus dem Effeff beherrscht, sinken herab zu pur rhetorischen Kniffen. Der Film ist von der ersten Einstellung an auf die Überwältigung des Publikums aus, und daß es ihm gelingt, demonstriert weniger die Kunst als die Artistik Michael Moores. Die demagogische Vehemenz, die hier entfesselt wird, belegt zugleich aber auch, wie todernst es ihm damit war, den »Helden« seines Films zur Strecke zu bringen.

Fahrenheit beginnt mit einer zehn Minuten langen Ouvertüre, einem Rückblick auf die dubiosen Präsidentschaftswahlen im November 2000 und das hauptsächlich mit Faulenzerei vertane erste Amtsjahr von »Dubya«. Moores Gemeinde kennt diese Themen aus *Stupid White Men* und *Dude, Where's My Country?*. Zumal letzteres Buch erscheint über weite Strecken wie eine Vorstudie zu Moores neuem Film. Die unbedingte Konzentration Michael Moores auf die Mission seines Lebens, den Sturz des »fingierten Präsidenten«, muß in ihm alle Bedenken im Keim erstickt haben, sich zu wiederholen. Wenn es menschenmöglich gewesen wäre, hätte er wahrscheinlich zehn Bücher geschrieben und zehn Filme gedreht, in denen von nichts anderem die Rede gewesen wäre als vom Wahlbetrug, von der Unfähigkeit Bushs, von der Vertuschung der Saudi-Connection und der Inszenierung des Irakkriegs.

Im ersten Akt des Films, die Titel werden jetzt eingeblendet, sehen wir, zu einer elegischen Gitarrenimprovisation von Jeff Gibbs, einem alten Kameraden Mikes aus Flint, wie die »Junta«

sich nach ihren extralangen Ferien endlich an die Arbeit begibt. An die Arbeit, eine Nation zu belügen: Bush wird für eine Fernsehansprache geschminkt und feixt mit den Kameraleuten; der stellvertretende Verteidigungsminister Paul Wolfowitz feuchtet seinen Taschenkamm mit Spucke an, um eine widerspenstige Strähne aus der Stirn zu kämmen; auch Sicherheitsberaterin Condoleezza Rice und Außenminister Colin Powell lassen sich Make-up auflegen. Als satirische Metapher sind diese Bilder schlicht genial: Mehrere Halunken bereiten sich darauf vor, eine Rolle zu spielen, aber bestimmt nicht darauf, die Wahrheit zu sagen.

Dann wird die Leinwand schwarz, und wir hören Straßengeräusche. Plötzlich der Lärm eines tieffliegenden Jets, dann eine Explosion. Schreie, Sirenen, ein zweites Flugzeug rauscht vorbei, eine zweite Explosion, noch mehr Schreie, noch mehr Sirenen. Ein fürchterliches Aufklatschen jetzt, und wer die letzten fünf Jahre nicht auf dem Mars verbracht hat, erkennt das Geräusch wieder: So klang es, als die Körper jener Unglücklichen, die in den brennenden Twin Towers eingeschlossen waren und keinen Ausweg als den Tod mehr wußten, aufs Pflaster schlugen. Nun blendet das Bild auf, wir sehen entsetzte Passanten, die nach oben starren, die weinen und stammeln, aber schon wenige Sekunden später werden die Worte und die Geräusche unhörbar und gegen eine unerträglich traurige Musik getauscht: den *Cantus in Memoriam Benjamin Britten* von Arvo Pärt. Wir sehen fassungslose Menschen, Asche, die vom Himmel regnet, Papierfetzen, die über die Straße treiben, und dann wieder eine schwarze Leinwand.

Die ganze Passage dauert nicht einmal 140 Sekunden, aber sie ist der stärkste, beeindruckendste filmische Einfall, den Michael Moore je hatte – und auch der einzige Moment von *Fahrenheit 9/11*, in dem er darauf verzichtet, seinen Zuschauern zu erklären, wie sie die Szene gefälligst zu verstehen haben. Weil Moore wußte, daß die Bilder von der Zerstörung des World Trade Center längst bis zur völligen Abstumpfung gezeigt worden waren, verzichtet er gänzlich auf sie, und gerade deshalb gelingt es ihm, noch einmal das Grauen hervorzurufen, das diese

Bilder einst erzeugten. Inmitten der rhetorischen Brillanz und Militanz des Films sind diese zweieinviertel fast wortlosen Minuten der beredteste Beleg für Moores Talent als Filmemacher. Alles, was nun folgt, ist nur mehr Handwerk und Predigt. Wir sehen die Bush-Saudi-Mauscheleien, »W.s« Desertion aus der Nationalgarde, die propagandistische Umdichtung der Terroranschläge zu Gründen für die Irakinvasion; wir bekommen die Brutalität dieses Kriegs vorgeführt, das völlige Versagen der Massenmedien und des US-Parlaments, den einsamen Widerstand eines Soldaten, die Wut und Trauer einer Mutter, die ihren einzigen Sohn in einem unnötigen Krieg verloren hat; und natürlich gehören die letzten Worte nicht Bush, dem bei einer seiner berüchtigten Stotterreden der Satz aus dem Mund fällt, man könne jemanden einmal hereinlegen, und das wäre dessen Schmach, aber ein zweites Mal würde das nicht wieder gelingen. Die letzten Worte behält Moore sich vor: »Dieses eine Mal waren wir einer Meinung.«

Der Film enthält auch in seinem Hauptteil, der Predigt, Sequenzen von großer Eindringlichkeit. So, wenn Moore zeigt, was die kriegsgeilen Networks konsequent unterschlagen, die verstümmelten Leichen irakischer Bombenopfer und amerikanischer Soldaten. Oder Lila Lipscomb, die in Tränen ausbricht, als sie den letzten Brief ihres Sohnes aus dem Kriegsgebiet vorliest, und dann sagt: »Es ist nicht richtig, daß Eltern ihre Kinder begraben müssen.« Doch diese Szenen verlieren viel von ihrer Kraft durch Michael Moores unablässigen, penetranten Off-Kommentar. Es wird im Lauf des Films immer schwieriger, die Authentizität des Materials nicht zu bezweifeln, denn allzu offensichtlich will Moore, völlig im Bann seiner Mission, uns nicht überzeugen, sondern manipulieren. Selbst der einzige Guerilla-Auftritt, den er sich diesmal erlaubt – er versucht, Kongreßabgeordnete dafür zu gewinnen, ihre erwachsenen Kinder als Soldaten in den Irak zu schicken –, büßt seinen galleschwarzen Witz schnell ein, weil die Moral des Films viel zu schwer ist, um gute Gags nicht zu zermalmen.

Statt dessen reißt Moore ziemlich schlechte: Um die »Koalition der Willigen« zu verhöhnen, läßt er die Namen der beteiligten

Nationen im Stil von Weltkriegswochenschauen deklamieren und montiert dazu eine Sequenz steinalter Archivbilder: Zu Island sehen wir ein Wikingerschiff, zu Palau tanzende Hulamädchen, zu Rumänien Dracula. Missionar Moore ist jedes Mittel recht, um den Erzfeind zu besiegen, und wenn es nötig ist, treibt er den Teufel mit dem Beelzebub beziehungsweise den Chauvinismus mit chauvinistischen Gags aus. Unentschuldbar wird Michael Moores Methode jedoch, wenn er darlegen will, wie rundum verbrecherisch die Invasion des Irak gewesen sei. Es genügt ihm nicht, die Lügen der Bush-Administration über Massenvernichtungswaffen und eine Verbindung von Saddam zu Osama aufzuzählen. Indem er lachende spielende Kinder auf den Straßen Bagdads vor den ersten Bombennächten zeigt, suggeriert Moore, der Irak sei unter dem Diktator ein ganz normales Land gewesen, friedlich und harmlos, unschuldig wie: ein Kind. Dabei weiß natürlich auch Michael Moore, daß der illegitime Überfall der USA und ihrer »willigen Koalition« auf den Irak immerhin ein positives Resultat zeitigte – die Beseitigung eines der übelsten Schlächter und Tyrannen seit Pol Pot, eines Mannes, der in der Tat nicht die geringsten Skrupel hatte, Massenvernichtungswaffen zu benutzen, als er sie noch besaß.

»Unterhaltung«, sagte Moore, als er mit der Produktion von *Fahrenheit 9/11* begann, »steht an erster Stelle, immer. Bei jedem meiner Filme, bei jeder Show möchte ich, daß der Zuschauer nach Hause kommt und denkt: Der war sein Geld wert, selten so gelacht. [...] In den Siebzigern waren wir doch die Spaßmacher! Heute sitzt die Linke bewegungslos in einer stillen Ecke. Bei mir soll gelacht werden, auch wenn die Intellektuellen das unter ihrer Würde finden« (*Stern* 48/2003). Es ist schwer zu übersehen, daß Moore seinen Vorsatz diesmal nicht eingehalten hat. *Fahrenheit* hat durchaus komische Momente, aber es ist die Komik der Verhöhnung und des Ressentiments, die sich hier austobt, nur ein weiteres Ventil für die biblische Wut des Regisseurs. Doch wie jedes Mal, wenn er selbst am besten weiß, daß er dem eigenen Anspruch nicht gerecht geworden ist, beteuerte er nach der Fertigstellung des Films das Gegenteil: »Wenn es mir vor allem um Politik ginge«, zitiert ihn die *AZ München* vom 24. Mai 2004, »müßte ich Politik machen. Filme, bei denen die Politik vor dem Film kommt, sind meistens schlecht. Ich bin in erster Linie Regisseur.« Und dem NBC-Nachrichtenmoderator Matt Lauer machte er weis: »Wäre meine Motivation politisch, wäre ich im Wahlkampf aktiv. Ich bin Filmemacher, Künstler. Kein Politiker« (zit. n. *News* 26/2004).

Doch *Fahrenheit* war purer Wahlkampf, und der Mann, der den Film gedreht hatte, stellte sein Regietalent fast gänzlich in den Dienst des Politikers, als den er sich in jenen Tagen begriff. Die Gegenseite ließ sich denn auch nicht von dem »Künstler«-Gerede einlullen. Sie erkannte sofort das destruktive Potential des Films für ihren Präsidenten. Republikaner und Bush-Lobbyisten finanzierten zahlreiche Studien und PR-Kampagnen, die *Fahrenheit 9/11* der Fälschung und Faktenverdrehung überführen sollten. Den umfangreichsten Konter führte das Ethics and Public Politics Center, ein Thinktank der Neocons, kaum dem Schein nach unabhängig von der republikanischen Partei. *War, Lies And Videotapes* bemüht sich auf knapp 60 eng bedruckten Seiten, jeden Klagepunkt Michael Moores zu entkräften. Doch mehr als Erbsenzählerei kommt dabei nicht heraus. Moore war klar gewesen, daß er es sich auf keinen Fall leisten konnte, durch eine Fehlinformation das Verbot seines Films zu riskieren, und deshalb beauftragte er ein Regiment von Rechercheuren und Rechtsanwälten damit, die bedenklichen Stellen von *Fahrenheit* zu überprüfen. Nachgerade triumphal veröffentlichte er wenige Monate nach dem Filmstart *The Official Fahrenheit 9/11 Reader* (dt. *Fahrenheit 9/11 – Das Buch*), in dem unter anderem ein 50 Seiten starker Anhang mit Moores Quellen zu finden ist. Bis heute hat es niemand gewagt, Dog Eat Dog Films wegen vorsätzlicher Fälschungen zu verklagen. Zwar werden Bushs Parteigänger und zumal die ultrakonservativen Radio- und Fernsehkrakeeler nicht müde zu behaupten, *Fahrenheit 9/11* sei ein Werk der Lüge. Aber sie alle beten nur nach, was *War, Lies And Videotapes* an glasnudeldünnen Indizien gegen den Film ins Feld führte.

Es lohnt sich nicht, diese Indizien aufzuzählen oder gar zu

erörtern. *Fahrenheit* ist ein Pamphlet, das erste Agitprop-Meisterwerk des 21. Jahrhunderts, und wer nicht spätestens nach fünf Minuten merkt, was hier geschieht, wer erwartet, die *ganze* Wahrheit serviert zu bekommen, der hat noch nie einen Film gesehen. »Ich kann«, sagte Moore ebenso ehrlich wie frech im *Focus* 29/2004, »mit dem Begriff Dokumentation nicht allzu viel anfangen. Es ist ein alter Begriff, der irgendwie nach Medizin klingt.«

Nicht wenige Kollegen Moores zeigten sich zwar entsetzt darüber, wie freizügig und unauflösbar er dokumentarische und polemische Elemente vermengte. Dennoch verlieh die Wettbewerbsjury in Cannes Michael Moore die Goldene Palme 2004 ausdrücklich nicht aus politischen Gründen, sondern für die künstlerische Qualität von *Fahrenheit 9/11*. Geglaubt hat diese Begründung freilich niemand. Doch gerecht fanden alle, die Moore schätzten, den Preis. Schließlich waren dies die Tage, als Amerika, als die ganze Welt einem Dilettanten aus der hinteren Provinz der USA alles zutraute – ihm, einem ebenso talentierten wie ungebildeten Kerl, einer geborenen Rampensau, einem Regisseur, der sein Handwerk nie ordentlich gelernt hatte, einem Bumfiedel, der erst mit 33 Jahren wußte, was er wollte, einem Katholiken, der es mit dem Gebot der Feindesliebe nicht so hat, als Prophet jedoch eine beeindruckende Nummer abgibt, einem fetten Typen in Woolworth-Klamotten, einem ungehobelten Klotz, der bei Pressekonferenzen geräuschvoll den Rotz in der Nase hochzieht, einem Klassenclown und Störenfried, der vor lauter Courage und Kampfeslust kaum laufen kann und dem es möglich schien, Amerika und die ganze Welt mit einem Film zu verändern.

Das war die Wirklichkeit, das haben *wir* nicht geträumt. Denn für kurze Zeit war die Wirklichkeit ein Traum von Michael Moore.

Das Comeback

Fünf Monate Stille. Fünf Monate lang schien es so, als wolle Michael Moore es den Menschen fortan ersparen, eine Meinung zu ihm haben zu müssen. Kein Gemeindebrief von ihm, kein neues Buch, keine Interviews, keine Lesereise. Ende Juli 2005 war er zwar kurz in der Öffentlichkeit zu sehen. Moore hatte dem Städtchen Traverse City am Michigansee ein Filmfestival gestiftet. Es bot Independent-Filmen ein Forum – und verwirklichte seinen und Kathleens alten Traum von einem eigenen Kino, freilich in weit größerem Maßstab. Aber auch in Traverse City: keine politischen Statements, keine Brandrede, kein Tribunal über den Erzfeind im Weißen Haus.

Immerhin widmeten sich die Redakteure seiner Website weiterhin der Aufgabe, die Schadensbilanz der Bush-Regierung auf aktuellem Stand zu halten. Seit August war außerdem Cindy Sheehan mit täglichen Botschaften als Dauergast auf der Homepage vertreten. Mrs. Sheehan war über Nacht berühmt geworden, als sie am Ferienort von George W. Bush in Crawford, Texas, ein Zeltlager aufschlug. Sie wollte den Präsidenten zwingen, ihr ins Gesicht hinein zu sagen, wofür ihr Sohn Casey im Irak gestorben war. Die Heftigkeit ihrer Angriffe gegen Bush konnte mit Moores Ausfällen durchaus mithalten. Es scheint nicht ausgeschlossen, daß er ihr beim Verfassen ihrer Appelle zur Hand ging, stilistische Ähnlichkeiten sind jedenfalls vorhanden.

Es mußte jedoch erst ein Sturm von apokalyptischen Dimensionen über den Golf von Mexiko hinwegfegen, ehe Moore seine eigene Stimme wiederfand. In den Fluten von New Orleans tauchte er wieder auf, und er war ganz der Alte. Fünf Tage, nachdem der Hurrikan Katrina die maroden Deiche der Stadt zerbröselt und die gigantische Leichtfertigkeit und Unfähigkeit der Bush-Administration bloßgelegt hatte, meldete Moore sich mit einem offenen Brief an den Präsidenten zu Wort, triefend vor Hohn: »Wo sind bloß all unsere Helikopter abgeblieben? [Tausende Menschen] sind in New Orleans eingeschlossen und müßten evakuiert werden. In welchem Winkel der Erde mögen Sie unsere Militärhubschrauber wohl verschusselt haben? Brauchen Sie Hilfe, sie wiederzufinden? Ich hab' mal auf einem Kaufhausparkplatz vergessen, wo mein Auto abgestellt war. Mann, war das ein Gerenne« (*Mike's Letter*, 2. September 2005).

Fünf Tage später warteten die Flutopfer immer noch auf Hilfe, und Moore stellte fest: »Unser Land ist verwundbar wie noch nie. Noch mehr Wirbelstürme, Kriege und andere Katastrophen kündigen sich an, und immer noch hat ein träger Haufen selbstgerechter Irrer das Sagen« (*Mike's Letter*, 7. September 2005). Und zum Beweis, daß in den USA von »W.« nur mehr Eigeninitiative Rettung verheißt, rief Michael Moore seine Fans zu Spenden auf, schloß sein New Yorker Produktionsbüro und reiste mit dem Team nach Louisiana, um Care-Pakete zu verteilen: »Ich werde persönlich dafür sorgen, daß jeder Cent [...] an die Heimgesuchten geht« (*Moore Blog*, 8. September 2005).

Am vierten Jahrestag der Anschläge auf das World Trade Center schrieb Moore erneut einen offenen Brief, diesmal an die Wähler von Bush: »Wie fühlt man sich, wenn man weiß, daß der Mann, den man gewählt hat [...], einen Kerl zum Leiter [der Katastrophenschutzbehörde] FEMA bestellt hat, dessen Hauptqualifikation darin bestand, Pferdezuchtausstellungen zu organisieren?« Wer befürchtet (oder gehofft) hatte, Moore habe vor dem Erzfeind kapituliert, der sah sich nun eines Besseren belehrt – Moore eiferte wie in besten Tagen: »Glauben Sie an Jesus? Wirklich? Hat Er nicht gesagt, daß wir danach beurteilt werden, wie wir die Geringsten unter uns behandeln? Hurrikan Katrina kam über uns und blies die Fassade von der Nation, die Fassade von Freiheit und Gerechtigkeit für alle weg. Der Wind heulte, und das Wasser stieg, und was da enthüllt wurde, war, daß die Armen in Amerika im Stich gelassen werden, wenn sie leiden und sterben [...].« Moore hatte nicht resigniert; der freie Fall der Umfragewerte für Bush ermutigte ihn, sich wieder zum Anführer der fälligen Revolte aufzuschwingen: »Sie haben dem Land und der Welt einen Mann beschert, der von dem Job keine Ahnung hatte, und alles was er tut, ist Leute anzuheuern, die von ihrem Job keine Ahnung haben. Das haben Sie uns, der Welt, den Menschen von New Orleans angetan. Bitte bringen Sie das in Ordnung« (*Mike's Letter*, 11. September 2005).

Moore, aus einer langen Lethargie erwacht, schäumte über vor Saft und Kraft. Er überlegte öffentlich, einen Film über das Desaster am Mississippi zu drehen. Leider fragte ihn niemand, was denn mit den beiden anderen Filmen sei, die er bereits ein Jahr zuvor angekündigt hatte. *Fahrenheit 9/11½* – eine Fortsetzung seines erfolgreichsten Films – war von vornherein für ein sehr vages Startdatum im Jahr 2007 geplant. *Sicko* hingegen sollte schon 2005 in die Kinos kommen, doch das war mittlerweile völlig illusorisch; Moore hatte noch nicht einmal mit der Montage des Films begonnen, als er zur Rettung von New Orleans eilte.

Dabei klingt durchaus interessant, was er da in Arbeit hatte: »Ich werde mir die privaten Krankenversicherungen und die Pharma-Unternehmen vorknöpfen. Der Stil des Films orientiert sich an *Lola rennt*. Ich weiß nicht, ob ich stundenlang so schnell laufen kann, aber ich hab' gedacht: ›Wie wäre es, als unbarmherziger Rächer aufzutreten?‹ Denn ich kann mir nichts Böseres vorstellen als diese Versicherungen. Wir wollen mal sehen, wie viele Leben wir in 90 Minuten retten können« (*Entertainment Weekly*, 9. Juli 2004). Ende Dezember 2004 warnten mehrere amerikanische Arzneimittelfirmen ihre Angestellten vor Moore und seinem Kamerateam: »›Wir haben in unserer Online-Betriebszeitung eine Geschichte darüber gebracht, daß Moore einen neuen Dokumentarfilm angeht. Und wenn man jetzt einen vergammelten Kerl mit Baseballkappe sieht, weiß man, wer das ist‹, sagte Stephen Lederer, ein Sprecher der Forschungsabteilung von Pfizer« (*Los Angeles Times*, 23. Dezember 2004). Vielleicht war Moore deshalb kaum wiederzuerkennen, als er am 9. Januar 2005 den »People's Choice Award« für *Fahrenheit 9/11* entgegennahm. Nicht nur, daß er einen Maßanzug, eine silberfarbene Krawatte und eine ziemlich schicke Hornbrille trug. Sein Bart war überdies zum Henri-Quatre ausrasiert und getrimmt, das Haupthaar kurzgeschnitten.

Vielleicht wird am Ende ein Film stehen, der alles auf einmal erledigt: das desaströse amerikanische Gesundheitssystem, die Sünden der Bush-Regierung, die Katastrophe in New Orleans und das endlose Blutvergießen im Irak. An Material wird es Michael Moore kaum fehlen; und möglicherweise ist der Hurrikan Katrina eine jener Gelegenheiten gewesen, die er stets gebraucht hat, um eine Sache ernsthaft anzugehen. In *Mike's Letter* vom 4. Oktober 2005 schreibt er, gleichsam sich selbst anfeuernd: »Wir werden dafür sorgen, daß Bush und Co. für ihr Versagen bald bezahlen [...] Wir werden nicht aufgeben, und wir wissen, daß ihr es auch nicht tut.«
Sonst bekommen wir es nämlich mit ihm zu tun. Und das – da sollte es keine zwei Meinungen geben – dürfte ganz schön ungemütlich werden.

Zeittafel

1954	Michael Francis Moore wird am 23. April 1954 als erstes Kind von Veronica und Frank Moore in Flint, Michigan, geboren.
1958	Kathleen René Glynn wird am 10. April in Flint geboren.
1959	Familie Moore zieht in den Nachbarort Davison um.
1960	Michael wird in der St. John's Elementary School eingeschult.
1968-1970	Michael besucht das St.-John's-Seminar für angehende Priester.
1970	Wechsel an die Davison High School.
	Michael wird für eine Diashow über die größten Umweltverpester von Flint und Davison mit dem Eagle Scout, der höchsten Auszeichnung für amerikanische Pfadfinder, geehrt.
1972	Moore wird in die Schulkommission von Davison gewählt; er ist der jüngste Bürger Michigans, der bis dahin je ein öffentliches Amt bekleidet hat.
	High-School-Abschluß.
	Journalismus-Studium an der University of Michigan in Flint.
1973	Moore bricht das Studium ab.
1976	Er gründet das alternative Magazin *The Flint Voice* (später: *The Michigan Voice*).
1982	Michael lernt Kathleen Glynn kennen; sie hat eine einjährige Tochter, Natalie.
1986	Moore wird neuer Chefredakteur der Zeitschrift *Mother Jones*. Wegen schwerer Differenzen mit Redaktion und Geschäftsführung wird er bereits nach fünf Monaten gefeuert.

1986	Ralph Nader engagiert Moore als Redakteur eines kritischen Medien-Rundbriefs.
1987	Nader kündigt Moore wegen laxer Arbeitseinstellung. Moore beginnt mit den Dreharbeiten zu *Roger & Me.*
1989	*Roger & Me* erfährt ein sensationelles Debüt beim Filmfestival in Telluride.
1990	Moore und Kathleen Glynn gründen die Produktionsfirma Dog Eat Dog Films.
1991	Heirat von Moore und Glynn.
1992	*Pets Or Meat – The Return To Flint*, ein 23minütiger Nachklapp zu *Roger & Me*, wird vom Sender PBS ausgestrahlt.
1994-1995	Moore produziert zunächst für NBC, danach für Fox die satirische Fernsehserie *TV Nation.*
1995	*TV Nation* wird mit einem Emmy ausgezeichnet. *Canadian Bacon*, Moores einziger Spielfilm, kommt in die Kinos.
1997	*Downsize This!* (dt. *Querschüsse*) erscheint.
1998	Kathleen Glynn und Michael Moore veröffentlichen das Buch *Adventures In A TV Nation* (dt. *Hurra Amerika!*). *The Big One*, Moores zweiter abendfüllender Dokumentarfilm, kommt in die Kinos.
1999-2000	Moore produziert für Channel Four und den Kabel-Sender Bravo die satirische Fernsehserie *The Awful Truth.*
2000	Moore engagiert sich im Wahlkampfteam des Präsidentschaftskandidaten Ralph Nader.
2002	Nach monatelangen Querelen mit dem Verlag ReganBooks erscheint *Stupid White Men.* *Bowling for Columbine* erhält den Spezialpreis der Jury bei den Filmfestspielen von Cannes; kurz darauf startet der Film in den USA. Michael Moores Mutter stirbt am 28. August.

2003 Moore wird für *Bowling for Columbine* mit dem Oscar ausgezeichnet.
Dude, Where's My Country? (dt. *Volle Deckung, Mr. Bush!*) erscheint.

2004 Moore engagiert sich bei den Vorwahlen für den demokratischen Präsidentschaftskandidaten Wesley Clark.
Fahrenheit 9/11 wird in Cannes mit der Goldenen Palme ausgezeichnet; am 23. Juni kommt der Film in die amerikanischen Kinos.
Moore veröffentlicht *The Official Fahrenheit 9/11 Reader* (dt. *Fahrenheit 9/11 – Das Buch*).
Will They Ever Trust Us Again? (dt. *Verraten und verkauft*) erscheint.

2005 Moore eröffnet am 27. Juli das von ihm neu gegründete Traverse City Film Festival.
Dreharbeiten zu seinem neuen Film *Sicko* (Arbeitstitel).